ANDRÉS ORTIGOSA PEÑA

Hegel, el gnóstico

Entre la razón y la divinidad

ALMUZARA

Primera edición: enero de 2025

Editorial Almuzara • Colección Sapientia Avrea
Director de la colección: Antonio de Diego González
Editora: Ángeles López
Corrección: Javier Alvaredo
Portadista: Ana Cabello
Maquetación: Joaquín Treviño

www.editorialalmuzara.com
pedidos@almuzaralibros.com - info@almuzaralibros.com

Editorial Almuzara
Parque Logístico de Córdoba. Ctra. Palma del Río, km 4
C/8, Nave L2, nº 3. 14005 - Córdoba

Imprime: Romanyà Valls
ISBN: 978-84-10526-04-4
Depósito: CO-2160-2024
Hecho e impreso en España - *Made and printed in Spain*

Índice

SAPIENTIA AVREA (NOTA EDITORIAL)

Sapientia Avrea es una colección que explora e indaga en las espiritualidades y sabidurías de las diferentes manifestaciones de la tradición en el mundo. Un mensaje arquetípico que se repite y que irrumpe en la humanidad, manifestaciones de lo sagrado que han moldeado culturas de Oriente a Occidente. Usando como herramientas principales la filosofía de la religión y de la cultura, la psicología profunda y la hermenéutica comparada proponemos volver a las fuentes originales y ofrecer nuevas lecturas de estas para tiempos actuales.

La colección nace con la vocación de ofrecer nuevas ediciones de textos clave, traducidos de su lengua original al español y con comentarios de autores contemporáneos, además de nuevos ensayos sobre temas que no pierden vigencia.

El logo de la colección nos evoca el símbolo dado por los alquimistas a la cuadratura alquímica, el *opus magnum* (la gran obra), la piedra filosofal, capaz de transmutar lo mundano en oro. Una sabiduría aurea para transmutar nuestro interior y encontrarnos conociendo nuestro sí-mismo.

EL DIRECTOR DE LA COLECCIÓN

El director de la colección es Antonio de Diego González, filósofo e historiador especializado en filosofía de la religión, pensamiento islámico y hermenéutica simbólica. Es profesor de Historia de la Filosofía en la Universidad de Málaga, donde imparte cursos de filosofía antigua, filosofía medieval y pensamiento no-eurófono. Entre su producción académica destaca la nueva edición en español que Almuzara ha publicado de *El Corán* (2024).

Sapientia Avrea

PRÓLOGO

El tema del gnosticismo siempre es problemático, pues cuando hablamos de él nunca se sabe a ciencia cierta a qué nos estamos refiriendo. Una prueba de ello radica en la cantidad de autores a los que se les ha atribuido el calificativo de gnósticos y a su pensamiento de gnosis. Es verdad que todos tenemos un cierto preconocimiento o una cierta intuición de lo que pueda ser el gnosticismo, pero eso no basta para establecer un discurso riguroso. A estas dificultades se añade esa mala fama o leyenda negra que suele acompañar al tema en cuestión. Dos son los motivos fundamentales: el primero es la crítica de algunos Padres de la Iglesia (Ireneo, Hipólito, Epifanio sobre todo); el segundo, la crítica de Plotino en el tratado II, 9 (a la sazón llamado «Contra los gnósticos»). Pero tengamos en cuenta que todos estos testimonios negativos son doxografía.

En gran medida, esta situación cambió cuando en 1945 se descubrió en el alto Egipto la biblioteca copta de Nag Hammadi: un ánfora que contenía trece códices con cincuenta y dos títulos de obras de autores gnósticos o relacionadas con temáticas próximas al gnosticismo. De alguna forma, la edición y traducción de los textos coptos de Nag Hammadi supuso una revolución en los estudios no solo sobre pensamiento gnóstico, sino también sobre antigüedad tardía en general, pues había que revisar muchos lugares comunes mantenidos con anterioridad (hay que tener en cuenta que ahora estábamos ante obras de los mismos autores gnósticos, y no ante doxografía). Debido al cúmulo de ideas, teorías e hipótesis que se barajaban, se celebró en 1966 el coloquio internacional de Messina para intentar ordenar el material que había proporcionado Nag Hammadi.

Un planteamiento básico que se alcanzó entre los especialistas en Messina fue el de distinguir entre gnosis y gnosticismo: se entiende por gnosis (a modo de género universal) algo como una experiencia intuitiva de lo trascendente; se puede entonces aplicar el término de gnosis a una gran cantidad de autores y movimientos espirituales de Oriente y Occidente. Se entiende por gnosticismo la gnosis que se produce en un medio judeocristiano, entre los siglos II y VI. Pero este acuerdo no fue ni mucho menos unánime, y muchas voces discordantes se dejaron oír, sobre todo en lo que se refiere al origen y a la composición interna del gnosticismo (judío, iranio, griego...) y sobre si se podía hablar de un pregnosticismo o un protognosticismo.

La cuestión es que, si entre los especialistas persiste una pluralidad de opiniones respecto al gnosticismo, entre los no especialistas reina la imprecisión cuando no la confusión. Así, por ejemplo, se habla del gnosticismo como una racionalización de la fe, pero también se le acusa de disparatado y absurdo; algunos lo tildan de antijudío, aunque todo él responde a una exégesis bíblica; se le imputa introducir novedades, mientras que los mismos gnósticos se reclaman de la tradición de Set; carga con el sambenito de determinista, pero en sus escritos combaten la idea de *Heimarmene* o hado fatal; se les inculpa de elitistas, aunque mantienen la necesidad inexcusable del bautismo; en ocasiones se supone que son monistas, pero también se les considera dualistas radicales; se les identifica con el judaísmo o el paganismo, aunque el bautismo es el paso esencial para la iniciación cristiana... Demasiadas contradicciones, demasiada imprecisión, demasiada falta de rigor. Hay ya estudiosos que, ante este panorama, proponen abandonar el concepto mismo de gnosticismo. No diré yo tanto, pero sí es cierto que los conceptos de gnosis y de gnosticismo necesitan en cada caso que se les aplique un profundo análisis metodológico y de contenido.

Si ya en sí mismo el gnosticismo es un término problemático, tanto más lo será aplicado a la figura de Hegel, ya que a lo que hay de disputable en el tema de la gnosis tenemos que agregar lo que de disputable tiene la filosofía de Hegel. Pero en absoluto este acercamiento es algo forzado o artificioso. Por el contrario, lo encuentro muy necesario para elucidar el verdadero papel que el gnosticismo ha desempeñado en la historia de las ideas (y, naturalmente, para conocer más en profundidad al mismo Hegel). Existen pistas que justifican esta tarea (piénsese tan solo en la confesada admiración de Hegel por Jacob Boehme). Este libro «Hegel, el gnóstico. Entre la razón y la divinidad» ha recorrido esas pistas que se nos van presentando a lo largo de las etapas de la vida y la obra del filósofo alemán, desbrozándonos un sendero por entre la espesura del gnosticismo y del propio Hegel.

No voy a insistir sobre la figura de Hegel: es la lectura del libro mismo la que irá hablando de manera lúcida de lo planteado.

José Antonio Antón Pacheco, profesor titular de
Historia de la Filosofía de la Universidad de Sevilla.

INTRODUCCIÓN. A VUELTAS CON HEGEL Y EL GNOSTICISMO

PROPÓSITO DEL LIBRO

La sospecha de la influencia del gnosticismo en Hegel no es original, sino poco explorada. Hay investigadores que sugieren que Hegel tenía influencias del gnosticismo. Esto se menciona en ocasiones desde, al menos, el siglo XIX. Pero en su gran mayoría no son estudiosos sobre Hegel, sino del gnosticismo. Eso es peligroso porque la persona versada en el gnosticismo tiende a ver su presencia en todas partes. También donde no está. Esto en Hegel es un peligro. Cualquier persona que haya estudiado seriamente a Hegel sabe que algunos de sus textos son maravillosamente claros, pero otros son más bien confusos, de difícil interpretación o ambiguos. De este modo, el gnosticismo en Hegel es una sombra que siempre está al acecho, pero nadie termina de examinarla con rigurosidad.

Escasamente hay algo escrito con seriedad en el siglo XX sobre este tema desde que escribía Gerald Hanratty en la década de los ochenta.[1] Otros investigadores dejaron algunas ideas señaladas, como Martín en España, quien afirmó una ontología gnóstica en

1 Véase: HANRATTY, G., «Gnosticism and Modern Thought, I», *Irish Theological Quarterly*, 1980, 47(1), pp. 3-23; HANRATTY, G., «Hegel and the Gnostic Tradition I», *Philosophical Studies*, 30, 1984, pp. 23-48; HANRATTY, G., «Hegel and the Gnostic Tradition», *Philosophical Studies*, 31, 1986, pp. 301-325.

la juventud de Hegel,[2] pero nunca la fundamentó verdaderamente, sino que lanzó una serie de afirmaciones. Otros, a quienes me ahorro citar, se han nutrido de una serie de elementos gnósticos y han afirmado que de algún modo aparecen en la filosofía de Hegel, por aquí y por allá, estando siempre presentes, pero nunca explícitos. De esto concluyen un gnosticismo escondido en Hegel. Sin embargo, yo creo que lo que hace falta para comprobar si hubo influencia del gnosticismo en Hegel es, en primer lugar, saber qué dijo Hegel. Luego ya se contrasta con las tesis del gnosticismo. Pero lo que no tiene sentido es afirmar el gnosticismo en Hegel sin comprender bien qué decía Hegel. Pararnos en la tonalidad de grises desenmascara a quien intenta hacer creer que solo existen el blanco y el negro. Extraño sería que un filósofo crítico como Hegel aceptase absolutamente todo lo que fue el gnosticismo sin restricciones. Por ende, habrá que delimitar qué toma y qué no toma del gnosticismo, y en qué textos toma unos u otros elementos. Hay que examinar los textos cuidadosamente.

Sin embargo, ¿por dónde iniciar esta travesía? ¿Cuándo comienza el rastro? Mi propuesta es que comienza en Berna. De ahí centrarme especialmente en Berna y en su estancia siguiente, Fráncfort. Siendo honesto, esta propuesta tampoco es original, sino que trata de examinar una idea que hizo explícita Leonardo Polo en 1985.[3] Él ha sido el primero de quien he leído la afirmación de que el gnosticismo de Hegel despertó en Berna.[4] Todo el propósito de este libro es, en realidad, dar cuenta de una deuda intelectual con Polo, pues yo me limito a examinar y continuar algo que el filósofo español no llegó a desarrollar, pero que, como digo, propuso él.

También es cierto que la explicación más extensa que dio Polo sobre el gnosticismo en Hegel, en general, es la siguiente: para Polo el

2 MARTÍN GÓMEZ, M., *La filosofía del joven Hegel*, Kronos, Sevilla, 1991.

3 Aquí se utiliza la obra en la tercera edición de *Hegel y posthegelianismo*, ya publicada en Eunsa en 2018, pero la primera edición apareció en 1985.

4 POLO, L., *Hegel y el posthegelianismo*, Eunsa, Navarra, 2018, p. 209.

gnosticismo era una herejía que trataba sobre «la conversión del saber mistérico en una racionalización completa».[5] Para él la filosofía de la historia de Hegel era esto al final: era una racionalización completa de la verdad, incluso de la revelada. La pérdida del misterio es, por definición, contraria a la fe cristiana. En segundo lugar, Polo prosigue señalando que es propio del gnosticismo diferenciar una divinidad buena y otra malvada que están vinculadas en la creación. Para Polo este rasgo está acentuado en Hegel al incluir el mal en Dios mismo.[6] Esta idea de Polo no está alejada del gnosticismo en general, sobre todo, si se tiene presente la influencia que ejerció Marción.[7] Es más, Polo continúa apuntando que la interpretación de la ira divina contra el mundo «como negatividad señala el punto donde la inspiración gnóstica [de Hegel] se concentra».[8] Esto es necesario porque mediante la negatividad, la finitud puede abrirse a la infinitud de manera procesual suprimiendo toda independencia, como

5 POLO, *Hegel y el posthegelianismo*, p. 209.

6 *Ídem*.

7 Tanto los gnósticos como los marcionitas (que se los suele englobar igual, aunque en realidad son distintos) consideraron la extensión del mal en el mundo, lo que los llevaba a querer liberarse de este mundo terrenal y unirse de algún modo con la divinidad (PIÑERO, A., *Los cristianismos derrotados. ¿Cuál fue el pensamiento de los primeros cristianos heréticos y heterodoxos?*, Madrid, EDAF, 2007, pp. 91-92). Para Marción, la maldad del mundo y el estado pecaminoso del ser humano le resultaba incoherente con una divinidad bondadosa. Esto le llevó a pensar que el origen del mal no estaba como tal en Dios, sino en otra forma de Poder divino. Para Marción este origen del mal fue Yahvé, dios del Antiguo Testamento, quien es para Marción inferior a Dios. Son dos entidades diferentes. Así, la creación del mundo terrenal, intrínsecamente malvado, era obra de Yahvé. Tanto creyó que era así que Marción en su selección de textos eliminaría todo el Antiguo Testamento. La veloz expansión del marcionismo influyó en el planteamiento gnóstico más tarde. A su vez, Apeles, el discípulo más carismático de Marción extendió la idea de un Dios extraño, o ajeno, y otro creador de este mundo, o demiurgo (PIÑERO, A., *Los cristianismos derrotados*, p. 86-89). La idea del Dios extraño será luego clave en el gnosticismo.

8 POLO, *Hegel y posthegelianismo*, p. 209. Los corchetes aclaratorios son míos.

«supresión de toda separación».[9] De este modo se cae en una especie de dualismo ontológico originario que, sin embargo, está al final sin ninguna separación.

Estos son los elementos que Polo consideró gnósticos en la filosofía de Hegel, pero no llegó a explicar nunca por qué es en Berna donde se puede afirmar que comenzó su gnosticismo. De hecho, los elementos señalados en el párrafo anterior son por completo ideas que están en la madurez de Hegel. De ahí la necesidad de esta investigación: examinar si Hegel coincide con el gnosticismo, en Berna y Fráncfort.

Tras algunos años de estudio, creo que la propuesta de Polo es defendible, aunque con matices. La filosofía de madurez de Hegel puede leerse como una pérdida de lo mistérico en favor de la razón. La última figura de la filosofía del espíritu absoluto, la Filosofía, puede encajar aquí. Así también la concepción hegeliana de la historia como despliegue de la razón tiene cabida. Eso por no mencionar la concepción hegeliana sobre el mal en su filosofía de la historia. E incluso si, como hace algún que otro colega, interpretamos el Absoluto como unidad pura que se desvela ante la razón, la supresión de toda separación que mencionó Polo también encuentra mucho sentido, de hecho, roza el pléroma del gnosticismo.

Sin embargo, no quiero ir a cuestiones que ya han sido tratadas por otros investigadores en tanto que ya hay alguna luz allí. Prefiero ir al origen, a la juventud, al lugar menos transitado, menos tratado y que más puede esclarecerse.[10] Comprendo por juventud de Hegel su periodo del siglo XVIII. Aquí obviaré Tubinga por no haber manuscritos de elaboración propia de Hegel suficientes sobre el tema. Por eso hay que examinar su periodo bernés y francfortés. Creo que

9 *Ídem.*

10 En buena medida es el periodo menos transitado porque los escritos de juventud aparecieron hace poco más de un siglo. Concretamente, se le debe a R. Nohl la edición de estos en: HEGEL, G. W. F., *Hegels theologische Jugendschriften*, Nohl, H. (Hrsg.), Mohr, Heidelberg, 1907.

aportará muchas luces comprobar si verdaderamente hay elementos gnósticos en su juventud y vislumbrar hasta qué punto es sostenible un gnosticismo hegeliano.

Pero para ello hay que establecer un marco sobre qué es eso del gnosticismo. Hablar sobre elementos gnósticos sin dejar en claro cuáles voy a tratar sería como predicar a los peces. Por ello pasaré a explicar brevemente qué comprendo por gnosticismo en general.

EL GNOSTICISMO. FUENTES Y CONCEPTUALIZACIÓN

EL GNOSTICISMO HASTA EL SIGLO XIX: LOS PADRES DE LA IGLESIA

La definición de Polo sobre el gnosticismo no es poco común, pero puede ser perfilada por mor de poder situar mejor el gnosticismo en la juventud de Hegel. Sin contradecir a Polo, añadiré brevemente un poco más sobre el gnosticismo. Este será el marco que consideraré como gnosticismo a lo largo del libro. Por supuesto, todo marco teórico puede ser más exhaustivo siempre. Pero, como tendrá a bien considerar mi lector, insisto en que el objetivo de este escrito no es desarrollar un marco teórico exhaustivo del gnosticismo. Por ello, baste con establecer una serie de bases sobre qué es lo que vamos a comprender por gnosticismo.

El primer conocimiento sobre el gnosticismo lo tenemos de la mano de los Padres de la Iglesia. Como tal no había tantas fuentes ni tan concretas hasta el siglo XX. Eso ya lo veremos. La cosa es que durante siglos el conocimiento que había de los gnósticos era de segundas fuentes: lo que exponían los Padres de la Iglesia para luego criticarlos. Eso es lo que sabíamos de los gnósticos como ya lo dató Jonas:

> Los fiscales de este juicio fueron los Padres de la antigua Iglesia, autores de extensas obras en contra de las herejías (no existe evidencia de la defensa, si es que la hubo) en las que expusieron sus

> razones procesales e indagaron sobre la raíz espiritual del gnosticismo, un pasado que utilizaron para explicar el origen mismo del error. Sus escritos, por tanto, no solo constituyen la principal fuente de conocimiento de las enseñanzas gnósticas con que contamos —la única hasta hace poco—, sino la primera teoría sobre su naturaleza y origen.[11]

Efectivamente, los Padres de la Iglesia criticaron duramente al gnosticismo en sus textos.[12] Y como bien alude Jonas, los textos en los que los Padres de la Iglesia criticaban al gnosticismo eran las únicas fuentes que había donde se explicaba en qué consistía la doctrina. Por lo tanto, siempre se leía al gnosticismo desde una perspectiva crítica necesariamente, al menos, hasta su revitalización en el siglo XIX.

Ahora bien, los Padres de la Iglesia trataban de ser honestos con su trabajo intelectual. De ahí que cuando reproducían argumentos de los gnósticos tratasen de no alterarlos, sino que los enfrentaban caballerosamente. A esto se le añaden las citas textuales que tomaron de los textos gnósticos, en ocasiones bastante extensas. Estos dos hechos, la honestidad y las citas literales, han constituido durante siglos el material de referencia que se ha tenido sobre el gnosticismo, siendo así la fuente de información secundaria más importante de la que hemos dispuesto.[13]

Conviene considerar que este material es importante tanto para el gnosticismo como para el propio cristianismo. La doctrina católica se configura, en parte, en oposición al gnosticismo. De hecho, de la pugna de los Padres de la Iglesia contra el gnosticismo surgen buena parte de los dogmas cristianos que se siguen manteniendo en la actualidad. Atanasio, obispo de Alejandría (296-373 d. C.),

---

11 JONAS, H., *La religión gnóstica. El mensaje del Dios extraño y los comienzos del cristianismo*, Siruela, Madrid, 2003, 2a ed., pp. 20-21.

12 Principalmente destacaron Orígenes, Ireneo, Hipólito, Epifanio, Tertuliano, e incluso se podría introducir como crítico fortísimo del gnosticismo a Plotino, con su obra *Contras los gnósticos* (*Enéadas*, II.9).

13 JONAS, H., *La religión gnóstica*, p. 71.

estuvo presente en el concilio de Nicea del 325 d. C., pues fue llamado por el emperador Constantino. Como es bien sabido, allí Atanasio triunfa sobre los arrianos. En este concilio se establece gracias a Atanasio —entre otros— que Cristo, en tanto que Dios, era de la misma sustancia eterna que Dios. Esto era opuesto al pensamiento arriano, para quienes Cristo había sido creado por Dios a su semejanza, pero no poseía la misma sustancia. En general, se puede decir que el triunfo de Atanasio de Alejandría llevó al dogma trinitario y a la cristología tal y como la conocemos en la actualidad.[14] Más tarde, Atanasio consiguió asentar aún más la doctrina católica. Al haber sido expulsado de Alejandría en varias ocasiones y frecuentar Egipto y el norte de África en general, conociendo así más de cerca el gnosticismo. Para evitar caer en el gnosticismo, Atanasio estableció un canon de textos: estableció los veintisiete libros que pensaba que debían tomarse como fuente de autoridad divina, o de divina inspiración, que son los que más tarde compondrían oficialmente el Nuevo Testamento.[15] Atanasio, en su *Espístola Festal*,[16] en la treinta y nueve, menciona explícitamente que son textos que deben considerarse canon, que están acreditados como de divina inspiración, y que con ellos se evitará caer en error, impidiendo que se mezclen con textos apócrifos. Morris ha sostenido que, si se atiende al contexto de Atanasio, lo que estaba haciendo el obispo de Alejandría era evitar que se mezclase la doctrina católica con el gnosticismo, siendo a los gnósticos a quienes iba dirigida la última crítica.[17] Por ende, el influjo del gnosticismo es importante también para la composición de la identidad católica. De ahí que atender a sus fuentes no sea un trabajo menor.

---

14 MORRIS, J. E., *The Gnostic Heresy. Fundamentalism*, New York, Palgrave MacMillan, 2008, p. 9.

15 MORRIS, J. E., *The Gnostic Heresy*, p. 10.

16 ATHANASIUS, *Epistolae Festales*, en *Post and Post-Nicene Fathers*, series II, vol. IV, Baker Book House, Michigan, 1983, carta XXXIX.

17 MORRIS, J. E., *The Gnostic Heresy*, p. 10.

Finalmente, el último de los grandes estudiosos de las herejías que se dedicó a combatir al gnosticismo fue Epifanio de Salamis, en el siglo IV d. C. Con él todo termina para los gnósticos. Quedó cerrada esta contienda.

Durante alrededor de quince siglos el gnosticismo pasó inadvertido. Como mucho era una tumba abandonada en un cementerio. Era un susurro. Lo que se hablaba de los gnósticos era para criticarlos desde los Padres de la Iglesia, que fueron justos vencedores. Así, el interés por el gnosticismo había desaparecido porque se había logrado cerrar la polémica entre los gnósticos y los Padres de la Iglesia. La victoria de los Padres de la Iglesia fue aplastante. Tan fulminante victoria que no quedó duda.

Pero algo volvió a sembrar el interés en una sepultura ya cerrada hace quince siglos. Con esa edad dorada de los teólogos protestantes alemanes, que fue el siglo XIX, estos comenzaron a interesarse nuevamente en el gnosticismo. De modo general, se puede decir que lo que estaban estudiando eran los orígenes del cristianismo, lo que les ayudaba a vertebrar su identidad protestante. Al indagar en las profundidades del origen del cristianismo, se toparon con el gnosticismo. Esto los llevó a un interés, principalmente erudito, hacia la comprensión del gnosticismo. El interés por esta antigua corriente religiosa había sido renovado.[18]

Así pues, había un grupo de teólogos, filósofos e incluso historiadores que volvieron a prestar atención a los orígenes del cristianismo que trataban de remontarse al gnosticismo. Pero ya no lo estudiaban desde una perspectiva crítica como los Padres de la Iglesia. No había polémica. No se jugaban nada porque el gnosticismo ya había sido desdeñado. Ya no representaba una amenaza. Por eso se dedicaron a estudiar el gnosticismo y a comprenderlo sin juzgar. En este aspecto, originalmente fue más bien un ejercicio de erudición académica. En el siglo siguiente estos estudios llegaron a un nivel de profundidad radical debido a una buena fortuna, como pasaremos a ver a continuación.

---

18 JONAS, H., *La religión gnóstica*, p. 21.

EL GNOSTICISMO DESDE EL SIGLO XX: LA BIBLIOTECA DE NAG HAMMADI

Todo cambió en el siglo xx. Con el descubrimiento de los manuscritos de Nag Hammadi en 1945, el gnosticismo ya no podía ser considerado igual que antaño. En dichos manuscritos se encontraron una gran colección de textos sobre el cristianismo gnóstico primitivo, los cuales seguramente fueron custodiados por una comunidad ascética-gnóstica que convivió con otros grupos.[19] Estos materiales permitieron una comprensión renovada del gnosticismo mucho más profunda que las anteriores.

Algunos de los grandes investigadores sobre el gnosticismo, como Hans Jonas, se atrevieron a conceptualizarlo. En su obra *La religión gnóstica*, de 1958, Jonas planteó los rasgos religiosos principales del mundo mediterráneo oriental. Como tal, allí había doctrinas que compartían cuatro características: eran eminentemente religiosas, relacionadas con el dualismo antropológico, había un Dios ajeno al mundo (o Dios extraño) y, además, la salvación venía a través del conocimiento.[20]

Que fuesen doctrinas religiosas quiere decir que se vivían con religiosidad. Esto es, que la vivencia de la «religión» cristiana-gnóstica era algo que impregnaba a los textos. No era una doctrina solamente filosófica, sino que estaban envueltas en un conjunto común de creencias que vivenciaban los gnósticos.

Por otro lado, el dualismo antropológico propio del gnosticismo quiere decir que el ser humano tiene un origen doble, pues es terrenal (mundano) y divino (extramundano) a la vez. Normalmente pensamos en el dualismo antropológico como diferencia entre alma y cuerpo, como si fuesen dos sustancias (recuérdese a Platón, Descartes...). Pero en el gnosticismo hay tres sustancias, aunque se llegue también a un

19 GARCÍA BAZÁN, F., *La Biblioteca Gnóstica de Nag Hammadi y los orígenes cristianos*, El Hilo de Ariadna, Buenos Aires, 2013, p. 120.

20 JONAS, H., *La religión gnóstica. El mensaje del Dios extraño y los comienzos del cristianismo*, Siruela, Madrid, 2003, 2a ed., pp. 65-66.

dualismo antropológico entre lo terrenal y lo divino. De acuerdo con el gnosticismo, el cuerpo y el alma están constituidos a imagen del Hombre Primordial para poder abrirse a la divinidad. El cuerpo y el alma son las dos sustancias que mantienen al ser humano atado a esta dimensión terrenal. Hay una tercera sustancia que es el *pneuma*, o espíritu, a la cual también se la llama «chispa» en ocasiones,[21] que es la porción de divinidad que está en cada uno de nosotros. Por este motivo se dice que en el ser humano el cuerpo y el alma constituyen nuestra naturaleza mundana, mientras que el espíritu mantiene a la vez nuestra naturaleza divina. De aquí el dualismo radical (entre lo terrenal y lo divino) antropológico. Ahora bien, en tanto que no todos los seres humanos han alcanzado la gnosis —ni pueden— están en un estado irredento que no les permite apreciar que también albergan naturaleza divina. Por ende, solo los que han recibido la gnosis conocen verdaderamente de este dualismo

El Dios ajeno, o Dios extraño, corresponde con la concepción teológica del gnosticismo. Aquí aparece un dualismo ontológico. La divinidad es transmundana a niveles radicales: su naturaleza es totalmente diferente de la del resto del cosmos. El Dios de los gnósticos ni tan siquiera gobierna el cosmos debido a la radical diferencia de sus naturalezas. Esto genera un reino celestial, el de la luz, donde habita Dios y otro reino absolutamente separado del primero, que es el terrenal, que suele ser comprendido por su antítesis como el reino de la oscuridad. Así, el orden del mundo es diferente a Dios. De hecho, como se apunta en el *Apócrifo de Juan* y en *Pistis Sophia,* en el reino de la oscuridad, o mundo terrenal, gobiernan los «arcontes»,[22]

21 De hecho, en el Evangelio de Juan la interpretación de su expresión «chispa divina» llevó a grandes debates entre los gnósticos y los Padres de la antigua Iglesia. Esto saldrá más adelante, pues Hegel también empleará esta noción.

22 Los arcontes tienen una fuerte inspiración en los daimones griegos. Pero en el gnosticismo se resignifican, quedando como siete arcontes que son gobernantes de este mundo terrenal (GREENBAUM, D. G., *The Daimon in Hellenistic Astrology: Origins and Influence*, Leiden, Brill, 2015, p. 164).

que son entidades demoníacas que encarnan el mal para los gnósticos porque son los encargados de que las almas no abandonen este reino material. En consecuencia, y como es natural, la mayoría de los gnósticos recurren repetidamente a la contraposición entre luz y oscuridad como tópico. De aquí que la teología de los gnósticos tenga que ver con este Dios ajeno al cosmos, con este dualismo ontológico extremo.

Finalmente, el gnosticismo plantea el conocimiento como criterio salvífico. Pero es un criterio muy especial. Hay que comprender que el gnosticismo no es otra religión más del mediterráneo oriental de los primeros siglos de nuestra era. En primer lugar, como digo, el gnosticismo concibe el conocimiento como medio para alcanzar la salvación. Este es su rasgo más determinante. De hecho, «gnosticismo» proviene de *gnosis*, «conocimiento». De ahí su nombre, traducible como los «conocedores».[23] Este conocimiento que caracteriza a los gnósticos no era lo que popularmente llamamos conocimiento. Conocimiento designa en la actualidad, de manera popular, el conocimiento de los objetos empíricos y racionales. Ambos son cognoscibles en tanto que los seres humanos podemos utilizar la razón. De ahí que la razón sea la facultad principal para su adquisición. Pero ese no es el conocimiento que es salvífico para los gnósticos. No se salva el que más sabe racionalmente. Más bien, el conocimiento gnóstico hace referencia a los objetos de la fe, especialmente del conocimiento acerca de Dios. Este conocimiento sobre Dios es conocimiento de «algo incognoscible y, por tanto, se trata de una condición que no es natural. Sus objetos incluyen todo lo que pertenece al reino divino

23 Por supuesto, dependiendo de cada cultura a veces se les llama diferente, aunque siempre en referencia al conocimiento (gnosis). Por ejemplo, hubo una secta en el Éufrates que tenía su propio libro sagrado. Esta secta era anticristiana y antijudía, pero gnóstica. Estos eran los mandeos. Los libros sagrados de los mandeos son una fuente principal para la comprensión del gnosticismo. De hecho, su nombre proviene del arameo *manda* que significa «conocimiento», por lo que también se puede traducir por los «conocedores», o por los «gnósticos» (JONAS, *La religión gnóstica*, p. 73).

del ser, es decir, el orden y la historia de los mundos superiores, y lo que se deriva de este: la salvación del hombre».[24] Este conocimiento es suprarracional, dándose en muchos casos —no todos— por revelación o por iluminación. Y lo que ilumina es justamente la dimensión divina del ser humano (*pneuma*). Así, el conocimiento de nuestra naturaleza divina es lo que verdaderamente permite la salvación del ser humano, el paso al reino de la luz de ese Dios extraño. Por eso no es solo conocimiento en tanto que información de lo incognoscible, sino que —insisto— es conocimiento *salvífico*. Jonas lo resumió muy bien cuando dijo que

> La meta de la lucha gnóstica es la liberación del «hombre interior» de las ataduras del mundo y su regreso al nativo reino de la luz. La condición necesaria para lograrlo es que el hombre conozca al Dios transmundano y a sí mismo, es decir, su origen divino y su situación presente, y, en consecuencia, la naturaleza del mundo que determina esta situación.[25]

De esta manera hay que considerar que en el gnosticismo no hay una compartimentación en su discurso, sino que si nos fijamos, todo están en relación. Al haber un Dios extraño, o ajeno, entonces hay un reino de luz en el que habita. En consecuencia, está el nuestro, que es reino de la oscuridad (dualismo ontológico). En el reino de la oscuridad habita el ser humano, quien tiene tres sustancias: cuerpo, alma y espíritu. El cuerpo y el alma le encadenan al reino de la oscuridad, mientras que el espíritu (o chispa) es la naturaleza divina que hay en él pertenece al reino de la luz.[26] Por

---

24 JONAS, *La religión gnóstica*, p. 68.

25 JONAS, *La religión gnóstica*, p. 79.

26 De hecho, habiendo una ontología dualista tan potente en el gnosticismo, resulta difícil comprender cómo es que hay una chispa divina (o parte de la naturaleza de Dios) en los seres humanos. En la mayoría de las fuentes gnósticas esto se interpreta como la caída, la cual justificaría desde un punto de vista teológico el dualismo radical antropológico del gnosticismo.

este motivo, para poder liberarnos del reino de la oscuridad para alcanzar la salvación en el reino de la luz hemos de hacernos conscientes de nuestra naturaleza divina. Pero este conocimiento no es racional, sino suprarracional, que se da en la mayoría de los casos por iluminación y siendo un conocimiento reservado a una élite. Esto nos vuelve a conectar con el principio del planteamiento, pues el conocimiento salvífico es conocimiento acerca del Dios extraño. Por eso, aunque aquí lo he planteado a nivel ontológico, antropológico, teológico y cognoscitivo en realidad no haríamos mal en tener siempre presente que el gnosticismo no se presenta por separado en compartimentos estanco.

Estas conceptualizaciones se realizaron tomando en cuenta los manuscritos de la biblioteca de Nag Hammadi. Y para consolidarlo se celebró un evento académico de primer orden. Entre el 13 y el 18 de abril de 1966 tuvo lugar en Italia el Coloquio Internacional sobre los Orígenes del Gnosticismo, popularmente llamado Coloquio de Mesina. Debido al nuevo material que se estaba trabajando, ese congreso se entregó a una misión. El objetivo del Coloquio de Mesina fue establecer con exactitud el significado del término «gnosis». Allí se reunieron grandes estudiosos sobre la gnosis: G. Widengren, U. Bianchi, H. Jonas, J. Daniélou, C. Colpe, M. Simon y H. I Marrou, entre otros. Para aclarar el término en cuestión había que diferenciarlo de otros términos cercanos. No es lo mismo la gnosis que el gnosticismo, ni que el pregnosticismo, ni que el protognosticismo, ni del adjetivo «gnóstico». Todos estos términos son diferentes. Como relata García Bazán,[27] allí se consiguió aclarar algunos términos, aunque no todas las definiciones fueron aceptadas sin reservas. Hubo grandes discusiones. Pese a las discrepancias, hubo cierto consenso final con algunos términos.

---

27 GARCÍA BAZÁN, F., *Gnosis. La esencia del dualismo gnóstico*, Castañeda, Buenos Aires, 1978, p. 31.

Para el interés de este libro, recopilaré solo dos de los consensuados en aquel congreso. El primero es «gnosis», que refiere en general al «conocimiento de los misterios divinos reservados a una élite».[28] El segundo es «gnosticismo», que refiere a todo un sistema doctrinal que emergió en el siglo II, el cual alberga una serie de elementos: una chispa divina en el hombre, una procedencia del ser humano del reino divino, una caída en el mundo, la necesidad de despertar nuestra parte divina para volver a su estadio originario. Estos son los elementos del gnosticismo, pues «solo las doctrinas gnósticas que incluyan los fundamentos ontológicos, teológicos y antropológicos dichos, forman parte del gnosticismo».[29]

No obstante, es imposible no preguntarse fenomenológicamente por la gnosis y el gnosticismo. García Bazán ha presentado el contenido del tema que nos interesa, pero ese contenido es inseparable de la vivencia. ¿Cómo dar una definición de esto desde la vivencia pura del sujeto? ¿Qué supone para una persona recibir el conocimiento de los misterios divinos? J. A. Antón Pacheco ha respondido con simplicidad, elegancia y claridad a estos interrogantes. Este investigador comparte con García Bazán la necesidad de distinguir con nitidez entre gnosis y gnosticismo. La gnosis es «un conocimiento transformativo cuya obtención supone un salto cualitativo en el sujeto que lo recibe. Tradicionalmente, la gnosis ha estado ligada a corrientes visionarias, mistéricas y esotéricas».[30] Por ende, la gnosis no es exclusivamente cristiana, sino bastante general. Es más, existe la conocida «gnosis pagana», que era un tipo de gnosis oriental precristiana que más tarde sería cristianizada e influiría en el hermetismo y la alquimia egipcia.[31] Por su parte, el gnosticismo —en sintonía entre Antón

28 GARCÍA BAZÁN, F., *Gnosis. La esencia del dualismo gnóstico*, p. 31.

29 GARCÍA BAZÁN, *Gnosis. La esencia del dualismo gnóstico*, p. 31.

30 ANTÓN PACHECO, J. A., *Parádosis: Visiones sobre el Uno, el Logos y la Tríada*, Puerta Castilla, Murcia, 2014, p. 64.

31 GARCÍA BAZÁN, F., y NANTE, B., «Introducción a la edición española». En Jung, C. G., *Psicología y alquimia. Volumen 12*, Trotta, Madrid, 2015, p. XVII.

Pacheco y García Bazán— es una corriente de pensamiento cristiano que está vinculada a círculos paulinos y joánicos de corte platonista y enraizada en la tradición sapiencial judía, la cual da lugar a que el gnosticismo sea la gnosis, pero desde el cristianismo, lo cual la vuelve una corriente muy concreta frente a la gnosis común.[32]

Siguiendo especialmente las definiciones de Antón Pacheco es como lo entenderemos nosotros en este libro. Lo que este libro ofrecerá es el rastreo del *gnosticismo* —que no solo de la gnosis— en los escritos de juventud de Hegel. Para ello se analizarán los textos de Berna y Fráncfort donde creo que destacan estos elementos. Uno corre el riesgo de omitir información relevante del texto, o incluso a modo de falacia *ad silentium*, de no comentar aquello que contradiga la propuesta. Yo le prometo al lector mi honestidad, por ello no queda otro camino que ir exponiendo y comentando críticamente texto a texto. No obstante, como dije antes, estos elementos no se encuentran en muchas ocasiones en su estado puro, sino que están reformulados.

LAS FUENTES DE HEGEL DEL GNOSTICISMO

Hay quienes han situado a Hegel como gnóstico sin reservas, pensando que bebía directamente de esta doctrina.[33] En general, la estrategia que siguen estos autores consiste en comparar elementos de la filosofía de Hegel con elementos del gnosticismo mostrando sus similitudes y coincidencias. Pero de la coincidencia no se extrae un gnosticismo robusto y sin reserva alguna. Correlación no es causalidad.

---

32 ANTÓN PACHECO, *Parádosis*, p. 64.

33 VOEGELIN, E., *Science, Politics and Gnosticism*, Regnery Gateway, Washington D. C., 1968, pp. 40-44 y 67-80; MITSCHERLING, J., «The Identity of the Human and the Divine in the Logic of Speculative Philosophy», en BAUR, M. & RUSSON, J. (eds.), *Hegel and the Tradition: essays in Honor of H. S. Harris*, University of Toronto Press, Toronto, 1997, pp. 143-161. Este último, Mitscherling, se refiere al gnosticismo en los términos del coloquio de Mesina.

Para saber si verdaderamente hay un gnosticismo en Hegel lo primerísimo que hay que hacer es comprobar las diferentes formas en que Hegel pudo conocer el gnosticismo. Como se ha dicho, en este libro se defiende que sí que hay elementos gnósticos en la filosofía de Hegel, pero de ahí no se extrae que Hegel fuese plenamente un gnóstico. Así pues, primero pasemos a contextualizar las diferentes vías posibles.

LA FUENTE DEL GNOSTICISMO EN SU MADUREZ

Las fuentes más fidedignas del gnosticismo en Hegel se encuentran en su madurez. Concretamente, en uno de sus cursos sobre *Historia de la filosofía*. En total, Hegel dictó nueve cursos sobre historia de la filosofía a lo largo de su vida. El primero en el semestre de invierno en Jena, entre 1805-1806. Otros dos cursos en Heidelberg, también en el semestre de invierno, entre 1816-1817 y 1817-1818. Todos los demás cursos los dictó en la Universidad de Berlín. El primero en verano de 1819. Luego en los semestres de invierno de 1820-1821, 1823-1824, 1825-1826, 1827-1828 y 1829-1830. Llegó a comenzar un nuevo curso sobre esta materia el diez de noviembre de 1831, pero lamentablemente la muerte le sobrevino solo cuatro días más tarde, por lo que solamente dictó dos clases.

Cada uno de los manuscritos publicados como las *Lecciones de historia de la filosofía* de Hegel, en realidad fueron los apuntes de clase de su alumnado —no de todos los cursos en los cuales impartió su docencia— que fueron editados tras su fallecimiento. Esto nos deja un rico material sobre qué dictó Hegel en clase y cómo organizaba los temas. De entre todos estos cursos que Hegel dictó no siempre aparece la misma explicación de los autores y tampoco los mismos filósofos. ¿Dónde aparece aquí el gnosticismo?

El gnosticismo aparece explícitamente como parte de la materia en el semestre de invierno de 1825-1826. Allí Hegel comienza a explicar el neoplatonismo. El neoplatonismo lo divide en tres momentos: Filón de Alejandría, la cábala y el gnosticismo, y la filosofía alejandrina. Este reparto del neoplatonismo es llamativo. Filón, así como la filosofía alejandrina (Ammonio Saccas, Plotino, Porfirio, Jámblico, Proclo, etc.) suelen ser comprendidos como los grandes neoplatónicos. ¿Qué hace ahí la cábala y el gnosticismo? Efectivamente, sirve como puente entre Filón y el resto del neoplatonismo si nos remontamos al orden cronológico. El presupuesto de Hegel parece ser que a través de la cábala y el gnosticismo llegó la filosofía de Filón al resto de la escuela alejandrina. Esto lo señala Hegel por la afinidad temática, pues comienza diciendo que «la filosofía cabalística y la teología gnóstica se ocupan asimismo de las representaciones expuestas por Filón».[34] Para Hegel, la cábala y el gnosticismo comparten con Filón que lo primero es el ser, lo abstracto y desconocido. También comparten que lo siguiente es la revelación, lo que se desarrolla de la emanación. Ambos consideran que lo tercero es el *logos*.

Cuando Hegel comienza su exposición sobre la teología gnóstica va a abordar a cuatro autores: Basílides, Marción, Valentín y Tolomeo. De cada uno comenta solamente los rasgos principales de su filosofía. En general, se puede decir que Hegel conocía las ideas gnósticas del Dios inefable, la gnosis como elemento salvífico, la sima, etc. Por ende, la hipótesis del gnosticismo en Hegel cobra vigor. Hay prueba de que Hegel había estudiado el gnosticismo. No obstante, parece que esta fuente funciona solo para su filosofía de madurez, como pasaré a explicar.

En realidad, Hegel no leyó ni a Basílides ni a Marción ni a Valentín ni tampoco a Tolomeo. Como señala en el inicio de su clase sobre el gnosticismo, había tomado la información de otro autor. Él mismo señala que «los *gnósticos*, que aparecen divididos en muchas sectas, tienen como fundamento determinaciones semejantes a las que ya hemos expuesto [Filón de Alejandría]. El profesor Neander las ha reunido con gran acopio de erudición y las ha estudiado en detalle».[35] El profesor al que Hegel refiere se trataba de nada menos

34 LHF III, 23/ GW8, 173.

35 LHF III, 25/ GW8, 174. El corchete aclarativo es mío.

que Johann August Wilhelm Neander (1789-1850). Este era un personaje conocido en su época, aunque hoy en día quizá sea uno de los grandes nombres olvidados.

Neander —cuyo nombre original era David Mendel, el cual cambió al convertirse desde el judaísmo al cristianismo— fue un teólogo e historiador de la Iglesia que destacó entre sus contemporáneos por sus trabajos de erudición. Además, era uno de los discípulos directos de Friedrich Schleiermacher. Hegel lo que toma de él es uno de sus libros que, aunque no le reportó la fama de sus otras obras, tuvo algún eco en su tiempo. Esta obra era *Genetische Entwicklung der vornehmsten gnostischen System* (*Desarrollo genético de los principales sistemas gnósticos*), que fue publicado en 1818.[36] Efectivamente, al comprobar el libro encontramos capítulos dedicados a los autores que Hegel trató en sus clases sobre el gnosticismo. Es esta su fuente del conocimiento sobre el gnosticismo.

De esto se extrae que para Hegel el gnosticismo fue un tema interesante al que dedicó horas de estudio. No parece descabellado entonces pensar que quizá haya elementos gnósticos en su filosofía. Ahora bien, aunque el texto de Neander al que Hegel refiere constituye una prueba indudable de su interés por el gnosticismo, también hay que decir que siendo rigurosos esto solo aplica a su periodo de madurez berlinesa, pues el libro de Neander se publicó en 1818.

Sin embargo, el propósito del presente libro es vislumbrar los posibles elementos gnósticos de la filosofía de Hegel en su origen, en su periodo de juventud. ¿Cómo sería posible que hubiese elementos gnósticos en la juventud de Hegel si la prueba más fehaciente del interés de Hegel por el gnosticismo se presenta en su madurez? Pasemos a continuación a vislumbrar las posibles vías por las que Hegel tenía acceso al gnosticismo.

---

36 NEANDER, A., *Genetische Entwicklung der vornehmsten gnostischen System*, Berlin: Ferdinand Dümmler, 1818.

LAS FUENTES POSIBLES DEL GNOSTICISMO EN SU JUVENTUD

La germinación de elementos gnósticos en la juventud de Hegel pudo ocurrir de varios modos. Ninguno es excluyente con otro en realidad, pero todos son de difícil demostración. Por eso hay que ofrecer las diferentes vías. Que Hegel conocía la doctrina gnóstica es obvio. Hegel conocía el gnosticismo en su juventud no solo por el parentesco en algunos textos, como veremos en este libro, sino porque existe prueba documental de ello, proveniente del puño y letra de Hegel. En un escrito de juventud, *Fragmentos republicanos*, discurriendo acerca del cristianismo y la fe positiva, el joven filósofo señala:

> «El haber vinculado las fuentes de la fe cristiana con las fuentes judías (*los gnósticos rechazaron las fuentes judías*) causó tal vez la mayor parte de los desastres. En las fuentes de la religión judía hay actos e ideas inmorales, injustas, que son presentadas como si emanaran de las órdenes de Dios; estos principios, que eran de naturaleza política y que se referían a una constitución determinada (dentro de la cual rige el derecho del más fuerte), se han convertido en principios de la Iglesia».[37]

En el texto se considera que la vinculación del cristianismo con las fuentes judías fue un error. Al hacerlo se inoculó la positividad del judaísmo en el cristianismo, la cual ha germinado dentro de la Iglesia. Esto, sin embargo, no había pasado con el gnosticismo porque esta doctrina había rehusado de las fuentes judías. Pero fijémonos en que, en el texto, Hegel se está refiriendo explícitamente a los gnósticos. Es más, tiene hasta una consideración sobre la diferencia entre el gnosticismo y el cristianismo que está hablando más bien a favor del gnosticismo en este punto. Por lo tanto, hay prueba textual

37 EJ 44. Las cursivas son mías para enfatizar.

de su conocimiento sobre el gnosticismo. Aunque también hay que admitir su escasez: una línea. Pero ¿de dónde conoce Hegel al gnosticismo? Hegel no contaba con los escritos de Nag Hammadi, por lo que de algún otro modo debía conocer el gnosticismo.

Una primera posibilidad que han investigado otros consiste en que Hegel se interesase vivamente por el gnosticismo más bien al margen de la lectura de los Padres de la Iglesia o de los teólogos de su tiempo, es decir, que se interesase por otros motivos. Así, su interés principal estaría en otro tema que inexorablemente le llevó al gnosticismo. Por ejemplo, Hanratty señaló que

> Durante su juventud, Hegel asimiló ansiosamente ideas y aspiraciones masónicas que fueron propagadas en Alemania por los partidarios de la Revolución francesa. A lo largo de su vida se interesó en el movimiento masónico, así que estas ideas y aspiraciones fueron elementos importantes de la matriz desde la que emergió el sistema gnóstico de Hegel.[38]

Esto es, que el interés de Hegel por el gnosticismo es indirecto. Más bien, su posible gnosticismo tiene que ver con la importancia de la masonería en Hegel. De este modo, no es un gnosticismo que se conoce por las críticas de los Padres de la Iglesia, sino que Hanratty lo sitúa como consecuencia de sus ideas masónicas. Hegel como masón no es una consideración extraña.[39] Al haberse vinculado a Hegel con la masonería para Hanratty, y a la masonería con el gnosticismo, a este intérprete le salía poder considerar a la masonería como el vínculo que unía a Hegel con el gnosticismo. Por ende, habría un gnosticismo débil en Hegel en el sentido en que proviene de segundas fuentes.

---

38 HANRATTY, «Hegel and the Gnostic Tradition II», pp. 312-313.

39 En su tiempo Jacques D'Hondt ya realizó una brillante exposición sobre las relaciones de Hegel con la masonería. De hecho, siempre interpreta a Hegel desde ahí. Sobre las fuentes masónicas en Hegel, véase: D'HONDT, J., *Hegel secreto*, Buenos Aires, Editora corregidor, 1978.

También podemos considerar otra vía. Un contemporáneo de Hegel señaló un impulso gnóstico en la filosofía de Hegel por las influencias de otro autor clave en su pensamiento, que era Jakob Böhme. Además, no fue cualquier investigador, sino Ferdinand Christian Baur (1792-1860), el célebre teólogo que tan influido e influyente fue en el idealismo alemán. Si bien fue conocido por su asimilación de ideas de Schelling en algunas de sus obras, luego cambió de posiciones virando hacia la filosofía de la historia de Hegel. No es momento de explicar aquí este salto. Pero lo que sí conviene saber es que Baur conocía a los dos filósofos perfectamente. En su obra publicada en 1835, *Die christliche Gnosis* (*La gnosis cristiana*),[40] Baur considera que Hegel era un gnóstico. Su motivo es que el gran gnóstico alemán había sido Böhme. A su consideración, Schelling y Hegel son los mayores herederos intelectuales de Böhme. Por lo tanto, son gnósticos de forma indirecta, quizá hasta inconscientemente. Para Baur la cristalización más obvia de esto aparece en la filosofía de la religión de Hegel. Allí Baur considera que la idea de proceso de Hegel en su filosofía de la religión, en tanto que, relacionada con la historia, es una suerte de gnosticismo.[41]

Para Baur el filósofo idealista y el gnosticismo coinciden en que hay un presupuesto de un Dios vivo (*lebendiger Gott*) que se mueve a través de la historia como razón pensante (*denkende Vernunft*). Dios es solo a través del movimiento, que es proceso. Este proceso son los movimientos de la Idea en Hegel cuando se realiza a través del Concepto: el Concepto mismo; Concepto determinado; y Concepto que se recupera a sí mismo desde la determinación.[42] En este sentido, Baur ve el mismo presupuesto en Hegel y los gnósticos, que a su juicio no es una casualidad, pues los dos requieren de un Dios vivo. Es más, Baur sigue señalando que el Concepto no es puramente lógico,

40 BAUR, F. C., *Die Christliche Gnosis, oder die Christliche Religions-Philosophie in Ihrer Geschichtlichen Entwicklung*, Osiander, Tübingen, 1835.

41 BAUR, F. C., *Die christliche Gnosis*, pp. 681-682.

42 BAUR, F. C., *Die christliche Gnosis*, pp. 681-682.

sino que guarda reminiscencias claramente platónico-gnósticas porque hay una necesidad de recuperación de algo que era en plenitud y, en su desarrollo, debe ser restaurado. Este tema del retorno a lo originario, o recuperación de la caída es muy del gnosticismo. Baur cree identificarlo en Hegel. Para Baur esta idea del gnosticismo es la «caída del Absoluto» (*Abfalls vom Absoluten*) en la filosofía de Hegel.[43] Así, Hegel sería uno de los dos herederos intelectuales de Böhme y, al ser Böhme el gnóstico alemán por antonomasia, entonces Hegel indirectamente habría asumido el gnosticismo desde su juventud incluso sin saberlo.

Una tercera posibilidad altamente plausible es que leyese a los gnósticos indirectamente. En el seminario de Tubinga Hegel leyó a los Padres de la Iglesia. Cuando floreció el gnosticismo en el siglo II, varios Padres de la Iglesia lo vieron como herejía. Es cierto que Valentín y sus discípulos no pensaron que el gnosticismo fuese opuesto al cristianismo. Pero así fue considerado por los Padres de la Iglesia, quienes vencieron esa batalla. Esto llevó a que el conocimiento sobre el gnosticismo se limitase a lo que proporcionaba los escritos anti-heréticos. De entre ellos destacaron en la enseñanza en los seminarios las obras de Ireneo de Lyon e Hipólito de Roma. Pues bien, los Padres de la Iglesia eran lecturas del seminario de Tubinga. Por ende, es muy probable que Hegel tuviera conocimiento sobre los gnósticos a través de las críticas de los Padres de la Iglesia.

Una cuarta posibilidad está en que quizá Hegel no trabajase tan directamente con las fuentes de los Padres de la Iglesia, pero que de algún modo se le enseñase sobre el gnosticismo en el seminario de Tubinga. Recuérdese que, en el siglo XIX, incluso a finales del siglo XVIII, hubo un renovado interés por el gnosticismo entre los teólogos luteranos alemanes para situar los orígenes del cristianismo. Sin ir más allá, varios de los textos de juventud de Hegel abordan el origen del cristianismo como veremos más adelante. Esto es indicativo de que

43 BAUR, F. C., *Die christliche Gnosis*, p. 682.

Hegel estaba inmerso en los temas más actuales de la teología de su tiempo. No sería extraño entonces que hubiese conocido lo que otros teólogos de su época comenzaban a dilucidar acerca del gnosticismo.

Haciendo un poco de investigación, especialmente por lo comentado en la tercera y cuarta posibilidad, nos surge la duda sobre quién podía tener conocimientos sobre gnosticismo en el seminario de Tubinga. Aunque no haya pruebas tangibles respecto a Hegel, podemos suponer que fue influjo de Storr. Este era uno de los profesores favoritos tanto de Hegel como de Schelling. Asimismo, aunque no estudiase de pleno a los gnósticos, hay prueba documental de su conocimiento sobre ellos. No por casualidad, la disertación de Schelling al final de su estancia en el seminario de Tubinga fue tutelada por Storr, llevando por título *De Marcione Paullinarum Epistolarum Emendatore.*[44] En esta obra Schelling practica un comentario a los escritos paulinos desde Marción, el gnóstico.[45] Por ende, todo apunta a que, si esta disertación la supervisó Storr, es plausible que comentase algo sobre los gnósticos en clase, captando el interés de Schelling. Probablemente fuese la autoridad al respecto en el seminario de Tubinga. No obstante, la disertación de Schelling muestra sobre todo un conocimiento de lo que los Padres de la Iglesia decían sobre el gnosticismo. De esto se concluye que ni D'Hondt ni Baur terminan de encajar en su interpretación acerca del gnosticismo de Hegel si nos enfocamos en su juventud, más bien la tercera y la cuarta vía propuestas son las más plausibles.

---

44 SCHELLING, F. W. J., *Marcione Paullinarum Epistolarum Emendatore*, Tubinga: Tubingae ex Officina Reisiana, 1795.

45 En el panorama actual, Marción no es considerado gnóstico, pues parece que no llegó a conocer el neoplatonismo, que es un elemento clave dentro del gnosticismo. No obstante, Schelling sitúa a Marción como gnóstico desde el inicio de su obra (SCHELLING, *Marcione Paullinarum Epistolarum Emendatore*, p. 1). Lo que sí que fue Marción es paulino, provocando una ruptura fuerte con el judaísmo. De hecho, a veces Marción no le valen ni el Evangelio de Mateo, ni tampoco el Evangelio de Marcos pues los considera demasiado próximos a la tradición judía. No obstante, en el siglo XVIII y XIX era común situar a Marción como si fuese un gnóstico más.

Hasta aquí las posibles vías principales por las que llegó Hegel a su conocimiento sobre el gnosticismo. Cuál de todas estas posibilidades es la correcta es algo que no nos toca deliberar aquí, aunque creo que la tercera y la cuarta propuesta son las más plausibles con diferencia. Sea como sea, lo importante es haber mostrado que Hegel tenía conocimiento —directo o indirecto— de qué era el gnosticismo y que este conocimiento afectó a su filosofía. Por eso surge una vez más la urgente necesidad de ir a la raíz acudiendo al periodo de juventud para comprobar con qué impronta están redactados sus escritos. Esto es, comprobar si efectivamente hay una suerte de gnosticismo en Berna y Fráncfort.

Como dije al inicio, la consideración de la influencia del gnosticismo en Hegel no es algo nuevo, sino poco trabajado. Así, en la juventud de Hegel está la posibilidad de que ya estuviera influenciado. Ya sabía de gnosticismo por lo citado en *Fragmentos republicanos,* por su formación y también a juzgar por varios investigadores. Pero ¿hasta qué punto estaba este gnosticismo ya en Hegel en su juventud? Demos paso ahora a comprobar qué elementos gnósticos perviven en la filosofía de juventud de Hegel y de qué manera. Aunque no sin antes pasar a agradecer a quienes merece.

AGRADECIMIENTOS

Este libro surgió como una posibilidad a través de unas jornadas, *Gnosis y tradición en el pensamiento filosófico masónico*, celebradas a inicios de 2023 en Sevilla. Allí presenté una ponencia sobre Hegel. Llamó bastante la atención y surgió el tema de la relación de Hegel con el gnosticismo. Debido a ello, decidí indagar, siendo esta obra el resultado.

Agradezco mucho al Prof. Dr. Juan José Padial y al Prof. Dr. Francisco Rodríguez Valls, con quienes siempre estoy en deuda por mi formación y por cultivar en mí la semilla de querer conocer siempre más y mejor. También al Prof. Dr. José Antonio Antón Pacheco y Prof. Dr. Antonio de Diego, quienes me han servido como inspiración y me han ayudado a través de sus escritos y conversaciones a comprender más sobre el gnosticismo. Por supuesto, también al grupo de investigación «El idealismo alemán y sus consecuencias actuales» (HUM: 172), del que soy orgulloso miembro, en especial al Prof. Dr. Juan A. García, al Prof. Dr. Alejandro Rojas y al Prof. Dr. Rafael Reyna por atender siempre mis consultas, dudas e ideas.

Finalmente, agradecer también al Departamento de Filosofía y Lógica y Filosofía de la Ciencia por su apoyo, así como a todos mis compañeros de departamento. Asimismo, a todos mis compañeros de la Universidad de Sevilla.

ELEMENTOS GNÓSTICOS EN BERNA

PLANTEAMIENTO

A finales del siglo XVIII Hegel trabajaba en Suiza como tutor privado (*Hofmeister*) al servicio de la familia Steiger en Berna. En general, Hegel miraba con recelo a esta familia, pues se jactaban de cultivar la alta cultura (la *Bildung* alemana),[46] pero en realidad, desde el interior de su casa, veía que no hacían tal cosa. Al contrario, la *Bildung* para ellos era una excusa social para justificar eximirse laboralmente. Hegel, por su parte estaba casi sin tiempo libre para estudiar lo que quería verdaderamente. Pero aun así logró redactar dos textos que se han conservado en los que nos vamos a centrar: *Historia de Jesús* y *La positividad de la religión cristiana*.

En el primer texto aparecen elementos claramente gnósticos en algunas partes. Esto nos da una primera pista sobre un posible gnosticismo desde la juventud de Hegel, como veremos. No obstante, las pistas que hay en *Historia de Jesús* pueden ser confusas si no se siguen su rastro en el siguiente escrito, *La positividad de la religión cristiana*. En este segundo escrito de Hegel encontramos bastantes elementos enraizados con el gnosticismo. Siendo así, ambos textos han pasado

46 Sobre la *Bildung* en el contexto del que luego se nutra Hegel, véase: SÁNCHEZ MECA, D. «*Bildung* y *Freiheit* en el primer romanticismo alemán», *Studia Hegeliana*, 4, 2018, pp. 289–298.

a lo largo de la historia del hegelianismo como escritos de impronta kantiana. Y es así. Berna es, quizá, el periodo en el que Hegel más se sumerge en el kantismo. Pero un sol no debe eclipsar a otro. Que sea el periodo más kantiano de Hegel no significa que no pueda haber otras influencias rastreables. O, al menos, observables. Estas otras influencias quizá no sean de la misma importancia en la mente de Hegel que Kant, pero sí que están ya las semillas de algo que irá floreciendo lentamente.

EL PLAN CÓSMICO DE LA DIVINIDAD

INTRODUCCIÓN A *HISTORIA DE JESÚS*

Este texto acepta varias posiciones hermenéuticas. Generalmente, todos los autores solemos interpretarlo como un texto de raigambre kantiana. Esto es innegable. De ahí que sea en muchas ocasiones una referencia para poder defender una dependencia de Hegel con Kant.[47] Sin embargo, esta no es la única posición posible.

¿No hay acaso algo más aparte de Kant en este texto? ¿Es Hegel una especie de imitador de Kant solamente? De ser así, sería muy raro. Mejor no escribirlo. ¿No será más un continuador? ¿Y si entonces hay más elementos a considerar si leemos el texto desde otros ángulos?

47 Esta posición fue esgrimida por Robert Pippin a finales de los años ochenta (PIPPIN, R., *Hegel's Idealism: The Satisfactions of Self-Conciousness*, Cambridge University Press, Madrid, 1989), aunque luego matizada en sus versiones siguientes. Pippin trató de sacar a los investigadores de cierto dogmatismo en el que se asumía en Hegel una deuda con Spinoza y Leibniz especialmente (sobre esto, véase: AMENGUAL, G., «Spinoza como referente en las pruebas de la existencia de Dios de Hegel», *Studia hegeliana*, 1, 2015, pp. 23-40). Y lo logró. Pero muchas asumieron que la deuda de Hegel era entonces solo con Kant. Esta forma de verla está implícita en varios intérpretes actuales. Por ejemplo, véase: BEISER, F., «Hegel and the history of idealism», *British Journal for the History of Philosophy*, 28, 3, 2020, pp. 501-513. El origen de esta dependencia de Hegel con Kant, como señalo, suele situarse en este texto.

Suele ocurrir que la influencia de Kant en el texto es tan innegable que solo se le lee desde Kant. Sus raíces son evidentes. Pero se pueden tomar más posiciones hermenéuticas que incluyan al kantismo de Hegel de este texto. En primer lugar, si es continuador —y no mero repetidor— entonces hay que aceptar que puede haber más elementos. En segundo lugar, hay que considerar qué elementos son y cómo pueden ser entendidos.

Que Hegel es continuador de Kant en este escrito es más que obvio: lleva el mensaje del imperativo categórico. Pero va más allá de Kant. Mucho más. Solo la representación de Jesús de Nazaret como kantiano ya es haber ido más allá de la letra de Kant. La figura de Jesús es muy recurrente en la juventud de Hegel. Como expresó D'Hondt, hay un Jesús socrático, otro ilustrado, otro kantiano y uno evangélico.[48] Tal vez a algún lector católico le pueda parecer que Hegel, en consecuencia, roza la blasfemia. No obstante, esto era algo de lo que Hegel tenía intención. Para empezar porque había tenido formación teológica y la religión era para él el tema más fundamental e importante de la existencia humana.[49] Sentía un gran respeto por ella. Hay que comprender que es un elemento contextual. En el clima alemán de la época no era descabellado tomar a Jesús desde alguna posición filosófica, como comentó Dilthey.[50] Por ejemplo, en 1828 apareció Heinrich Eberhard Gottlob Paulus (1761-1852) con su *Das Leben Jesu als Grundlage einer reinen Geschichte des Urchristentums*, en el que enfoca a Jesús desde el racionalismo. Con esto quiero decir que no era algo impropio de la época presentar así a Jesús. Por ello, insisto en que Hegel presenta un Jesús kantiano, que no era raro en su tiempo presentar estos intentos. Aunque va más allá de Kant, como veremos, porque hay más elementos a considerar.

48 D'HONDT, J., *Hegel, filósofo de la historia viviente*, Amorrortu Editores, Buenos Aires, 1966, p. 62.

49 Así lo había redactado unos años antes en el *Fragmento de Tubinga* «La religión es uno de los asuntos más importantes de nuestra vida» (FT, 148 / GW1, 83 / TWA1, 9).

50 DILTHEY, W., *Hegel y el idealismo*, Fondo de Cultura Económica, México, 2014, pp. 24-25.

Ahora bien, habiendo más elementos, aquí, en este comentario, nos centraremos en los gnósticos. Y esto hay que pensarlo bien. En primer lugar, el comienzo del escrito *Historia de Jesús* es el Evangelio de Juan. Pero conviene preguntar: ¿por qué ese Evangelio y no otro?

Es evidente que Hegel conocía los Evangelios de Marco, Mateo y Lucas también porque los cita en el texto. Pero comienza con el de Juan. Esto se puede deber a diversas causas. Por una parte, el Evangelio de Juan es el más filosófico. Cualquiera que lo lea queda cautivado con su comienzo. Pero, por otro lado, también es el texto que más disputas generó entre los gnósticos y los opositores al gnosticismo, como se verá.

La interpretación de Hegel del comienzo del Evangelio de Juan está más próxima al gnosticismo. Sobre todo, porque se centra en los elementos gnósticos. Además, a lo largo del escrito *Historia de Jesús*, más allá del Evangelio de Juan, hay elementos gnósticos. O, al menos, elementos susceptibles de ser entendidos desde las coordenadas del gnosticismo. Esto permite una segunda posibilidad hermenéutica, que es la de comprender los elementos gnósticos soterrados en *Historia de Jesús*.

No obstante, tampoco hay que caer en la exageración: no es que el texto solo y únicamente sea comprensible desde el gnosticismo, quedando así anulada la interpretación kantiana. Más bien, la interpretación kantiana se mantiene, pues el mensaje del texto es kantiano moralmente, con énfasis en el imperativo categórico en varios lugares, pero eso no anula que haya una serie de elemento gnósticos rastreables dentro del texto. Aquí procederé a poner de relieve dichos elementos.

En general, por su contraposición con el *corpus paulinum*, no hay elementos gnósticos en los Evangelios de Mateo, Marco y Lucas más allá de un versículo de Mateo.[51] Pero ha ocurrido todo lo contrario con el Evangelio de Juan.

51 GARCÍA BAZÁN, *Gnosis*, p. 185.

El Evangelio al que me refiero tiene relaciones con el gnosticismo debido a que las fuentes de Juan son eminentemente gnósticas. Principalmente, el Evangelio de Juan presenta ocho características gnósticas, como ha recogido García Bazán.[52] Pero como el mismo autor nos advierte «el carácter pregnóstico o gnostizante del *Evangelio de Juan* de ningún modo significa que participe totalmente y en lo fundamental del esquema gnóstico esencial, por eso es un escrito extragnóstico».[53]

Es en este sentido que Hegel coincide con algunos elementos gnósticos en *Historia de Jesús*. Así es: Hegel comienza el texto comentando ese Evangelio. De ahí que aquí se puedan situar elementos gnósticos. Lo que habrá que ver primero, entonces, es si la lectura del Evangelio de Juan que realiza Hegel acentúa o no esos elementos gnósticos.

LA RAZÓN HUMANA ES LA RAZÓN DIVINA

El comienzo del texto reza de la siguiente manera: «La razón pura, incapaz de cualquier limitación, es la divinidad misma. El plan cósmico está ordenado, pues, en conformidad con la razón».[54] Este comienzo sugeriría a simple vista un aroma kantiano. Y es cierto que *Historia de Jesús* ha pasado a la historia por ser el texto de Hegel más marcadamente kantiano de toda su producción. Sin embargo, hay que detenerse. Desde una óptica kantiana se diría que la razón pura es incapaz de aceptar cualquier limitación porque, como adujese Kant, la razón (*Vernunft*) —que no el entendimiento (*Verstand*)— siempre busca ir más allá de la experiencia. Al hacerlo, sus ideas dejan de pertenecer al conocimiento. Así, la razón suele extralimitarse, transgredir sus limitaciones. ¿Por qué? Por su naturaleza. La razón siempre busca las premisas (causas) anteriores porque, aunque

52 Ibid., p. 187.
53 Ibid., p. 188.
54 HJ, 27 / GW 1, 207.

comienza operando con las proposiciones proporcionadas por el entendimiento —que tienen un asidero firme en la experiencia—, lo cierto es que una premisa siempre está condicionada por otra. De este modo, la razón busca siempre un motivo anterior, y otro anterior a ese, y, así, indefinidamente hasta el infinito. Al final la razón busca una premisa originaria, incondicionada, o si se prefiere, absoluta, que es inencontrable. De ahí que Kant denomine a la razón como la facultad de los principios.[55] Si aplicamos esto, lo que Hegel estaría asumiendo en la primera parte de la oración sería una óptica kantiana ortodoxa basada en la *Crítica de la razón pura*. Pero observemos como sigue: la razón pura es la divinidad misma. Esto ya no lo afirma Kant.

Kant había establecido que la razón pura lleva a un falso conocimiento teorético. Debido a la naturaleza de la razón pura, como facultad de los principios, siempre buscamos un origen, una premisa incondicionada que pueda explicar a todas las demás. Un fundamento último de la realidad. Así, las tres ideas de la razón (Dios, alma y mundo) son ficciones que la razón genera. No porque no existan —para eso está la filosofía práctica—, sino porque la razón pura, en tanto que teorética, no puede llegar a hacerlas objeto de su conocimiento. Así, la psicología racional había tenido por objeto último al alma; la cosmología racional al mundo; la teología racional a Dios. Pero ninguna de estas tres ideas puede ser conocida propiamente —teoréticamente— en tanto que prescinden del asidero firme de la experiencia. De ahí que en las ideas de la razón pura (Dios, alma y mundo) solo sean ilusiones trascendentales.[56] Insisto: no es que no existan. No es eso lo que afirma Kant. Lo que ocurre es que no se pueden conocer mediante la razón pura, sino que de su conocimiento se encarga la razón práctica porque no es un conocimiento teorético.

55 KrV A 299 / B 356.

56 Krv A 297 / B 355.

Siendo esto así, ¿cómo puede afirmar Hegel que la razón pura sea la divinidad misma? Aquí se pueden asumir dos interpretaciones. La primera: la razón pura humana está limitada. Si la razón pura del ser humano no tuviera limitación, entonces, esta sería la mente de Dios. Es asumible. Paredes lo ha visto así al comentar este fragmento: «Así pues, Hegel concibe a Dios como razón ilimitada o infinita y la distingue de la razón humana, limitada, que sin embargo es una chispa o reflejo de aquella. La razón es el elemento común entre Dios y el hombre».[57] La otra es la siguiente: la razón humana es de por sí incapaz de cualquier limitación y, por ende, la racionalidad humana es la misma que la racionalidad divina. La primera da lugar al establecimiento de una distancia gigantesca entre Dios y el hombre; la segunda une al hombre con Dios.

Si seguimos comentando la cita anterior, fijémonos en que en la segunda oración Hegel alude a que el plan cósmico (*Plan der Welt*) ha sido generado en conformidad con la razón. Apliquemos nuevamente las dos posibles interpretaciones. En la primera, asumiendo que la razón pura sin limitaciones es la razón divina, que es diferente de la humana, entonces el plan del universo está ordenado de acuerdo con la razón de Dios. Por lo tanto, de entrada, es inaccesible para el hombre racionalmente porque somos por naturaleza limitados —aunque podría ser accesible mediante la revelación, pero eso sería algo perteneciente a la razón práctica—. En la segunda, el plan cósmico es aprehensible por el ser humano en tanto que está orquestado por la razón, y la razón humana y divina son idénticas. En consecuencia, si la razón divina ordena el plan del mundo, o plan cósmico, mediante la razón y el ser humano posee esa misma capacidad racional, entonces el plan divino es perfectamente aprehensible para el ser humano.

57 PAREDES, M. C., *Génesis del concepto de verdad en el joven Hegel*, Ediciones Universidad de Salamanca, Salamanca, 1987, p. 59.

Antes de seguir, atendamos rápidamente a que Hegel no está citando a Kant. Ha empleado vocabulario kantiano al utilizar razón pura (*reine Vernunft*). Este vocabulario era común en su época, pues en este periodo el kantismo está arraigado y arraigándose en Alemania con mucha potencia. Pero en la cita anterior Hegel no ha citado a Kant. Cita el Evangelio de Juan, que es extragnóstico.

Si siguiésemos una interpretación gnóstica de esta cita, habría que decir lo siguiente: el plan divino, que es el plan cósmico, normalmente no es objeto de conocimiento *racional*, sino objeto de fe. Fe en que todo está ordenado siguiendo el plan de la divina providencia. Esto era un rasgo gnóstico básico: el conocimiento de los objetos de fe. Pero, también como señaló Polo, hay ahí una pérdida del misterio por la razón. Es un conocimiento de los misterios divinos por lo que ya no hay misterio. Si esto es así, entonces solo cabría la segunda línea de interpretación: la razón humana es la razón divina que es capaz de desvelar el misterio sobre el plan cósmico. Sería un elemento gnóstico bastante evidente. Seguir el texto nos aportará luz sobre estas dos posibles interpretaciones.

LA CHISPA DIVINA

El texto de Hegel continúa comentando que la razón «a menudo se ha oscurecido, pero nunca se ha extinguido del todo, incluso en la oscuridad siempre ha habido un débil destello de ella».[58] La razón nunca se ha ensombrecido, pues esta siempre sale a la luz, es decir, que siempre nos puede alumbrar respecto del plan divino. Ese brillo, o resplandor (*Schimmer*), está siempre presente en la racionalidad. Pero entonces la razón de la que Hegel nos habla es la humana: por definición la racionalidad divina no puede ensombrecerse porque es ella la luz. Si hay una razón que «a menudo se ha oscurecido»

58 GW 1, 207. Aquí no se sigue la traducción al español.

entonces no puede ser la razón de Dios, sino que más bien es la razón humana la que siempre alberga cierta chispa divina.

De aquí aparecen dos ideas próximas al gnosticismo. La primera es la diferenciación en el mundo entre luz y oscuridad, la segunda es la chispa divina. Sobre la luz y la oscuridad, conviene recordar el dualismo gnóstico. Una de las imágenes más utilizadas por todo el gnosticismo es la luz y la oscuridad como elementos que componen este mundo. Así, el mundo terrenal es la oscuridad y el divino la luz. Pero además es que la luz y la oscuridad se dan en todas las personas.[59] Cuando Hegel contrapone la luz y la oscuridad del ser humano, o habla de la razón como luz y alude a que a veces se ha ensombrecido, esto podría guardar reminiscencias gnósticas, al menos, como posibilidad interpretativa.

Por otro lado, la idea de la chispa divina, o el destello, que está en el ser humano es muy propia del gnosticismo, así como tener que prender nuestra chispa. Más adelante el texto lo va a señalar en otras dos ocasiones, produciendo equivalencia entre razón y la chispa divina. La chispa divina (*göttliche Funke*) es aquello que ha sido otorgado al ser humano por la divinidad y que merece ser cultivado.[60] Ese don participa de la esencia divina. Esto quiere decir, que, efectivamente, la razón, en tanto que chispa divina, comparte esencia con Dios.[61] Entonces es el ser humano de naturaleza divina. Pero la esencia divina no ha sido otorgada solo a una élite, sino a toda la humanidad porque son precisamente seres *racionales*. Hegel lo expresará más adelante así con Jesús de Nazaret como emisor: «También hay en él un destello de la esencia divina: le ha sido otorgada la parte de

59 JONAS, *La religión gnóstica*, pp. 91-92.

60 HJ, 27 / GW 1, 207.

61 En otro sitio he discutido sobre la naturaleza humana en el joven Hegel discutiendo si es asumible una lectura monofisita sobre la esencia humana. Sobre esto, véase: ORTIGOSA, A., «El monofisismo en el joven Hegel. Sobre la naturaleza del ser humano», en GARCÍA, J. A. & REYNA, R. (eds.), *Estudios sobre el Idealismo alemán*, Apeiron, Madrid, 2022, pp. 205-227.

la herencia que corresponde a todos los seres racionales».[62] El destello de la esencia divina (*Funken des göttlichen Wesens*) es la razón, pues esta anida en todos los seres humanos precisamente por ser seres racionales (*vernünftig Wesen*).

Esto da lugar a bastante claridad. El ser humano y Dios comparten la racionalidad en tanto que esta es esencia divina que ha sido donada al ser humano. Esa esencia divina no es solo de Jesús, sino de todo ser humano. Si esto es así, entonces volvamos al inicio: cuando se decía que el plan del mundo, o plan cósmico, lo podíamos descubrir los seres humanos, Hegel no está diciendo que sea necesaria la revelación. En ningún momento del escrito se afirma eso. Más bien, lo que está diciendo es que, al ser la razón humana de esencia divina, entonces no nos es misterioso. Es más, está afirmando que la razón pura es la divinidad misma.

A su vez también hay que decir que este elemento de la divinidad en el ser humano es parte del planteamiento antropológico del gnosticismo. Este normalmente se expresa como una caída.[63] Si bien la caída no está mencionada por parte de Hegel, el dualismo antropológico gnóstico por el cual el ser humano es terrenal, pero también tiene divinidad en su interior, es algo que aparece bastante claro en el texto.

En este primer párrafo del escrito de Hegel, entonces ha empleado vocabulario kantiano, pero la idea que comenta del Evangelio de Juan está inscrita en el gnosticismo. O como poco, muy próxima. De entrada, podría ser una exigencia del propio texto: al ser extragnóstico obviamente debe compartir cierta raigambre con el gnosticismo. Sin embargo, la aseveración de que la razón humana es de esencia divina es una interpretación de Hegel. Por ende, aquí hay un elemento gnóstico bastante claro.

62 HJ, 32 / GW 1, 212.

63 JONAS, *La religión gnóstica*, pp. 96-97.

EL ORIGEN DIVINO DE LAS PERSONAS

En el segundo párrafo de *Historia de Jesús* Hegel se refiere a Juan. Por eso se sale de la letra del Evangelio. El filósofo señala sobre el apóstol que él fue quien logró que las personas apreciasen su dignidad. La dignidad humana no proviene desde fuera, sino desde el interior del ser humano porque en el interior del ser humano alberga su esencia divina. Fijémonos en que entonces lo más digno en el ser humano es su esencia divina, que es su razón. Por eso hay que cultivarla. Hegel considera que Juan lo vio así:

> «Entre los judíos fue Juan quien hizo que los hombres prestaran atención a esta dignidad (...) que no tendría que serles extraña, sino que habrían de buscarla en sí mismos, en su propio ser. (...) en el cultivo del destello divino que les ha sido otorgado y que les da testimonio de que, en un sentido más elevado, proceden de la divinidad misma».[64]

La idea que he mostrado sobre la chispa divina como esencia del ser humano, compartiendo entonces esencia con Dios, es el punto clave del principio de este texto. Los seres humanos procedemos de la divinidad misma porque compartimos esencia. El cultivo de la razón, o chispa divina, es entonces lo más elevado. Eso merece ser cultivado. Del mismo modo, para el gnosticismo el conocimiento es salvífico y hay que buscarlo. En sendos casos, se llega a comprender los objetos de la fe —como el plan cósmico de Dios—. Así las cosas, la razón según Hegel sería equivalente a la gnosis. Es más, la gnosis es la fuente de la verdad para el gnosticismo, habiendo que buscar la iluminación, y del mismo modo dice Hegel que el cultivo, o aprendizaje (*Ausbildung*) de la razón es la fuente de verdad y el sosiego.[65]

---

64 HJ, 27 / GW 1, 207.
65 HJ, 27 / GW 1, 207.

A continuación, Hegel menciona a Jesús aludiendo a que él consiguió mayores méritos que el cultivo de la razón. Jesús fue quien buscó el perfeccionamiento de las máximas de los hombres, ahora corrompidas, estableciendo la auténtica moralidad.[66] El gnosticismo afirma que el Salvador fue un hombre que tuvo una conducta «inmutable y firme en sus virtudes».[67] Este salvador debía inflamar la chispa divina que está oculta en el interior del hombre. Así, «el Salvador, por consiguiente, es para el gnóstico, el hombre espiritual que ha adquirido una estatura terrestre conforme con su naturaleza celeste y que así es el intermediario necesario para la redención de los espíritus caídos».[68] Como termina afirmando García Bazán, en el gnosticismo cristiano, este es Jesús.

Pues bien, al igual que en el gnosticismo el Salvador es quien tiene las virtudes y es, además, quien trae el mensaje para que puedan salvarse el resto de las personas, en *Historia de Jesús* es Jesús quien trae como mensaje una nueva moralidad, que es la auténtica moral. Por ende, requisito principal de la salvación. Que Hegel apunte que las antiguas máximas de los hombres ya están corrompidas es lo mismo que afirmar que necesitan una salvación. Así, en el texto de Hegel Jesús aparece como el Salvador en tanto que es el portador de una nueva moralidad que salvará a todas las personas.

Hegel prosigue comentando el desarrollo de la vida de Jesús durante unas páginas. Tras eso, se detiene en cuando Jesús fue a Jerusalén. Concretamente, cuando Jesús expulsó a los mercaderes del templo. Nicodemo fue quien se asombró ante la hazaña de Jesús. Hegel reproduce un diálogo entre Nicodemo y Jesús, en el que Nicodemo se acerca a Jesús para conocer sus enseñanzas por su procedencia divina. Jesús le responde que «quien no tiene al cielo por origen, aquel en quien no habita la fuerza divina, no es ciudadano

66 HJ, 27 / GW 1, 207.

67 GARCÍA BAZÁN, *Gnosis*, p. 52.

68 GARCÍA BAZÁN, *Gnosis*, p. 53.

del reino de Dios».[69] Más adelante Jesús afirma que el hombre es un ser sensible, pero que también hay en él espíritu, el cual es destello de la esencia divina. Esta pertenece a todos los seres humanos. Por lo tanto, se puede extraer de esto que no hay ningún ser humano que no sea ciudadano del reino de Dios. Todas las personas, en tanto que seres racionales, están constituidos de esencia divina. Como ya comentó García Bazán, es propio del gnosticismo pensar al ser humano como algo divino, porque este ignora su procedencia hasta alcanzar la gnosis.

AUTOGNOSIS Y TRASCENDER LA CARNE

Al ser seres racionales, todos los seres humanos debemos obedecer a la razón, que es lo mismo que obedecer a nuestra dimensión divina. Y aquí se introduce otro elemento gnóstico a continuación:

quien procede rectamente consigo mismo se aproxima de buen grado al tribunal de la razón, no teme sus reprensiones ni el autoconocimiento que ella le proporciona y no tiene por qué ocultar sus actos, pues dan testimonio del espíritu que le anima, del espíritu del mundo racional, del espíritu de la divinidad.[70]

Esto tiene tinte kantiano y gnóstico nuevamente. Que hay una ley moral es algo que en *Historia de Jesús* ya se ha dejado caer en varios momentos. Que esta será el imperativo categórico es algo que aparecerá más adelante. Pero atendamos a que Hegel señala que quien procede siguiendo al imperativo categórico («actúa rectamente») actúa bajo el tribunal de la razón. Y luego apunta que esto le lleva al autoconocimiento (*Selbsterkenntnis*) que la razón le proporciona sobre sí mismo. Los actos que realiza una persona movida por el tribunal de la razón son el testimonio del espíritu del mundo racional, o espíritu de la divinidad. Esto quiere decir que el conocimiento de sí mismo es algo constitutivo de la parte divina del ser humano.

69 HJ, 32 / GW 1, 211.

70 HJ, 32-33 / GW 1, 213.

Todo conocimiento implica un reconocimiento. Del mismo modo, Jung ya había situado en gnosticismo esta misma idea.[71] Si la razón es esencia divina, el autoconocimiento que mueve la razón es autoconocimiento de la esencia divina.

Es llamativo que sea, además, Jesús quien da este discurso. Ya habíamos hablado de Jesús como Salvador y de la semejanza entre este texto y el Salvador del gnosticismo. No obstante, al introducir el elemento del conocimiento de uno mismo como conocimiento de nuestra interioridad, en la cual encontramos a Dios, hay otro elemento más que resaltar. No es solo que el autoconocimiento tenga ecos gnósticos en tanto que autognosis, sino que quien lo dice también es importante.

En el gnosticismo la figura de Jesús es fundamental porque es la hipóstasis de Dios como hombre primigenio, como *archanthropos*. Como apunta Jung, esto supone que es «el *hombre interior*, al que lleva la senda del autoconocimiento, el "Reino de los Cielos interior en el hombre"».[72] De aquí que Jesús en el texto de Hegel acuda tanto al interior del hombre. Ya ha señalado antes Hegel que en el interior de todos nosotros está la chispa divina, la razón, y hemos visto que seguir el recto sendero de la razón implica autognosis. Jesús simboliza esto mismo en el gnosticismo: la senda del autoconocimiento desde la interioridad del hombre. Aquí es Jesús quien propone la autognosis a Nicodemo, dándole el medio para alcanzar el conocimiento sobre la verdadera moral y así salvarse.

Sigamos con el texto. Hegel se fija en que, en el Evangelio de Juan, Jesús abandona Jerusalén, luego pidió agua a una samaritana. La samaritana se asombra de que un judío le pida agua por la fricción que había entre ambas doctrinas. Entonces Jesús procede con su discurso sobre esto, donde señala que no hay nada de lo que sorprenderse y que, si le conociera, hubiera abierto para ella una «fuente

---

71 JUNG, C. G., *Aion. Contribuciones al simbolismo del sí-mismo. Obra completa. Volumen 9/2*, Trotta, Madrid, 2011, p. 187.

72 JUNG, *Aion*, p. 207.

de agua viva; el agua que de ella brota es una corriente que lleva a la vida eterna».[73] Obviamente esto es parte del Evangelio. El agua que se bebe es el agua superior, el *aqua doctrinae*, siendo el río del agua el principio Salvador y, a su vez, siendo Cristo ese río.[74] Jung lo comenta a partir de Orígenes, quien era declaradamente anti-gnóstico —concretamente contra los valentinianos—. Lo que ocurre es que, siguiendo a Jung, estos ejemplos son paralelos a los del gnosticismo.[75] Y es normal: Orígenes y los gnósticos valentinianos comparten espacio y tiempo. Orígenes estaba enfrentado a ellos. Es más, cuando Orígenes redacta su comentario al Evangelio de Juan lo hace en respuesta al comentario de Heraclión, gnóstico valentiniano que escribió el primer comentario del Evangelio de Juan.[76] Pero lo esencial es que, efectivamente, Jung acierta al señalar que hay cierto paralelismo, pero lo que señalo es que aquí podría verse el agua como simbología gnóstica en el Evangelio de Juan si uno sigue una interpretación valentiniana. Es decir, es un elemento confuso. Pero considero que el resto del texto vira hacia el gnosticismo, o que al menos, es susceptible de ser entendido así.

Tras que los samaritanos escuchasen a Jesús a causa de la buena impresión que causó a la mujer, a Jesús le ofrecieron comer algo. Allí Jesús les insta a que dejen de pensar en su corporalidad pues, dice Jesús que «yo no pienso en el cuerpo».[77] Les exhorta a seguir algo más allá del cuerpo, pues «contemplad la cosecha que viene al encuentro del género humano: hacer que también esta simiente madure, en estos campos que no habéis sembrado».[78] Esta depreciación de la dimensión corporal es propia del gnosticismo. Del mismo

---

73 HJ, 33 / GW 1, 213.

74 JUNG, *Aion*, p. 217.

75 JUNG, *Aion*, 218-219.

76 Agradezco al Dr. Ramón Torres sus valiosos comentarios y sus aclaraciones sobre Orígenes.

77 HJ, 34 / GW 1, 213.

78 HJ, 34 / GW 1, 214.

modo, lo que Jesús les exhorta es a que hagan crecer su racionalidad, su conocimiento, a la «semilla del bien que la naturaleza depositó en los corazones».[79] Es decir, dejar de prestar atención a la dimensión corporal y centrarse en el conocimiento.

Más adelante el texto, citando el Evangelio de Mateo en esta ocasión, expone cuando Jesús consigue más seguidores —tras que le siguiesen ya Pedro, Andrés, Santiago y Juan— y en ese discurso dice «Mostraos como luz del mundo, de tal manera que vuestros actos iluminen a los hombres y que inflamen lo mejor que en ellos habita para que aprendan a levantar los ojos hacia fines más elevados y hacia el padre que está en los cielos».[80] Esta parte en la que se utiliza como metáfora la luz puede entenderse como gnóstica. No obstante, quizá el punto más gnóstico esté en la separación que establece con el Padre, quien está en los cielos. Jesús, siendo Dios e Hijo de Dios, no profundiza más en Dios Padre en el texto de Hegel, planteando la posibilidad de entender este párrafo como un Dios desconocido, u oculto, cuya existencia es transmundana. Del mismo modo en que luego alude al cielo y a la tierra como si fuesen antagonismos, lo que plantea la posibilidad de seguir comprendiendo el texto desde el gnosticismo por su dualismo ontológico radical.

Sea como sea, en *Historia de Jesús*, lo único que permanece inmutable para Hegel aquí es la ley moral. Las demás leyes no tienen sentido si no se sustentan sobre esta. Así pues, la legalidad está por debajo de la ética. El texto continúa hasta su final comentando la vida de Jesús y proclamando el imperativo categórico. Hasta aquí los elementos gnósticos rastreables.

Por un lado, no son pocos los elementos gnósticos que pueden entreverse en el escrito. Por otro lado, no se puede negar la raíz kantiana de este. Pero… ¿y si una situación similar ocurre en los demás textos de juventud? Como se dijo, Hegel era para Polo un

79 HJ, 34 / GW 1, 214.
80 HJ, 35 / GW 1, 214.

gnóstico desde el periodo de Berna. De ahí tener que acudir ahora su segundo texto clave de este periodo, que es *La positividad de la religión cristiana.*

LA NATURALEZA DIVINA DEL SER HUMANO

INTRODUCCIÓN A *LA POSITIVIDAD DE LA RELIGIÓN CRISTIANA*

El título de este escrito se lo dio Nohl al considerar que se escribió al mismo tiempo que el escrito anterior. *La positividad de la religión cristiana* ha dado para múltiples interpretaciones. Por una parte, hay quienes han visto aquí un joven Hegel contrario a la política y la religión por ser maneras de opresión.[81] Otros, como Kroener o Kaufmann disintieron de estas interpretaciones. Kaufmann sencillamente cree que Kant y la Ilustración son las dos bases principales de este escrito, dando lugar a un perfil antiteológico —casi anticristiano— en Hegel.[82] Como he argüido en otro lugar,[83] considero que Hegel está muy alejado de esto. Más bien lo que él hace es una labor arqueológica para indagar y descubrir cómo y por qué aparece la positivización del cristianismo.

Por una parte, la noción de «positivización» no es comparable a «despotismo». Es más, como mostró ya en el siglo XX Hannelore Hegel,[84] la concepción de la «positivización» de Hegel corresponde a un tópico del seminario de Tubinga. Positivización es

81 LUKÁCS, G., *El joven Hegel y los problemas de la religión capitalista*, Grijalbo, Barcelona, 1975, p. 49.

82 KAUFMANN, W., «Hegel's Early Antitheological Phase», *The Philosophical Review*, 63 (1), 1954, pp. 3-18.

83 ORTIGOSA, A., *El aleteo de la lechuza. Comentario a la filosofía de la religión de Hegel en Tubinga y Berna*, Málaga: Sapiencia, 2025, pp. 97-100.

84 HEGEL, H., *Isaak von Sinclair, zwischen Fichte, Hölderlin und Hegel*, Frankfurt, Klostermann, 1971, p. 74.

profundizar en cómo se desarrolla su condición normativa. Por ende, para Hegel hay en este escrito un abandono de la religión moral en favor de una religión positiva. Abandono no quiere decir rechazo, ni supresión, ni absorción. Más bien lo que hay es un olvido del mensaje originario.

El texto tiene una complejidad añadida. Hay dos introducciones. Una corresponde con la época de la redacción del texto. La otra pertenece a unos años más adelante, alrededor de 1800. Dependiendo de qué introducción se tome como prioritaria el sentido del texto varía, no tanto en el contenido, sino en el enfoque que se puede dar a ese contenido. En el intento de un ejercicio intelectual honesto, abordaré las dos.

POSITIVIZACIÓN: LA PÉRDIDA DEL MENSAJE ORIGINARIO

La cuestión que Hegel presenta es acerca de la posibilidad de reconvertir una religión completamente. Esto es, que una religión comience siendo una cosa y termine siendo algo diferente. Contemplar la religión diacrónicamente y renunciar a una visión sincrónica de ella. Pero el resultado no siempre es mejor que lo originario. Y esto va a estar presente en el texto de Hegel claramente.

El cristianismo originario era para Hegel una religión moral, basada en la racionalidad y en la autonomía del sujeto. Sin embargo, la religión positiva es una religión ciega, en la que las motivaciones para la acción de un sujeto son el temor al castigo y la sanción. De hecho, la religión positiva presentará siempre un corpus normativo muy radical y se apoyará enormemente en los milagros u otros hechos similares que son inaprehensibles para la racionalidad.

En este escrito, para Hegel lo que debe pensarse es cómo ha sido posible que el cristianismo haya pasado de ser una religión moral a una religión positiva. ¿Cómo ha sido posible que no se haya mantenido una religión moral? Hegel comenta que «el interrogante anterior se funda en la convicción de que Jesús era el maestro de una religión puramente moral, no positiva; según esta convicción, los milagros y los otros hechos similares no tenían el propósito de fundamentar doctrinas».[85] Por ende, el mensaje religioso —el «verdaderamente» religioso— no es un mensaje alejado de la racionalidad, sino aprehensible desde esta. Ahí hay un cambio de rol del misterio. Si nos fijamos, si la religión originaria es como Hegel muestra, entonces uno de sus fundamentos deja de ser el misterio. No lo rechaza, ni lo excluye. Sencillamente no lo menta. Sin embargo, sí que ha situado en el corazón de la religión a la moralidad. Una moralidad que se desvelará mediante el ejercicio de la razón. Por lo tanto, el misterio pasa a ser una cuestión de segundo orden y la moralidad racional pasa a estar en el primer orden. Por consiguiente, lo esencial de la religión es humanamente razonable. Si esto no fuese así, entonces Jesús no podría haber predicado su palabra; o haciéndolo hubiera tenido el mismo efecto que San Antonio de Padua predicando a los peces. La pérdida del misterio es una de las bases que estableció Polo para el gnosticismo.

Sin embargo, la religión cristiana se ha positivizado a lo largo de los años. Eso ha hecho que pierda el carácter racional en favor de la obediencia ciega e irracional de la ley. Esta es —si se me permite el guiño— ciega, sorda, estúpida, impía y sacrílega. Precisamente por haber traicionado su origen, el cual es bastante cercano al gnosticismo. Pese a todo, la obediencia ciega a la ley es una forma de positividad que se puede dar de dos maneras. Una es considerando que la religión no se aprehende por la razón, dando lugar necesariamente a un conflicto entre fe y razón; la otra es que incluso concordando la razón con la fe se acate a los mandamientos de la religión irracionalmente y solo a causa de la autoridad. Sendos casos son religión positiva. Por ende, la religión positiva no es la renuncia necesariamente a la razón para confrontarla con la fe, sino que la religión positiva tiene un carácter práctico. Depende de la justificación última de nuestras acciones. Si esta es alejada de la racionalidad, y por acato a la autoridad plenamente, entonces la religión es positiva.[86] Al alejarse de la

85 EJ, 76 / TWA, 108.

86 PAREDES, M. C. *Génesis del concepto de verdad en el joven Hegel*, p. 67.

racionalidad, además, está alejándose de Dios y, por lo tanto, está instaurándose a través de la positividad una ruptura entre el hombre y Dios.[87]

Esto es lo fundamental de la introducción que se redactó entre 1795 y 1796. En la introducción de 1800 algunas ideas se mantienen y otras difieren. Es llamativo que desde el comienzo señala Hegel que el concepto de positividad, respecto de la religión, «nació y se hizo importante solo recientemente».[88] Por supuesto, que haya surgido y se haya hecho importante recientemente es muy relativo. Sin embargo, este comienzo sugiere que a Hegel en 1800 le preocupa más el problema de la positividad. Y también hay un cambio muy sugerente: antes la religión moral se oponía a la religión positiva. Ahora la religión natural es la opuesta a la religión positiva.

> A una religión positiva se suele oponer la religión natural, con la que se presupone que solo hay *una* religión natural, dado que la naturaleza humana es también *una*, mientras que puede haber muchas religiones positivas.[89]

Que la naturaleza humana es una quiere decir que la reflexión antropológica sobre su esencia es universal. No obstante, hay diferencias culturales. Dentro de las diferencias culturales hay diferencias religiosas. En cada lugar surge una religión diferente. La religión es así, inherente al ser humano. Pero la religión natural es esa religión originaria.

La religión natural es una religión común a todas las personas, pero eso no significa que sea una religión tan elaborada como otras. Al contrario, la religión natural emana de lo más básico de la naturaleza humana. Surge del propio interés. De ahí que Hegel, al contraponer a la religión natural y a la religión positiva ahora aclare

87 *Ídem.*

88 EJ, 419 / GW2, 351.

89 EJ, 419 / GW2, 351.

que la religión positiva es una religión «anti o sobrenatural que contiene conceptos y conocimientos que trascienden el entendimiento y requiere de sentimiento y acciones que no surgen del hombre natural».[90] Aquí hay elementos diferentes a los de la introducción de 1796. Para empezar, religión positiva es antinatural, o sobrenatural. Probablemente Hegel emplee esta terminología para distanciarla aún más de la religión natural. Pero, por otra parte, es antinatural porque hay conocimientos que van más allá del entendimiento y de aquello que surge naturalmente del ser humano. Esto está alejado del conocimiento de la gnosis. No hay que confundirlo: Hegel lo que señala es que va más allá del entendimiento porque son acciones que se cumplen por obediencia,[91] y no porque nos permitan ningún conocimiento superior o diferente.

LOS LÍMITES DE LA RAZÓN FRENTE AL HUMANO

Sin embargo, Hegel mantiene el poder supremacista de la razón respecto al resto de facultades humanas. Esto lo dice claramente cuando señala que la razón puede llevar a cualquiera ante su tribunal porque desde ella todo es razonable.[92] El ser humano, así, observa el desarrollo de la realidad racionalmente. La realidad tiene un concepto. Así como el ser humano tiene un concepto universal de ser humano, o la naturaleza otro, hay que ser conscientes de que la adecuación con su concepto no sucede siempre. De ahí que «la naturaleza viviente, sin embargo, es siempre algo distinto de su concepto».[93] Pero si tienen un concepto entonces este desarrollo de la naturaleza tiene algo de pleromático. El pléroma, típico de los gnósticos, es la unidad inicial desde la que todo se expande. No es el *arjé* porque no es sustancia. Pero si existe un concepto de la realidad, necesariamente existe

90 EJ, 419 / GW2, 351.
91 EJ, 419 / GW2, 351.
92 EJ, 422 / GW2, 355.
93 EJ, 420 / GW2, 353.

un inicio de la realidad, aunque el concepto difiera de su realización. Más adelante, en su madurez, Hegel utilizará la noción de Concepto (*Begriff*) para exponer el desarrollo teleológico de la realidad por el que al final la Idea se recupera a sí misma a través de su realización natural e histórica —filosófica en último término—. Esa noción de Concepto tiene su eco en el texto que he citado de juventud de Hegel. Lo que ocurre es que el Concepto es muy cercano al pléroma del gnosticismo como para no insinuar que quizá en este texto también Hegel pudiera tener en mente al pléroma.[94]

De hecho, si nos adelantamos un poco, Hegel observa que la supremacía de la razón proviene de la aplicación que hacemos de esta facultad. La razón es una facultad con ambiciones imperialistas: comprende todo desde ella misma, hace que todo sea razonable. Por eso señala críticamente que la razón tiene una actitud de engreimiento: «El entendimiento y la razón pueden citar a todo el mundo —y a todas las cosas— ante su tribunal; es fácil para ellos adoptar una actitud engreída de acuerdo a la cual todo tienen que ser racional, razonable».[95] Que sea engreída puede verse como una crítica: la razón aplica sobre la realidad y la hace encajar en su modo de comprender. Pero Hegel no dice que este sea el único modo de conocer la realidad, o que no haya más verdades que las de la razón. Lo que dice es que la razón torna todo razonable, incluso a la religiosidad: el sentimiento, la vivencia religiosa, etc., no pertenecen al ámbito de la razón. No tiene que ser en sí mismas razonables. Pero la razón nos hace creer que sí. En consecuencia, Hegel está manteniendo abierta

---

94 La noción de pléroma más rica es probablemente la de Ireneo en «Adversus Haereses». Allí Irineo define el pléroma en el sistema valentiniano como la totalidad de los eones, esto es, como plenitud. El sentido de pléroma como plenitud pertenece a la tradición gnóstica, aunque también a la cabalística y a la platónica. Pero esta unidad plena se realiza mediante la exclusión. De este modo, como comentan Hamacher y Bahti, este proceso unificación y separación la vio la doctrina gnóstica en los evangelios, y pudo ser especialmente atractiva para Hegel (HAMACHER, W. & BAHTI, T. «The Reader's Supper: A Piece of Hegel», *Diacritics*, 11 (2), 1981, pp. 54-55).

95 Ibid., p. 422 / GW2, 355.

la puerta a experiencias más allá de la razón, a lo suprarracional o infrarracional.

En este mismo texto de juventud se continúa señalando que el concepto de «naturaleza humana» es poco preciso. ¿Qué quiere decir naturaleza humana? ¿Libre albedrío? ¿Animal con ética? La «naturaleza humana» es una definición vaga. Pero no por carencia, o defecto, sino por exceso: hay tantos elementos distintivos en el ser humano que aglutinarlos todos bajo la noción de «naturaleza humana» es impreciso. De ahí la crítica de Hegel sobre la naturaleza humana cuando esta se aplica a la religión: «Los conceptos generales sobre la naturaleza humana son demasiado vacíos para poder servir de medida a las necesidades particulares y necesariamente múltiples de la religiosidad».[96] Son «demasiado vacíos» ("zu leer") precisamente porque no delimitan nada cuando aplican a la religiosidad. De ahí el surgimiento de las religiones positivas: es natural deslindarse del origen y seguir otro camino. Esto supone entonces una pérdida del mensaje originario, el cual puede ser visto como una marca de gnosticismo, aunque una muy general porque la pérdida de un mensaje originario no es solamente propia del gnosticismo.

Tras esto, Hegel proclama que su escrito tiene por objetivo examinar el origen de la religión cristiana

> tal como surgió de las palabras y de la vida de Jesús, para ver si en el mismo aparecen circunstancias que hubieran podido promover, de manera directa, la positividad, es decir, inducir que lo contingente como tal fuese tomado por algo eterno y que la religión cristiana como tal se apoyara sobre tal contingencia; efectos que la razón rechazaría y la libertad repudiaría.[97]

Esto es, que su escrito quiere recuperar el mensaje originario de Jesús para comprobar si ahí residía el germen de la positividad

96 EJ 421 / GW2, 354.

97 EJ 425 / GW2, 358.

del cristianismo. Pero claro, examinar el mensaje originario, como señalo, implica necesariamente recuperar de algún modo el mensaje originario. Solo mediante eso podrán ponerse de acuerdo los diferentes grupos de opinión que existen. También, que haya diferencias de opinión entre grupos nos lleva necesariamente a tener que buscar un fundamento más allá de lo humano. Uno sería el mensaje originario. Pero otro posible es la fundamentación de algo superior y más noble que la propia naturaleza humana. Esta es, la naturaleza divina.

Que el mensaje originario de Jesús, que es la bondad y la virtud, pueda afectar al ser humano y que este se vincule con dicho mensaje es prueba de que en el ser humano hay algo más. Por eso, esta vinculación del cristianismo con el ser humano no es positiva, pues no es impuesta, sino que nace desde el propio ser humano por cómo está creado. Esto quiere decir que hay una «suposición —bella, por cierto— de que todo lo superior, noble y bueno del hombre es algo divino que proviene de Dios, de que todo eso es *su* espíritu, algo que surge de él».[98] El tema es la participación de la divinidad en la naturaleza humana. Como Hegel expone, lo bueno que hay en el ser humano y lo más elevado que posee tiene que provenir de Dios. ¿Qué es lo superior que proviene de Dios? El espíritu (*Geist*).[99] Todos ser humano es espíritu. Y el espíritu es el núcleo de la naturaleza humana, en la cual, también hay divinidad. Si hubiese un vínculo de positividad, eso querría decir que son dos cosas diferentes forzosamente unidas. Porque da por hecho que están separadas: «Esta manera de ver, sin embargo, se convierte en la positividad más cruda si llega a separar, de manera absoluta, la naturaleza humana de la divina, si no admite —salvo en un individuo— mediación alguna entre ambas».[100] No es que en Jesús no hubiese naturaleza divina, sino que la naturaleza divina reside en todos los seres humanos, en

98 EJ 426 / GW2, 361.
99 EJ 426 / GW2, 361.
100 EJ 426 / GW2, 361.

cada individuo que forma parte del conjunto de la humanidad. Todo ser humano tiene necesariamente una naturaleza natural y divina.

Si se desvincula a la naturaleza humana de su naturaleza divina, entonces se separa a la «conciencia humana de lo bueno y de lo divino hasta la inercia y anonadamiento de la fe en algo enteramente ajeno y omnipotente».[101] Deslindar a la naturaleza humana de su divinidad es caparla de su bien. Eso conlleva a plantear el bien como algo ajeno al ser humano en vez de como algo que surge desde su interior. Este punto del texto de Hegel, en el que asume la naturaleza divina de cada ser humano, es cercanamente gnóstico.

EL PRIMER ASOMO DE LA DIALÉCTICA ENTRE LO FINITO Y LO INFINITO

Hegel, a continuación, deja abierta la puerta a algo muy sugerente en nuestra lectura: «Tal como se ve, el estudio de este problema, si fuera conducido consecuentemente y por vía de conceptos, tendría que convertirse al fin en un tratado sobre la relación entre lo finito y lo infinito».[102] Si se siguiese estudiando el tema de la naturaleza humana y divina entonces se llega necesariamente a lo finito y lo infinito. Justo su filosofía posterior.[103] Es más, en las concepciones de finito e infinito se plantea un dualismo que puede ser entendido como elemento gnóstico. Que haya dos concepciones antónimas entre sí, tal como el cielo y la tierra, la luz y la oscuridad…, que necesiten de reconciliación es un elemento propiamente gnóstico. Que Hegel vea que para dedicarse detenidamente y explicar con profundidad por qué la naturaleza humana es humana (finito) y divina (infinito) es un signo más bien claro del gnosticismo.

101 EJ 426 / GW2, 361.

102 EJ 426 / GW2, 361.

103 He desarrollado la importancia de este inicio de la dialéctica entre lo finito e infinito en: ORTIGOSA, A., «Finitud e infinitud en el joven Hegel. De Abraham a Jesús», *Thémata. Revista de Filosofía*, 69, 2024, pp. 182-202.

Sin embargo, esto no lo desarrolla en este escrito porque no es su intención: «No es esta, sin embargo, la intención de este ensayo».[104] La intención del ensayo es recuperar y examinar el mensaje originario en busca de posibles elementos que desencadenasen la positividad del cristianismo tiempo después, no la de exponer la relación de lo finito con lo infinito.

Tras esto, a Hegel le surgen muchos interrogantes. Entre otros, cómo es posible que la religión cristiana responda a las preguntas que nacen en nuestro interior. Hegel alude a que la razón, que racionaliza aquello que toca, podría pensar que las respuestas que surgen desde nuestra intimidad a las preguntas más grandes y vitales del ser humano son, en realidad, contingentes precisamente porque no provienen de la razón. Y acto seguido advierte el peligro de caer en otro juego de dualismos proveniente de la razón: «Si la religión vinculó un momento eterno con algo pasajero, y si luego la razón se fija solo en el momento pasajero para gritar: ¡superstición! entonces [sic] es de ella la culpa por haber procedido superficialmente y haber pasado por alto el elemento eterno».[105] Lo eterno no puede ser puesto en tela de juicio, o bajo el tribunal de la razón. La razón lo que hará será confundir a lo eterno con lo pasajero, y aferrándose a lo pasajero lo considerará superstición. Pero en este proceso la razón no se percata de que es ella la que está procediendo superficialmente omitiendo el momento eterno. Esto conlleva a que la razón no siempre puede tener la razón, no es el único adalid de la verdad. Hay cosas que escapan al reinado de la razón. Concretamente, se escapan las cuestiones religiosas.

EL DESGARRAMIENTO DEL TODO

Tras esto, el texto continúa avanzando, tratando —ahora sí— la cuestión del origen de la positividad del cristianismo. Para ello,

104 EJ 426 / GW2, 361.

105 EJ 427 / GW2, 362.

Hegel comienza comentando cómo era la religión judía, a la cual observa como una religión de servilismo ciego a Dios, como acrítica. En esta religión, «la totalidad estaba ya desgarrada para siempre».[106] ¿Por qué Hegel recurre al Todo (*Ganzes*) para decir que el judaísmo era una religión alejada del cristianismo? El todo suena enigmático. Pero puede comprenderse por las ideas que se han expuesto anteriormente. En primer lugar, una totalidad es aquello que es más que la suma de las partes por separado. En segundo lugar, que esté desgarrado quiere decir que en algún momento no lo estuvo: para desgarrar algo primero tiene que estar unido, si no, no hay desgarro. En tercer lugar, como es obvio, que sea para siempre quiere decir que no tiene posibilidad de redimirse. No hay regreso a su estado original.

Que el Todo estaba desgarrado para siempre quiere decir que en el judaísmo se ha perdido el sentido real del ser humano. Hegel, al plantear a la religión judía como una religión obcecada con el servicio ciego a Dios sin más motivo que el hecho de que sea Dios, lo que hace es establecer una diferencia gruesa entre el ser humano y Dios en el judaísmo. Es un océano de distancia. Sin embargo, lo propio de la naturaleza humana no es la separación de la divinidad, sino —como señaló antes Hegel— que el ser humano tiene naturaleza divina. Por definición, no puede estar separado, sino que está reunido en una totalidad. El judaísmo entonces establece una separación del ser humano con su propia naturaleza por establecer una distancia insalvable entre Dios y el ser humano. Es el estar alejado de uno mismo. Obviamente, esto da lugar a la positivización. La positivización, entre otras muchas características, fuerza a unir aquello que está separado. Eso conlleva a que el judaísmo sea positivo porque al separar radicalmente a Dios del ser humano, la vinculación del uno con el otro proviene solo por fuerza del miedo a la sanción. Es, entonces, un vínculo positivo. Esto fuerza a las personas a actuar por miedo a la sanción divina —pues Dios es ajeno a

106 Ibid., p. 428 / GW2, 364.

ellos, está totalmente separado— en vez de actuar bien porque verdaderamente así les nazca en sus corazones. No comprenden que ellos mismo poseen naturaleza divina, produciendo una alienación. Por ende, para Hegel, parece que la religión judía lleva irrevocablemente a la alienación y al no reconocimiento de nuestra parte divina. De ahí que sea tan problemático luego establecer un vínculo entre Dios y el hombre, recurriendo a la positividad necesariamente. Por su forma de implementarse, esta religión ya no puede retornar al origen, por eso es una totalidad desgarrada para siempre.

Fue Jesús quien quitó el velo del pueblo judío. Él se enfrentó a las concepciones propias del judaísmo y quiso llevar al ser humano hacia el «Dios de *todos* los hombres, hacia el amor a todos los hombres».[107] Es decir, a la reunión originaria con el Todo. Eso era ir a la religión del mundo (*Religion der Welt*):[108] retornar a la unidad originaria, lo cual era el mensaje de Jesús.

Sin embargo, su mensaje prontamente se truncó: «Era de esperar, naturalmente, que la nueva doctrina de Jesús fuera recibida, tan libre en sí misma como era, más aún polémica, y tuviera que ser convertida en algo positivo por las mentes judías [*Judenköpfen*]».[109] El pueblo judío solo conocía una manera de relacionarse con Dios, y una manera de concebir al mundo. Por eso, el mensaje de Jesús no llegó a mantenerse en un sentido originario, prístino, sino que fue modificado. No por malas intenciones, sino porque era la manera en que los judíos trataban de adaptar el mensaje de Jesús. Su manera de pensar no les permitía comprender de otra manera el mensaje de Jesús. Eso lleva a un mensaje originario perdido, tema también muy gnóstico.

De hecho, aunque Hegel no lo explicite, ahora puede comprenderse mejor su crítica anterior a comprender a Jesús como el único individuo con naturaleza divina. Si el mensaje originario se perdió y la mentalidad judía no podía aceptar que Dios y el ser humano no

107 Ibid., p. 429 / GW2, 364.

108 Ibid., p. 429 / GW2, 365.

109 Ibid., p. 430. Traducción modificada. / GW2, 367.

estuvieran separados, entonces cuando Jesús proclamase la divinidad del hombre es normal que pensasen que era solo la suya. Es la mentalidad judía la que hace aquí de filtro. La que no permite reconocer la divinidad de los seres humanos.

¿Quiénes fueron exactamente los que tergiversaron el mensaje de Jesús? Hegel aquí, quizá algo altivo, culpa a los apóstoles. Ellos conocieron la palabra de Jesús directamente, pero no renunciaron a su cosmología, lo cual produjo que confundiesen y liasen el mensaje originario.[110] De hecho, los apóstoles no comprendieron bien a Jesús y eso llevó a que «la emulación libre de su maestro se convierte en una actitud servil ante la autoridad».[111]

LOS TIPOS DE SECTAS

Ahora que han terminado las introducciones, comienza el texto propiamente. Hegel lo inicia planteándose las sectas. Una secta, en general, es una comunidad espiritual cerrada que tiene un líder carismático y una serie de adeptos. Siempre sigue alguna idea particular diferente de las creencias más comunes y compartidas de las cuatro características. Esa exclusividad es una de sus notas distintivas.

Cuando Hegel se refiere a las sectas señala que siempre se presupone en ellas una doctrina de fe diferente a las compartidas. Esto es, que la secta tiene una doctrina diferente de los cuerpos doctrinales dominantes.[112] Es ahí donde pone el énfasis Hegel: no lo pone en el líder, no lo pone en los adeptos, ni en la exclusividad, ni tampoco en que sea un grupo cerrado. El énfasis está en que una secta se desmarca de los cuerpos doctrinales más populares y comunes.

---

110 A muchos lectores este punto les parecerá algo extraño. Normalmente, la palabra de Jesús que se conserva —a no ser que Hegel tuviese algún texto que ya nadie tiene— está en los Evangelios. Por ende, remitir a un mensaje originario perdido y que la única palabra escrita sea la de Mateo, Marco, Lucas y Juan es, cuanto menos, atrevido.

111 Ibid., p. 431 / GW2, 367.

112 EJ 79 / TWA 1, 111.

Hay muchas maneras de desmarcarse de los cuerpos doctrinales comunes. Una es espiritual, pero también puede haber un desmarque racional debido a que no se piense del mismo modo. De ahí que Hegel diferencia dos tipos de sectas. Una es la secta religiosa, de marcado carácter espiritual. La otra es la secta filosófica, que es de carácter racional. Como puede entenderse, estas dos sectas no son contrarias entre sí ni excluyentes. En muchos casos una secta religiosa plantea una manera de pensar, y en otras una manera de pensar presenta un modo de afrontar la espiritualidad. Por ello, puede haber una secta religiosa y filosófica al mismo tiempo.

La unidad entre filosofía y religión es común también posteriormente en Hegel. En su periodo berlinés, Hegel seguirá viendo a la filosofía y a la religión sin ser antagonistas. Una verdad revelada, de algún modo, con el paso del tiempo podrá ser alcanzable por la razón. Por ello, la religión y la filosofía tienen siempre el mismo objeto: la verdad.[113] Pero las vías son diferentes. En la religión está la revelación, que es una vía práctica. En la filosofía está la razón, que implementa una vía teorética. Pero ambas deben coincidir finalmente. Solo que lo que es revelado, luego, con el avance de la historia, es razonable. De ahí que en la *Enciclopedia* al final la filosofía supere a la religión, en el sentido de superación hegeliano, el *Aufhebung*: no la niega, sino que la incorpora en su seno y la rebasa. Coinciden en la verdad —son dos formas del espíritu Absoluto—, pero siguen métodos diferentes.

En este escrito la unión entre religión y filosofía, como comentaba, está ya muy presente. Con los gnósticos pasaba de modo semejante: cada una de sus agrupaciones, que fueron muchas y muy diversas entre sí en un breve lapso, son susceptibles de ser entendidas como sectas religioso-filosóficas. Pero volvamos al texto.

Hegel alude a que las sectas filosóficas tienen como rasgos distintivos especialmente el deber y la virtud. Estas concepciones derivan

113 Enz C, §1.

a su vez de sus ideas acerca de Dios. Además, estas sectas consideran que la fe popular, o las creencias más extendidas, son impensables para un ser humano que las tome seriamente.[114]

Lo contrario de una secta filosófica no es una secta religiosa, sino una secta positiva. Es decir, una secta que disocia la moralidad de la racionalidad y que se nutre de la «fantasía de los pueblos».[115] Hegel se percata del enorme riesgo que entraman estas. Al disociar la moralidad de la racionalidad, entonces pueden surgir personas que no tengan arrepentimiento de sus acciones porque no ejercitan la capacidad de autoexamen. El autoexamen se da cuando una persona se para a examinar la intención de sus acciones y sus acciones mismas con el fin de adquirir autoconocimiento y poder aprender cómo reaccionar en un futuro. Autoexamen es entonces verificación de uno mismo respecto de sus objetivos vitales. Cuando uno disocia a la racionalidad de la moralidad de las acciones, entonces el autoexamen es innecesario porque no tiene ningún sentido. La moralidad se «fundamenta» en esos casos en el acato a la autoridad, en una obediencia ciega, pero no en la autorreflexión sobre nuestras acciones morales. Por ello, al disociar moralidad y racionalidad, entonces esas personas realizan acciones inmorales para la razón sencillamente porque no se pararon a examinarlas. Son personas inmorales. La secta positiva, por lo tanto, es contraria a la secta filosófica, así también a la secta religiosa porque evidentemente en las religiosas su fundamento nunca puede estar en la positividad.[116]

Finalmente, conviene preguntarse entonces por el programa fundacional sectario de Jesús. Su propuesta se salía del pensamiento y la creencia común, siendo, por lo tanto, una secta necesariamente. En esta secta, la positividad no es la esencia de la fe, sino que la esencia de esta está en la virtud.[117] Jesús quería liberar al resto de

114 EJ 79 / TWA 1, 111.
115 EJ 79 / TWA 1, 112.
116 EJ 79 / TWA 1, 112.
117 EJ 79-80 / TWA 1, 112.

las personas del mandamiento inflexible de la positividad mediante la enseñanza del cultivo de la virtud. Para ello lo primero era que le escuchasen, mostrarse como líder, y por ello Jesús habló mucho sobre quién era.[118] Una vez que la gente lo escuchó, entonces su mensaje caló hondo en el corazón de las personas. Jesús, así visto, era un liberador de la irracionalidad. Frente a la creencia popular de ese tiempo, que era el judaísmo, el cual reducía la virtud a obediencia, Jesús era partidario de la autolegislación, es decir, de la moralidad que surge de la razón universal. Obviamente esto tiene ecos kantianos. Además, refuerza que no debe haber separación entre moralidad y racionalidad porque, si nos fijamos, Hegel está situando el corazón de la moralidad en la razón.

¿Por qué hay aquí entonces un Jesús kantiano? No es solo una continuidad con la *Historia de Jesús*. No. Es también un aviso de que lo que se ha conocido ahora, en el siglo XVIII gracias a la razón, Jesús ya lo conocía. Él no tuvo que esperar a Kant. Con su mensaje sobre el cultivo de la virtud y el respeto a la racionalidad en la moral Jesús esperaba que sus oyentes experimentasen una experiencia transformadora que supusiera un salto cualitativo en los sujetos que la reciben. Esto es, que el mensaje originario de Dios es una forma de gnosis en líneas generales. O al menos, en el sentido que ya he expuesto.[119] Es más, la autolegislación kantiana llega a plantearse como una especie de conocimiento revelado. Esto es, que proviene de la divinidad, pero no de la razón. El propio Hegel dice en el texto que Jesús quizá era «consciente de que existía un vínculo entre él y Dios, o simplemente tomase la ley que está grabada en nuestros corazones por una revelación inmediata de la divinidad».[120] Hegel está dejando abierta la posibilidad de que la ley grabada en nuestros corazones, que es el imperativo categórico, sea una revelación de la divinidad.

118 EJ 80 / TWA 1, 113.

119 ANTÓN PACHECO, *Parádosis*, p. 64.

120 EJ 81 / TWA 1, 114.

La autolegislación kantiana como un conocimiento revelado a modo de gnosis, si avanzamos en el texto, es conocimiento revelado por Dios a los hombres. De este modo, el planteamiento de Hegel en este escrito no es solo una defensa del kantismo moral, sino que está incluyendo sucintamente a la gnosis, a propósito, o sin querer. Pasemos a ver esto.

AUTOLEGISLACIÓN Y AUTOGNOSIS

De acuerdo con lo mencionado la autognosis es una forma de gnosis. La autolegislación kantiana, como se acaba de poner de relieve, puede ser concebida en este texto de Hegel como una forma de gnosis. A esto hay que sumarle que la gnosis tiene como fundamento a uno mismo. De ahí que sea en ocasiones autognosis. No se puede recibir la gnosis de otro, sino que es una experiencia particular de cada sujeto. Así también ve Hegel la autonomía moral, o autolegislación: «La dignidad de la moralidad que es autónoma y desprecia todo fundamento ajeno, y quiere cimentarse, autosuficientemente solo en sí misma».[121]

¿Qué ocurre si algo que debe ser aprehendido mediante autognosis pasa a ser impuesto por una persona ajena? Hegel acaba de declarar que esta autolegislación desprecia todo fundamento ajeno a ella misma. La autolegislación es autosuficiente porque es autognosis en tanto que es conocimiento divino revelado que proporciona un salto cualitativo a aquel que se abre a ella. Puede haber, sin embargo, alguna forma de falsar a esta autognosis, casi de traicionarla. Concretamente, mediante la imposición. Si se impone el contenido que se debería recibir autónomamente mediante la apertura a la gnosis, entonces no hay ninguna apertura. Es más, no se recibe la gnosis. Es incluso más allá: la autolegislación y autonomía moral pasa a ser mera legislación y heteronomía moral.

121 EJ 83 / TWA 1, 117.

Pues bien, esto es justo lo que ocurrió. A este proceso Hegel lo denomina «positivización». Por ejemplo, el que se somete a la legislación por miedo a la sanción. Esa persona ha renunciado a un conocimiento que afecte transformativamente a su carácter ontológico. Esa persona renuncia a toda autonomía. Se deja legislar sin más fuerza necesaria que el hecho de que exista una ley. Para Hegel esa persona ha renunciado «a la fuente de la moralidad».[122] Eso quiere decir que esa persona no comprende qué es la moral porque se ha separado de la autonomía, que es lo mismo que decir que esa persona no tiene un conocimiento que podría buscar en su interior («inscrita en nuestros corazones» y además revelada).

Esta renuncia al mensaje de Jesús, que es renuncia a la gnosis que envuelve a la autolegislación kantiana —e insisto en esto—,[123] es la positivización. La positivización es un cambiazo de autonomía por heteronomía, de gnosis por imposición, de experimentación de un salto cualitativo a quedarnos estancados. ¿Quién realiza semejante acto? ¿Quién positiviza el mensaje de Jesús? Los apóstoles. Los discípulos de Jesús fueron para Hegel quienes positivizaron el mensaje de su maestro. Hegel no duda que los discípulos de Jesús lo hicieron sin malas intenciones, pues no fue algo concienzudo y meticulosamente pensado. Al contrario, lo que Hegel considera es que por más esfuerzos que tuvo Jesús para que sus discípulos comprendiesen su mensaje (se abriesen a la gnosis), no lo consiguió. Ellos seguían en una mentalidad judía. La mentalidad judía es, para Hegel, la opuesta a la kantiana: el judaísmo representa en este escrito la heteronomía moral mientras que Jesús representa la autonomía moral.

Pero indaguemos en la duda: ¿por qué positivizan el mensaje de su maestro los discípulos de Jesús? Para Hegel es un hecho que tiene una explicación. Para ello utiliza un argumento de disimilitud

122 EJ 83 / TWA 1, 117.

123 Insisto porque a diferencia de Kant, en este escrito Hegel no deduce de ningún modo la autonomía moral kantiana. Y esto es importante. Hegel la da por hecha porque está *revelada*.

comparando a Sócrates y a Jesús. Tanto Sócrates como Jesús murieron delante de sus discípulos. Sin embargo, una vez que fallece el maestro los discípulos de uno y de otro actúan de manera opuesta. Los de Sócrates forman nuevas escuelas de pensamiento y siguen cultivando la sabiduría, enamorados de la verdad y del conocimiento. Los discípulos de Jesús positivizan el mensaje de su maestro —rozando la idolatría— tratando de estructurarlo como una serie de normas morales heterónomas. Para Hegel esto se debe a que los discípulos de Sócrates ya habían sido pupilos de otros maestros. En consecuencia, lo que hacían era hilvanar sus propios pensamientos con los de otros maestros y con los de Sócrates. He ahí cómo se formaron las nuevas escuelas de pensamiento. En contraste, los discípulos de Jesús solo tuvieron a Jesús como maestro. No había más mensaje que reflexionar que el suyo, y pese a ello no lo reflexionaron, sino que predicaron sus milagros.[124] Esto es la pérdida del mensaje que conlleva a su vez a la pérdida del conocimiento de uno mismo.

El que actúa porque conoce la ley moral autónomamente, ese es el *virtuoso.* ¿Quién es virtuoso? El que tiene la gnosis. El sujeto que se autolegisla porque sabe que puede hacerlo por la revelación divina, que es un conocimiento que le ha sido iluminado entonces suprarracionalmente. Más adelante en el texto se afirma que lo importante es que, aunque el cristianismo ha quedado positivizado para la posterioridad, lo cierto es que debemos recuperar a los virtuosos en su actualidad —o sea, siglo XVIII—. Hegel considera sobre esto que el Estado es quien debe promover la virtud entre los ciudadanos, siendo el mejor medio para ello la religión.

ESTADO, RELIGIÓN Y PRESENTE

Atendamos a que si es el Estado el que debe generar a virtuosos a través de la religión hay una serie de presupuestos que Hegel no hace

124 EJ 85-86 / TWA 1, 119-121.

explícitos, pero que están. Estos operan como trasfondo de la propuesta de Hegel para con su presente. Pasaré a hacerlos explícitas.

En primer lugar, si virtuoso es el que actúa autónomamente porque conoce la ley moral, entonces a lo largo de la historia solo y exclusivamente Jesús fue virtuoso. Esto se debe a que (i.) Hegel no afirma que nadie más haya sido virtuoso, por lo que desde el texto solo y exclusivamente podemos afirmar que fue Jesús. Todo lo demás será solo pura invención alejada del texto. Además, (ii.) el único que había recibido la gnosis que llevó a saber que había autolegislación moral fue Jesús. Ni tan siquiera lo consiguieron sus discípulos más cercanos. Por lo que incluso si intentásemos postular a alguien que también hubiese sido virtuoso tendría que ser alguien que hubiera conocido mejor el mensaje de Jesús que los apóstoles. A esto se le suma que (iii.) el cristianismo cayó en la positivización y se ha mantenido así durante siglos hasta los tiempos de Hegel, por lo que ser cristiano hasta ese momento es seguir una moral heterónoma opuesta al mensaje de Jesús. Por lo tanto, no era posible una gnosis que diese un conocimiento suprarracional revelando la autolegislación moral. Entre otras cosas porque el acato ciego a la obediencia de las leyes por el hecho de ser leyes (heteronomía) no tiene que ver con la suprarracionalidad. Ni tan siquiera con la racionalidad. En cualquier caso, es infrarracionalidad, pues muestra una falta de mayoría de edad intelectual. Por último, queda un presupuesto más. Este consiste en que (iiii.) Hegel, al ser quien expone qué es la virtud, cómo se perdió el mensaje originario de Jesús, cómo se positivizó luego el cristianismo, etc., entonces él sí que conoce la virtud, sí que ha recibido la gnosis y sí que ha recuperado el mensaje originario de Jesús. Por lo tanto, no hubo nadie virtuoso desde Jesús..., hasta Hegel.[125]

125 Podría decirse que fue hasta Kant si nos ceñimos al contenido de la autolegislación. Pero como expresé anteriormente, y creo que hay que seguir teniendo en cuenta, en Kant la autolegislación moral de los sujetos se deduce. O al menos, tiene un avance sistemático (véase: HILLER, F. R., «The Deductions of Freedom/Morality-as-Autonomy and the Categorical Imperative in *Groundwork III* and their Problems», *Tópicos. Revista de Filosofía*, 50, 2016, pp. 61-94). Sin embargo, en este texto de Hegel no hay tal cosa.

Teniendo en cuenta estos cuatro presupuestos, hay que atender ahora a lo que Hegel considera sobre el Estado y la religión. Hegel afirma que la religión induce a sensaciones que luego son motores de nuestras acciones. Es en este sentido que puede darnos sentimientos puros para cometer luego actos puros de intención. El mestizaje entre Estado y religión, sin embargo, no debe hilvanarse mediante la heteronomía, pues esto llevaría a «la infinita lista de castigos canónicos».[126] Ahora bien, si el Estado se apoya en la religión para generar a personas virtuosas, que sean autónomas moralmente, entonces hasta ahí puede haber colaboración entre Estado e Iglesia. Con esto ha pasado de un análisis del pasado de lo que ocurrió con Jesús y el cristianismo hacia un proyecto sobre cómo deberá actuar el Estado. Esto también pone en evidencia que Hegel entonces considere que en su presente no hay personas virtuosas. Si las hubiese no necesitaría proponer un proyecto para conseguirlas.

Sin embargo, él cree que en su actualidad la Iglesia educa en la fe positiva.[127] Esto se debe a que la Iglesia tiene el monopolio moral, concibiendo además a la moral como algo que está en dependencia directa con la divinidad.[128] Por lo tanto, la moral que enseña la Iglesia no es la autónoma, sino la heterónoma. Y si atendemos, esto se debe a que siguen positivizando al cristianismo tal y como hicieron los apóstoles en sus orígenes. Para Hegel, en contraste, la religión debía ser liberadora. La religión no es opositora de la autonomía, sino que, muy al contrario, la implementa. Precisamente la moral,

---

Nada es ni tan siquiera semejante a un avance sistemático. Al contrario, se ha dicho que es un conocimiento que se revela y que Jesús buscó transmitir para que sus allegados experimentasen una transformación cualitativa (de heteronomía a autonomía). Eso cambia todo porque ya no se llega al imperativo categórico por un avance de la razón, sino que se llega a la misma verdad desde una revelación. Pese a ser el mismo contenido, el medio por el que se llega a ello importa, y mucho, siendo un elemento diferenciador clave. Por eso no hubo nadie virtuoso desde Jesús hasta Hegel.

126 EJ 103 / TWA 1, 145.

127 EJ 111 / TWA 1, 155-156.

128 EJ 128 / TWA 1, 179.

que es autónoma, no es codificable. No se puede recoger en una serie de sentencias que se acaten a modo de normas porque es autónoma, no heterónoma.[129] La labor de la Iglesia, entonces, debería ser la de implementar la autonomía moral de las personas, recuperando así el mensaje originario de Jesús, llevando a las personas a la gnosis, en definitiva, impulsando la generación de personas virtuosas en su presente.

Esta es la labor opuesta a la que la Iglesia realiza en su tiempo. El motivo es el proceso de positivización. Hacia el final del escrito Hegel retoma el tema de las sectas. Ahí señala que toda secta está destinada a experimentar un proceso de positivización porque comenzarán descubriendo —quizá— leyes que provienen de su libertad para, finalmente, positivizarlas. Esto es la pérdida del mensaje originario. También es lo que les ocurrió a los primeros cristianos y, a raíz de ahí, a todo el cristianismo. Por ello, el cristianismo comenzó como secta filosófica-religiosa y terminó por ser una secta positiva.[130]

CONCLUSIÓN DEL PERIODO DE BERNA

En la introducción señalé que comenzar a examinar el gnosticismo de Hegel desde el periodo de Berna no era una cuestión de azar, sino que era una propuesta de Polo que no desarrolló. Pero un intelectual como Polo vio algo aquí, en Berna, que le hacía situar el origen del gnosticismo en Hegel en este periodo.

Por lo examinado en la *Historia de Jesús* y *La positividad de la religión cristiana*, lo cierto es que hay motivos para pensar que el gnosticismo de Hegel esté arraigado en Berna. En primer lugar, está la gnosis, o sea, un conocimiento que se transmite a través de la revelación o iluminación produciendo un salto cualitativo en la persona que lo recibe. Este conocimiento está normalmente relacionado

129 EJ 130 / TWA 1, 182.

130 EJ 140-141 / TWA 1, 196.

con la salvación. En *Historia de Jesús* hemos comprobado que Hegel diferenciaba la moral de las leyes. Solo la moral es la que salva. De entrada, esto no es gnosticismo necesariamente. Sin embargo, en *La positividad de la religión cristiana*, como vimos, Hegel no llega a la autonomía moral kantiana del mismo modo que Kant, sino que dice que Jesús tomó a esta autonomía moral como una revelación inmediata proveniente de la divinidad. Esto es, que el imperativo categórico se da al ser humano por la revelación. De este modo es un conocimiento que (i.) es salvífico, (ii.) se recibe por revelación, siendo una vía suprarracional y (iii.) que proporciona conocimiento de una realidad que trasciende (moral) frente a una realidad terrenal (leyes). De este modo, todos los que se abren al imperativo categórico experimentan un salto cualitativo gracias a ese conocimiento transformativo.

En segundo lugar, Hegel alude a la chispa divina que necesita ser despertada. Esta consideración le lleva a ver la divinidad en el ser humano. Esto sí que es plenamente gnóstico, pues era el pléroma. Es más, en los textos también se aludía al desprecio del cuerpo, cosa que también se daba en el gnosticismo. Por ende, este elemento es probablemente el que está más claro en todo el periodo de Berna como elemento gnóstico. Solo que Hegel considera que lo divino del ser humano es la razón. Como vimos ya por el comentario al Evangelio que Hegel realizó, lo cierto es que comprender que lo más noble del ser humano es su divinidad es asumir que existe la divinidad en todos nosotros. Este elemento es, a mi consideración, irrefutablemente gnóstico y, además, evidente en la filosofía de juventud de Hegel en Berna.

Por otro lado, la positivización de la religión cristiana, como tema, no es perteneciente al gnosticismo. Tampoco su clasificación en los tres tipos de sectas. No obstante, su fundamentación es cercana a ciertas ideas gnósticas. En primer lugar, está la insistencia de un mensaje originario perdido. En segundo lugar, también de la pérdida irreconciliable del judaísmo con el *Ganzes*. Estas pérdidas de lo originario están muy próximas al gnosticismo. Además, la explicación de Hegel llama mucho la atención: él ha vuelto a conocer el mensaje originario de Jesús, pero no así lo lograron los apóstoles. Esto es llamativo porque, como la gran mayoría de expertos observan, es cierto que la crítica a los apóstoles justifica al final que el cristianismo se positivice. Es su fundamento. Pero a la vez —y este es mi punto— quiere decir que necesariamente había un mensaje originario perdido hasta que Kant ha vuelto a encontrarlo. Este mensaje perdido no había sido comprendido en la época de Jesús porque la madurez de la razón no era suficiente todavía, pues la mentalidad judía no estaba preparada para concebir la autolegislación moral. La restauración de un mensaje originario creo que es un elemento que se suele pasar por algo y que puede encajar también en la línea del gnosticismo.

También hemos encontrado en *La positividad de la religión cristiana* un inicio, aun prematuro, de la dialéctica de lo finito y lo infinito. Este puede ser visto —al menos, todavía— como un dualismo ontológico. Eso conllevaría un signo gnóstico. No obstante, este elemento hay que considerar que solo ocupa unas líneas. No hay suficiente material explicativo como para poder determinar que lo que Hegel pensaba era o no era gnóstico al referirse a la dialéctica de lo finito y lo infinito. Por este motivo, aquí llamo a la prudencia al lector, pues este elemento no es seguro que sea gnóstico a lo que se refiere. Aunque tampoco podemos descartarlo todavía.

En resumen, en Berna hay elementos que permiten una lectura de los textos de Hegel más vinculada al gnosticismo. Polo llevaba razón en este sentido. Conviene considerar que, sin embargo, este periodo podría ser un *rara avis*. Siempre lo ha sido. No son pocos quienes han considerado que este periodo es el más estrictamente kantiano de Hegel, pero que es un momento necesario en su formación que luego abandona. Tampoco sería entonces descabellado pensar que es el momento más cercano de Hegel con los elementos del gnosticismo, como si fuese una raya en el agua. Por eso conviene continuar esta investigación en el siguiente periodo: Fráncfort. Allí donde la lechuza de Minerva pasó del aleteo a sus primeros vuelos.

ELEMENTOS GNÓSTICOS EN FRÁNCFORT EN LOS ESCRITOS MENORES

PLANTEAMIENTO

Fráncfort es uno de los periodos más prolíficos de Hegel. Eso amplifica nuestra tarea. En Berna fueron solo dos escritos que considerar, mientras que en Fráncfort hay más del doble. En este periodo de su vida Hegel escribe más por varios motivos que no vienen ahora al caso. Pero ¿cómo estaba Hegel en Fráncfort?

Mientras que en Berna había padecido periodos de depresión,[131] en Fráncfort Hegel llegará a recuperarse. Es más, fue esa ciudad la

131 Parece haber pruebas de su presunta depresión en sus cartas con Hölderlin. Esta depresión le acompañaría incluso cuando llegó a Fráncfort, justo al inicio, y es la que, de acuerdo con otros autores e intérpretes, como Knox, Rosenzweig o Lukács, ocasionaría la «revolución de pensamiento» del joven Hegel. El joven filósofo empezaría a tomar vuelo, y muchos piensan que fue por esta crisis. Es decir, la resolución de su crisis originaría su pensamiento especulativo. Es más, Knox subrayó que justamente es en este periodo en el que encuentra su revolución filosófica por su depresión (junto a la influencia de su buen amigo Hölderlin), y que, además, le llevó a su ruptura con el kantismo de manera definitiva (KNOX, T. M., «Hegel's attitude to Kant's ethics», *Kant-studien*, vol. 49, 1, 1957, pp. 72-73). Lo que sería, por cierto, el inicio de la búsqueda de una filosofía propia en el pensamiento de Hegel. Consecuentemente, a este periodo se le suele denominar como la «infeliz Fráncfort». La expresión proviene de una de las cartas de Hegel, datada de 1810, a su amigo Sinclair. Expresión que condensaría a todo un periodo de su vida: a un

que ayudó a que sanase: sus movimientos culturales, los círculos filosóficos, descubrir todo lo que ofrece una gran ciudad y, cómo no, su buen y fiel amigo Johann Christian Friedrich *Hölderlin*. Sobre este último, es tal el cariño que se profesaron mutuamente que, en su senectud, Hegel siguió celebrando el cumpleaños de su viejo amigo.[132]

Hegel disfrutó de Fráncfort. Para plantear el enfoque de este capítulo, primero permítanme que realice una brevísima exposición de su vida en este periodo con el fin de comprender mejor por qué escribe lo que escribe cuando se mudó a esta ciudad.

En este periodo Hegel seguía siendo tutor privado, igual que en Berna. Esta vez con la familia Gogel, desde 1796-7. Fue Hölderlin quien le consiguió el trabajo a Hegel, probablemente, por dos motivos. El primero es que Hölderlin sabía que Hegel quería marcharse de Berna. El segundo es que el poeta ardía ante la ilusión de reencontrarse con su amigo en la misma ciudad. La propia cercanía entre Hölderlin y Hegel sería el comienzo de la influencia que ejercería el poeta en el pensamiento del gran filósofo especulativo. No es claro quién influenció a quién. Muchas veces tendemos a pensar que Hölderlin influenció a Hegel o viceversa en función del año de publicación. Así, si una idea había aparecido en *Hiperión, o el eremita de Grecia* y luego aparece alguna similar en Hegel decimos que fue una influencia de Hölderlin a Hegel. Pero en realidad en este periodo hablaban con gran asiduidad. Se veían frecuentemente. Discutían sobre los mismos temas. Saber a quién se le ocurrió antes la idea es

---

Hegel triste, apesadumbrado y depresivo en Fráncfort, con una vida desmoronándose justo cuando comenzaba a disfrutarla. Pero también, en una depresión de la cual, tras salir, se convertiría verdaderamente en Hegel, el gran pensador del idealismo alemán. Sin embargo, Harris ya desmintió està idea, mostrando que en realidad el periodo depresivo de Hegel estuvo en Berna, siendo que en Fráncfort fue uno de sus periodos más felices (HARRIS, H. S., *Hegel's Development. Toward the Sunlight*, Oxford University Press, Oxford, 1972, pp. 258-270).

132 CORTÉS, H., *La vida en verso. Biografía poética de Friedrich Hölderlin*, Hiperión, Madrid, 2014, p. 381.

distinto de quién la publicó primero. Así pues, en este periodo las ideas de uno y otro son difícilmente separables en muchos temas.

Hay otras anécdotas llamativas de este periodo de Hegel. Su primer amor, Nanette Endel, o las largas y tendidas conversaciones con Hölderlin, o la relación de estos directa o indirectamente con los círculos intelectuales de Jena donde avivaban las ideas de Fichte y Kant especialmente.[133] Dicho sea de paso, Jena era en ese momento el caldo de cultivo de los intelectuales más potentes de Alemania, como lo fue el círculo romántico de Jena, estando entre sus filas Schelling, los hermanos Schlegel, Novalis, Tieck Schleiermacher y Fichte, entre otros.[134]

En este capítulo nos centraremos en la tarea de vislumbrar los elementos gnósticos en este periodo de Fráncfort. Para esta tarea se comentarán varios textos. Primero el escrito *Primer programa de un sistema del idealismo alemán*. Luego algunas de las anotaciones que Hegel dejó en lo que hoy día llamamos *Esbozos para «espíritu del judaísmo»* que conecta muy bien con su periodo bernés. Estos dos escritos seleccionados los he considerado como escritos «menores» de su periodo en Fráncfort. No porque no sean importantes. Tampoco porque no sean populares. Los he considerado menores en tanto que el *Primer programa de un sistema del idealismo alemán* es un texto comenzado, incompleto y polémico. Por la otra parte, *Esbozos para «espíritu del judaísmo»* son anotaciones de Hegel sobre el Antiguo Testamento como veremos. En tanto que de ambos escritos nos quedan solo estas anotaciones los he considerado menores por este motivo. Por otra parte, sus escritos más acabados —aunque ninguno

133 De hecho, Hegel estudio seriamente entre 1797 y 1799 la obra de Kant *Metafísica de las costumbres*. Al parecer llegó a escribir un comentario a este libro. Lamentablemente, este comentario nunca ha sido encontrado (PINKARD, T., *Hegel: una biografía*, Madrid, Acento, 2001, pp. 125-126).

134 Para una caracterización del Círculo de Jena, así como de sus intereses, véase: MARTÍN NAVARRO, *La nostalgia del pensar: Novalis y los orígenes del Romanticismo*, Plaza y Valdés / Thémata, Sevilla, 2010.

definitivo, pues no los intentó publicar— los he reservado para el siguiente capítulo, y catalogado en contraposición como escritos «mayores». Sin más dilación, comencemos con el primer texto de los mencionados.

LA SABIDURÍA PRIMORDIAL

CONTEXTO SOBRE LA AUTORÍA DE *SYSTEMPROGRAMM*

De manera excepcional, en este texto tenemos que enfrentarnos a una cuestión previa a su interpretación. Esto es la autoría del texto, que es un tema muy discutido, poco claro y en el que conviene argumentar el lugar que ocupa aquí. Para ello narraré brevemente las posibles autorías del texto y argumentaré por qué considero que pertenece a Hegel.

Lo que se conserva de este escrito son escasamente unas páginas que se piensa que fueron redactadas por el joven Hegel entre 1796 y 1797, ya en Fráncfort.[135] No sabemos si el texto estaba acabado o no. Podría formar parte de una obra mayor que se hubiera perdido, o ser solamente unos textos breves. Sea como sea, tan solo conservamos unas páginas. Ha sido un texto muy conflictivo, pues su autoría está entre Hegel y Schelling, o incluso Hölderlin —e incluso entre otros

135 Conviene decir que Dilthey apuntó que, en este año, 1796, es cuando se produce uno de los mayores cambios de pensamiento del joven Hegel. Tras escribir su célebre poema *Eleusis*, Hegel intuirá un Todo-Uno que es inefable (PAREDES, *Génesis del concepto de verdad en el joven Hegel*, p. 21). Esto daría explicación de que haya reminiscencias del pensamiento de la etapa anterior de Hegel, aunque incluye una nueva manera de entender la ontología que, en consecuencia, podría ir floreciendo a lo largo de la etapa de Fráncfort. Otros investigadores lo han situado como el último escrito de Berna (SCHÜLER, G., «Zur Chronologie von Hegels Jugendschriften», *Hegel-Studien*, 2, 1963, pp. 111-159.). Siguiendo la versión tradicional, yo lo he situado en Fráncfort. Tratar esta discusión sobre la datación del texto en uno u otro periodo no corresponde a nuestra labor aquí.

autores—, por lo que como consideración general pasaré a exponer brevemente la historia acerca del debate de este breve manuscrito.

En marzo de 1913, la casa de subastas Liepmannssohn subastó un breve texto de dos páginas escrito por G. W. F. Hegel, con su caligrafía, bajo el título de las dos primeras palabras del escrito: *eine Ethik*. En ese mismo lugar se encontraba Franz Rosenzweig, célebre autor de *Hegel und der Staat*, que en este periodo estaba desarrollando dicha obra. Rosenzweig lo compró. Al adquirirlo, luego lo analizó y comparó: indudablemente la letra coincidía con la de Hegel. Era el autor que lo había escrito a mano. Sin embargo, para todo un experto en idealismo alemán como Rosenzweig, las ideas del texto eran muy semejantes a las que propugnaba Schelling alrededor de la década de 1790, que por aquel entonces era buen amigo de Hegel.

Rosenzweig, tras un estudio aparentemente exhaustivo de los escritos de juventud de Schelling, concluye que las ideas del texto eran en realidad de Schelling. De acuerdo con la interpretación de Rosenzweig, Hegel habría copiado a mano el texto de su amigo, de ahí la indudable letra de Hegel. Sin embargo, con la pérdida del original de Schelling, Hegel había figurado como el autor del manuscrito, lo cual era para Rosenzweig un error en la asignación de la autoría. Es más, el título eran las dos palabras iniciales con las que el texto comenzaba, pero por supuesto no trataba sobre ética, sino que Rosenzweig se percató de que es un texto comenzado, que está *in medias res*. Él mismo lo rebautizaría como *Das älteste Systemprogramm*,[136] es decir, «el programa más antiguo», que en la traducción española denominamos «Primer programa de un sistema del idealismo alemán».

En 1917, Rosenzweig decide publicar las dos páginas del texto y le añade un prólogo en el que proponía la interpretación de que fuese

136 POLLOCK, B., «Franz Rosenzweig's "Oldest System-Program"», *New German Critique*, 111, 2010, pp. 60-61.

un texto de Schelling.[137] Esta interpretación ganaría prestigio con el apoyo de figuras como Ernst Cassirer, Arthur Liebert, Georg Lasson o Heinrich Scholz.[138] La autoría del texto permanecería incuestionable hasta al menos la década de 1960. La confirmación de Schelling como autor parecía obvia y había tenido un gran apoyo académico, por lo que se comprende como un texto tradicional para los schellingianos que quisieran acercarse a sus escritos de juventud. Es especialmente llamativo que el intérprete identifica —muy convincentemente— el «yo» libre de este escrito y la discusión sobre los postulados prácticos con el pensamiento de Schelling, inmensamente influido por Fichte entre 1796 y 1797.[139]

Más tarde, en 1945, el manuscrito original se perdió a causa de los eventos bélicos que asolaron a Europa. No obstante, el reinado de Schelling como autor del texto sería puesto en entredicho. Otto Pöggeler cuestionó oralmente la autoría del texto en 1965, y luego por escrito.[140] Bajo la visión de Pöggeler, la interpretación que realizaba Rosenzweig era más bien tendenciosa. Es más, Pöggeler no duda en utilizar la declarada afinidad de Rosenzweig con Schelling,

---

137 Esta primera publicación fue: "Das älteste Systemprogramm des deutschen Idealismus: Ein handschriftlicher Fund", Sitzungsberichte der Heidelberger Akademie der Wissenschaften, *Philosophisch- historisch Klasse*, 5, 1917.

138 POLLOCK, B., «Franz Rosenzweig's "Oldest System-Program"», p. 60.

139 Bondeli ha mostrado con buen juicio que es perfectamente asumible también estas dos ideas en el periodo final de Berna de Hegel. Hegel en ese tiempo, como hemos visto, asume gran parte de la filosofía kantiana y la reformulará posteriormente de manera crítica en el periodo de Fráncfort. Por eso, como señala Bondeli, «la concepción de un sistema completo de ideas o postulados basados en la teoría de la moral sienta fácilmente con el kantismo bernés "aplicado" de Hegel» (BONDELI, M., «Tübingen, Bern and Frankfurt: 1788-1800», en de Laurentiis, A., and Edwards, J. (eds.), *The Bloomsbury companion to Hegel*, Bloomsbury, London, 2013, p. 16) De ahí que no olvidase de su fase previa la crítica al Estado, el valor de la mitología o la necesidad de una nueva religión, que reaparecen en este escrito. Es más, podría también deberse a que el escrito fuese una crítica al llamado «kantismo bernés», el cual era visto por Hegel como poco radical y escasamente revolucionario (*Ídem*).

140 PÖGGELER, O., «Hegel der Verfasse das ältesten systemprogramms des deustchen Idealismus», *Hegel-Studien*, 4, 1969, pp. 17-32.

y su antipatía con Hegel —tal y como figura muy explícitamente en una carta de Rosenzweig a su madre el 15 de abril de 1918—[141] para dudar sobre la extraña interpretación de un texto, escrito por Hegel, pero que de acuerdo con un antihegeliano y schellingiano, pertenecía a Schelling. La interpretación de Rosenzweig comenzó a ser dudosa. Aunque, si lo hubieran querido, podría haberse encontrado más material a este respecto, pues su antipatía con Hegel era clara.[142] Tanto los schellingianos como los representantes del *Hegel-Archiv* debatieron durante la década de 1960, hasta 1970, sobre la autoría del texto. En esos debates incluso se llegó a entrar en discusión si no sería en realidad un texto de Hölderlin, como tercer posible autor. De ahí que este escrito aparezca en las obras completas tanto de Schelling, de Hölderlin y de Hegel.[143]

Con el manuscrito perdido y la pugna sobre su autoría ha habido nuevas interpretaciones, no solo las de Pöggeler y el *Hegel-Archiv*, sino que estas han variado mucho. En 1984, los investigadores Christoph Jamme y Helmut Schneider volvieron a publicar una nueva edición del escrito. En esta nueva edición hay una nueva introducción,[144] redactada por estos dos investigadores. En ella se sitúa a la *Mythologie der Vernunft* —la mitología de la razón— como la idea nuclear de todo el escrito, como también propone en esta línea

---

141 ROSENZWEIG, F., *Briefe und Tagebücher 1900-1918*, London, Springer, 1979, p. 538.

142 Rosenzweig se refiere a los primeros libros de su *La estrella de la redención* en ocasiones como libros de un no-hegeliano (*Unhegel*) y anti-hegeliano (*Antihegel*) en su correspondencia con Margrit Rosenstock en febrero de 1921 (ROSENZWEIG, F., *Die «Gritli» Briefe*, Tübingen, BILAM, 2002, pp. 729-733). Esta información sobre el antihegelianismo de Rosenzweig, que aquí solo recapitulo, así como una brillante investigación sobre Hegel y Hölderlin en el pensamiento de Rosenzweig —que aclara enormemente sobre este escrito— puede verse en: NAVARRETE, R., «*Et de me fabula narratur*. Hegel y Hölderlin en Frankfurt», en CARRASCO, A., MACOR, L. A., ROCCO, V. (eds.), *Hegel y Hölderlin. Una amistad estelar*, Círculo de Bellas Artes, Madrid 2021, pp. 147-172.

143 POLLOCK, «Franz Rosenzweig's "Oldest System-Program"», p. 62.

144 JAMME, C., SCHNEIDER H. (Hrsg.), *Mythologie der Vernunft. Hegels ältestes Systemprogramm des deutschen Idealismus*, Frankfurt, Suhrkamp, 1984, pp. 21-78.

Innerarity.[145] Pero Jamme y Schneider sitúan a Hegel como principal autor de la obra, atendiendo a las argumentaciones de los debates mencionados. Pero al situar a la mitología de la razón como punto principal del escrito, eso ha provocado también un giro que ha sido aprovechado posteriormente por otro especialista, Martin Oesch,[146] para sugerir que el texto en realidad era un fragmento de Friedrich Schlegel.

Tras presentar el debate sobre la autoría del texto que vamos a tratar, conviene decir los motivos por los que aquí se trata al texto. El primero es que, si está reglamentado por la academia como un texto de Hegel, entonces asumo su validez debido a las explicaciones expuestas por otros expertos de un tallaje intelectual y conocimiento sobre Hegel superiores al mío. Aquí trabajo el texto dando credibilidad a esos expertos.

En segundo lugar, se va a tratar este manuscrito porque lo contrario sería casi cobarde. Quitar un escrito porque su autoría no esté segura al cien por cien parece no ser motivo suficiente como para que el lector no pueda acudir a una interpretación del escrito. Me niego a ello. Al contrario, habrá que trabajarlo con mayor profundidad, siendo conscientes de que puede ser o no de Hegel, pero viendo cómo encaja con su filosofía de juventud.

En tercer lugar, el hecho de que el texto, presuntamente, pudiera pertenecer a Schelling es porque lo quiso Rosenzweig al haberlo publicado así en 1917. Pero no es lo intuitivo. Es más, Rosenzweig basa toda su argumentación en un texto de Schelling que se perdió. Esto es una argumentación muy frágil. La letra de Hegel, pero —en teoría— las ideas de Schelling. Ideas que no sabemos dónde están y las cuales no pueden comprobarse porque el texto original de Schelling está «extraviado». De esto, lo único obvio es que estaba escrito a puño y letra por Hegel, y lo único dudoso —por mucho que

145 INNERARITY, D., *Hegel y el romanticismo*, Madrid, Tecnos, 1993, cap. 2.

146 OESCH, M., «"Das älteste Systemprogramm des deutschen Idealismus": Ein Fragment Friedrich Schlegels?», *Perspektiven der Philosophie*, 21, 1, 1995, pp. 293-313.

insistiese Rosenzweig— es la existencia de un «original» que muy desafortunadamente se perdió. Dicho de otro modo: el manuscrito puede leerse en clave schellingiana, pero también en una hegeliana. El texto acepta esta maleabilidad hermenéutica. Por ello, solo tenemos un asidero firme, que es el de la letra de Hegel.

En cuarto y último lugar, la propia postura filosófica de Rosenzweig, contraria al hegelianismo,[147] y cercana a Schelling nos permiten dudar si el cambio de autoría que establece Rosenzweig no es producto de la arbitrariedad y el favoritismo. Siendo dudosa y frágil la argumentación de Rosenzweig, y siendo un texto que solo por tradición se atribuyó a Schelling, parece que debemos atenernos al único criterio seguro: la letra es de Hegel.

Cabe esbozar otro argumento más, con algo más de elaboración, acerca del idiolecto. En el vocabulario hegeliano, lo cierto es que en muchas ocasiones encontramos la contraposición entre máquina (*Maschine*) y vida (*Leben*), las cuales, en su momento, por ejemplo, Glockner no incluyó en su *Hegel-Lexicon*, cuando son bastante comunes. Son parte de su manera de expresarse tan característica, en la que lo mecánico es contrario a lo orgánico. Son términos del idiolecto de Hegel. De esto, ha dado buena cuenta D'Hondt y ha señalado que, la palabra *Maschine* «Hegel la utiliza casi siempre, y de modo significativo, para oponerla a *Leben*: lo maquinal es lo contrario de lo vital».[148] La comprensión mecánica del mundo, según Hegel, no da espacio a la libertad pues todo se remite a cadenas de causalidad. En contraste, la vida es el terreno de emergencia de la libertad, donde las acciones no se pueden entender mecánicamente.

147 De hecho, su escrito *Estrella de la redención*, considerado la obra magna de Rosenzweig, fue considerada por Emmanuel Lévinas como un intento de romper con la totalidad hegeliana, de demostrar que la existencia es irreductible a cualquier pensamiento totalizante, como el de Hegel (Lévinas, E., «Foreword to Stéphane Moses». In Stéphane Moses, *System and Revelation: The Philosophy of Franz Rosenzweig*, Detroit, Wayne State University Press, 1992, p. 19).

148 D'HONDT, J., *Hegel, filósofo de la historia viviente*, p. 49.

De ahí que la filosofía sistemática de Hegel sea luego orgánica, y no mecánica. O también en su madurez hay reminiscencias de esto entre la reflexión extrínseca y la inmanente. Pues bien, creo que esto puede darnos otra pista más en el escrito sobre su autoría. En el escrito, una de sus partes centrales es precisamente la contraposición entre la libertad y la máquina. La manera de referirse a la máquina es precisamente, casi idéntica a la que posteriormente aludirá cuando contraponga máquina y vida, lo que es, muy probablemente, uno de los sellos de autoría más evidentes de que Hegel, al menos, participó activamente en su elaboración.

Centrándonos en una consideración general del escrito, ciertamente, trata temas propios del idealismo alemán. Curiosamente, la libertad, la Idea y la subjetividad son los temas principales que se desarrollan en este escrito, siendo a su vez los temas en los que culmina la *Ciencia de la lógica*.[149] De estos tres temas, el principal es la libertad, que es vinculado al espíritu y se postula como una alternativa a visiones de corte mecanicista. Por supuesto, Hegel volvería a reflexionar acerca del Estado y los pueblos, sin embargo, su enfoque parece continuar la línea trazada en sus escritos anteriores, pero ya está comenzando a madurarla. Una postulación que requerirá más detalle es que para Hegel en este escrito, la verdad y la bondad encuentran su unión solo por medio de la belleza. Pero en el joven Hegel las tres ideas son unidad en cierto modo, pero una unidad ya diferenciada entre sí.

149 PADIAL, J. J., «La Ciencia de la Lógica (1812/1832, 1813, 1816)», en Amengual, G. (ed.), *Guía Comares de Hegel*, Comares, Granada, 2015, pp. 111-112. Recuérdese que, aunque haya podido ser un tema en disputa entre los hegelianos, la *Ciencia de la lógica* es el centro neurálgico del pensamiento de Hegel. Que sea centro neurálgico no quiere decir que esté perfectamente acabado, pues requerirá de las filosofías reales. De ahí la *Enciclopedia* como sistema, y no la Lógica, aunque la Lógica posibilita el desarrollo de todo lo demás. Por eso es tan llamativo que estas ideas aparezcan en este escrito de juventud. Acerca del proyecto del sistema de Hegel, véase: ORTIGOSA, A., «El orden del saber. La *Enciclopedia* como sistema orgánico en Hegel», *Logos. Anales del Seminario de Metafísica,* 57, 1, 2024, 67-84.

Así pues, no es que no haya motivos para interpretar que el texto quizá fuese de Schelling, o de Hölderlin, o de otros. Se puede. Pero creo que hay motivos suficientes para poner en duda la presentación que hizo de él Rosenzweig y, además, para aceptar como razonable que Hegel fuese el autor.

Por último, conviene prevenir al lector. Una vez más, este escrito es corto. Casi como unos apuntes. Sin embargo, la potencia del escrito está en los pequeños detalles y expresiones utilizadas por el autor, que han dado para una enorme controversia,[150] por lo que se tratará de hacer una exposición hermenéutica con cierta minuciosidad. Pese a ello, los temas pueden irrumpir sin parecer del todo conexos porque, como decimos, es un escrito empezado por la mitad. Lo mejor en este caso, en tanto que es un fragmento, creo que es analizar el texto entero para luego explicar qué sentido puede tener con el gnosticismo.

EL COMIENZO KANTIANO DEL *PRIMER SISTEMA DE UN IDEALISMO ALEMÁN*

El texto entero tiene como tema la libertad. La libertad, como se verá, es contraria al mecanicismo, la cual es representado en el texto por el Estado. Además, el texto se interroga por cómo puede emerger

150 Este mismo escrito ha sido interpretado de muchas maneras. Al ser un texto breve, muchos especialistas piensan que la clave está en una noción u otra. En lo que concierne a este libro, insisto en centrarnos en la letra de Hegel y en qué dice el escrito por sí mismo. No obstante, quiero poner en conocimiento del lector que una interpretación política de este escrito es posible. Incluso se le tildó de caldo de cultivo del fascismo en sus días. Frente a esas visiones ya obsoletas y poco rigurosas, cabe otra interpretación política centrada en el sentido del republicanismo de este periodo. Yo no voy a optar por esta vía de interpretación porque obliga a salir del texto. Sin embargo, si al lector le interesa, recomiendo vivamente el siguiente: CADAHIA, L., «La aurora republicana (o el despertar de la fraternidad)», en CARRASCO, A., MACOR, L. A., & ROCCO, V. (eds.), *Hegel y Hölderlin. Una amistad estelar*, Círculo de Bellas artes, Madrid, 2021, pp. 19-34.

la libertad desde la naturaleza, siendo que el ser humano va más allá de ella. Pasemos a ver esto línea a línea.

Al estar ya comenzado el escrito, como advertí previamente, situar su inicio es complejo. Una posibilidad es que el texto comience afirmando su afinidad —y luego acritud— con Kant. En el comienzo del texto, se señala que, en el futuro, toda la metafísica no será más que ética. Esta ética es un «sistema completo de todas las ideas, o, lo que es lo mismo, de todos los postulados prácticos».[151] De esta manera, parece ser que Hegel apoya la postura kantiana de que la metafísica debía ser reconducida a la práctica. Más si el tema es la libertad —si se enfoca desde lo teórico, solo daría lugar a una antinomia—. El texto, así, es de filosofía práctica.

Antes de entrar en la primera línea del texto, recordemos que Kant en su *Fundamentación de la metafísica de las costumbres* señaló desde su prefacio que hay tres disciplinas principales: la ética, la física y la lógica. Por una parte, la ética y la física tienen en común el conocimiento *a priori* y el conocimiento sobre lo empírico. Por otra parte, la lógica se encarga de lo que conocemos como formas puras del pensamiento *a priori*, sin tener relación necesaria con lo empírico.

Pasemos ahora al primer párrafo de *Primer programada de un sistema del idealismo alemán*. Se encuentra comenzado. Sin embargo, creo que podría entenderse que Hegel estuviese tratando de esta división que había establecido Kant, pues el escrito comienza así:

...una ética. Puesto que, en el futuro, toda la metafísica caerá en la *moral,* de lo que Kant dio solo un *ejemplo* con sus dos postulados prácticos, sin *agotar* nada, esta ética no será otra cosa que un sistema completo de todas las ideas o, lo que es lo mismo, de todos los postulados prácticos.[152]

El joven Hegel además añade que la metafísica se convertirá en ética y después marca que «aquí descenderé a los campos de la

151 EJ, 219 / TWA1, 234.

152 EJ, 219 / TWA1, 234.

física».[153] Que la metafísica se convertirá en ética tiene sentido si el tema es la libertad: es la reformulación desde la filosofía teorética a la práctica. O si se prefiere: la libertad es la base ontológica de la ética, y la ética es la forma reflexiva de la libertad. Por eso primero hay que demostrar cómo es posible que exista la libertad para que luego pueda darse la ética. Pero ¿cómo va a «descender» luego a la física? ¿Es esto una hoja de ruta en el escrito, dando lugar a que luego continuará con la física? ¿O es una conexión entre libertad y física? En caso de ser este último entonces el problema es cómo en un mundo mecánico, dominado por la razón ilustrada y cierto (pre)cientificismo puede brotar la libertad. La conjugación entre el mundo físico-mecánico con la libertad tuvo diferentes interpretaciones. Abruptamente serían las siguientes: Kant consideró que la libertad es un postulado subjetivo de la razón. Fichte que en el principio era sujeto y, por eso, la causalidad dogmática de los filósofos «realistas» es la opuesta al idealismo —idealismo en Fichte quiere decir pensar en que existe la libertad y que esta tiene un primado fuerte en todo lo humano, que es opuesto a los que piensan causalmente—.[154] Schelling que la libertad emerge de reconocernos en la naturaleza como espíritu, siendo nosotros *lo otro* de la naturaleza. Hegel, en la madurez, dará su respuesta considerando que la razón está por encima de lo fenoménico. Si esta es la pregunta por el mundo físico y su conjunción con la libertad —y por ende la moral—, entonces Hegel está comenzando a preguntarse por aquello a lo que en la madurez darán respuesta.

Es cierto que la división entre ética y física probablemente la realice siguiendo a Kant, a quien cita también en este primer párrafo. Pero Hegel es crítico con él. No está satisfecho con la respuesta kantiana. Considera que, efectivamente, la metafísica caerá en la moral. Pero que Kant solamente expuso dos postulados prácticos, y que la

153 EJ, 219 / TWA1, 234

154 Concretamente, véase: EE § 5, GA I/4 194-195. También, sobre este tema, véase: ROCKMORE, T., «Filosofía trascendental e idealismo en Fichte», *Revista de Estudios sobre Fichte*, 9, 2014, *en línea*.

filosofía posterior se encargará de desarrollar *todos* los postulados. Se entiende entonces que la crítica que Hegel está efectuando es que existen más postulados prácticos y que, por tanto, la filosofía no se ha consumado con el pensamiento de Kant, sino que todavía queda un largo desarrollo post-kantiano.[155]

Ahora bien, la libertad es tomada por Hegel en el escrito como punto central. Esta es expuesta de una manera práctica en realidad. Primero se alude teoréticamente a que la libertad es la capacidad de que la persona sea capaz de representarse un sí mismo como ser totalmente libre. Saberse libre es ser libre.[156] Pero aquí se desciende de lo

155 El tema de los postulados prácticos de la razón de Kant ha sido tratado como una tensión inherente en el propio sistema kantiano. Además, es uno de los tópicos que se retomarían por todo el idealismo alemán (GARDNER, S., «Kant's Practical Postulates and the Limits of the Critical System», *Hegel Bulletin, 32*(1-2), 2011, pp. 187-215.). Por ello podemos observar la precocidad de Hegel que ya en 1796-7 estaría tratando de indagar en los postulados prácticos de Kant, a la par que estaba siendo crítico.

156 Aquí Hegel sigue manteniendo una postura más bien kantiana sobre la libertad. Esto es la libertad como postulado subjetivo en la dimensión práctica. Sin embargo, años más tarde sería muy crítico con esta postura, y no dudaría en criticarla. Ciertamente, la postura kantiana le permite escapar del determinismo metafísico que Hegel veía desde muy temprana edad en Wolff, y también del determinismo que proviene desde el mecanicismo. Esa privación de la libertad le repugnó desde joven. No obstante, como he expresado, años más tarde criticaría la postura kantiana. Eso sí, sin necesidad de recurrir al determinismo, sino que su solución fue ingeniosamente otra. Por ejemplo, en su *Líneas fundamentales para la filosofía del derecho* redacta que: «La polémica llevada a cabo en la época de la metafísica wolffiana acerca de si la voluntad es realmente libre o si el saber de su libertad es solo un engaño, estaba enteramente referida al arbitrio. El determinismo ha opuesto con razón a la certeza de esta autodeterminación abstracta el contenido, que, por ser algo dado, no está incluido en aquella certeza y le viene por lo tanto de fuera. Aunque este exterior sea el instinto, la representación, o, en general, la conciencia, llenada del modo que sea, esto ocurre siempre de manera que el contenido no es lo propio de la actividad que se determina a sí misma como tal. Si el arbitrio pretende ser la libertad, puede ser llamado directamente un engaño, ya que solo el elemento formal de la autodeterminación libre le es inmanente, mientras que el otro elemento es para él algo dado. En toda filosofía de la reflexión (como la de Kant y la de Fries, que es la versión totalmente superficial de aquella) la libertad no es otra cosa que esta autoactividad formal» (FD, §15 Obs).

teorético a lo práctico: que surja la autoconciencia de nuestra libertad y, en consecuencia, podamos sabernos libres es una consecuencia del ejercicio de la libertad en la dimensión práctica. El primado de la libertad, entonces, está en su ejercitación, o sea, en la práctica. Por ello, la libertad aparece en la dimensión práctica, se ejercita en ella, y luego, gracias a esta dimensión práctica, la teorética puede representarse un sí mismo libre —lo que suena descaradamente a Fichte—. O si se prefiere: la práctica funciona como primado y la teorética como retrospectiva. La libertad, que luego se representa a través de la autoconciencia, provoca que emerja «simultáneamente, un *mundo* entero —de la nada—, la única *creación de la nada* verdadera y pensable».[157] Estas palabras de Hegel nos propician una clave: desde la *nada* empieza a surgir la realidad del sujeto humano. Que el mundo dota a la realidad de la naturaleza, y que la naturaleza tenga una voluntad (Schelling), o no la tenga (Kant), significa poco respecto a la libertad del ser humano. La naturaleza, con el hombre, solo crea un mamífero. Pero el hombre tiene capacidad de creación, haciendo cosas que la naturaleza no es capaz. El mundo del hombre no es el mundo de la naturaleza, aunque tenga ahí su origen, pues está elevado, espiritualizado. La creación verdadera y pensable para el ser humano es el mundo que él crea, y ese mundo no es previo, sino que viene desde la nada. O si se quiere decir con la filosofía de madurez de Hegel: la naturaleza no naturaliza al espíritu, sino que solamente el espíritu es el que espiritualiza a la naturaleza. Por eso los seres humanos podemos obrar libremente, pues no nos encontramos en una cadena de causalidad proveniente del mecanicismo, sino que nos sabemos libres, incluso aunque provengamos de la naturaleza. Nuestra dimensión práctica es *in-causada*. O dicho a la alemana, en la libertad hay *Grund*, pero no *Ursache*. Por eso es en la práctica donde la libertad acontece. Por eso la autoconciencia está ligada a la libertad, o, mejor dicho, la autoconciencia nos revela como seres libres. Es representación de nosotros mismos como seres libres.

---

157 EJ, 219 / TWA1, 234.

A continuación, Hegel realiza en el escrito la siguiente estrategia: cambia del pensamiento a la realidad física. Es decir, una vez que ha señalado que el ser humano es capaz de tener una representación de sí mismo como ser libre, entonces se preocupa de si somos seres libres, y por ende susceptibles de ser morales. ¿Cómo está constituido el mundo físico para ser un mundo susceptible de moralidad? Pero dar por hecha la moralidad, es entender que se ha demostrado la libertad de las personas, es decir, que la representación de un individuo de su sí mismo como libre es condición suficiente para que asumamos que somos libres, donde ahí nos descubrimos como seres libres por poder ejercer la moral. Dicho de otro modo, asciende del pensamiento (representación de uno mismo como libre) hacia la realidad empírica (cómo debe ser el mundo *físicamente* para que pueda haber moralidad), porque la realidad nos obliga a asumirnos libres.

LA LIBERTAD Y EL ESTADO

Una vez situado en la pregunta por el mundo físico y su constitución, lo que podría ser aparentemente un cambio de tema, el joven Hegel deja una respuesta algo farragosa. Alega que debe ser algo a lo que se le dé respuesta en la física futura, pues la de su tiempo parece que no puede satisfacer con respuestas acertadas a esa pregunta.[158] Pareciera que escapa de la pregunta que él mismo ha formulado.

Hegel intenta reorientar el tema preocupándose por el hacer humano, afirmo que es una reorientación porque de alguna manera está retomando la dimensión de la práctica —que había estado en el inicio del texto con los postulados prácticos de Kant, y luego con la moralidad y el mundo físico—. El indagar por el hacer humano lo lleva a enfocarlo en su dimensión política, y orientado así el tema, Hegel plantea la siguiente tesis: «No existe una idea del *Estado*».[159]

158 EJ, 219 / TWA1, 234.
159 EJ, 219 / TWA1, 234.

Esta afirmación parece contraintuitiva para cualquiera que la lea. No obstante, en el escrito tiene un sentido claro porque «solo lo que es objeto de la *libertad* se llama *idea*». De resultas, lo que no sea objeto de la libertad, no es una idea. Por eso Hegel aclara que en el Estado no existe libertad, sino justo lo contrario, que es la pura mecánica. Al ser mecánico no puede ser libre y, por tanto, no puede ser una idea.[160] Por consiguiente, no existe la *idea* de Estado, «así como no existe tampoco una idea de una *máquina*».[161] Es probable que el joven Hegel considere esta idea apasionadamente y como reivindicación de su posición política, pues si el Estado tiene que tratar a las personas libres de una manera mecánica, lo que constituye una negación de la libertad de las personas, entonces el Estado no debería existir. Es una pugna con el Estado mecánico,[162] quizá con reminiscencia en Hobbes, que se distancia mucho de la propuesta de libertad como indeterminación que ha propuesto anteriormente,[163] y de la que está proponiendo.

La crítica de Hegel al Estado, sin embargo, es poco clara en sus influencias. Existen varias posibilidades de interpretación:

---

160 Asentado el concepto de *idea*, quizá debamos señalar que, aunque lo que es *idea* son solo los objetos de la libertad —como dice Hegel— la manera de emplear el concepto en el escrito por parte de Hegel nos permite ver qué *idea* funciona como un criterio de demarcación del deber ser. Esto es, que solo lo que *es idea* tiene *deber ser*, mientras que, si no es *idea*, entonces puede *ser*, pero hay que acabar con ello porque no tiene *deber ser*. Por consiguiente, en el mundo solo tendría que *ser* verdaderamente lo que tenga verdaderamente un *deber ser*. La realidad humana, así, debe ser *idealista* en este sentido.

161 EJ, 219 / TWA1, 234.

162 Recuérdese que posteriormente, Hegel va a proponer al Estado como organismo en su madurez. Al proponer el Estado como organismo, también critica al Estado como mecanismo. Para esto, véase: ASSALONE, E., *La mediación ética. Estudio sobre la filosofía del derecho de Hegel*, Llanes Ediciones, Buenos Aires, 2021, pp. 110-116.

163 Para las confrontaciones entre el pensamiento de Hegel y de Hobbes, véase: FRILLI, G., *Ragione, Desiderio, Artificio. Hegel e Hobbes a confronto*, Firenze University Press, Firenze, 2017.

1. Una primera interpretación como que el Estado al que refiere es el del Antiguo Régimen. Si es así, entonces el Estado es el absolutismo, y por eso es tan cercano a Hobbes su interpretación. La crítica de que el Estado no trata a los seres humanos como libres, sino como máquinas, podría tener aquí reminiscencias de la sociedad estamental, donde el campesino tiene una función, el soldado otra, etc., ordenado en estamentos, lo cuales son rígidos.
2. Otra interpretación consiste en que puede estarse refiriendo al Estado proveniente del sistema napoleónico. Aún no había llegado Napoleón a Alemania, pero Hegel tenía conocimiento de lo que hacía en Francia. Esta interpretación solo puede sostenerse si Hegel no redactó el texto entre 1796 y 1797, sino bastante después. El Estado napoleónico proviene de unas bases ilustradas, siendo que su aparataje social y político individualiza —incluso atomiza— a las personas. Estas, frente al poder del Estado, quedan arrolladas por él, siendo que el Estado solo ve en esos individuos personas que realizan funciones necesarias para el Estado y, por ende, desde un criterio instrumental, y no desde la libertad. Siendo así, la crítica de Hegel guardaría ciertos ecos con el Romanticismo.
3. En tercer lugar, recordemos que Hegel tuvo noticias del *Terreur* producido entre 1793 y 1794, al cual miró con horror pese a venir de la Revolución francesa. Él lo vio en Berna. Eso quiere decir que, quizá, esta visión del Estado como una máquina que arrolla a los individuos podría venir de su experiencia bernesa y de su conocimiento sobre el terror jacobino.
4. Esta crítica quizá esté emparentada con la crítica de los masones de su época. Entre 1785 y 1805 estuvo vigente la Orden de los Iluminados y masones, que eran bastante conocidos. Por ello, D'Hondt sugiere que la supresión del Estado en este texto es una crítica que está influenciada por la masonería de su época. Desde luego, el francés al

interpretar a Hegel como masón le cuadra esta interpretación, y es una posible vía.[164]

5. Posiblemente V. Rocco haya dado con la interpretación más concreta, al menos, a mi juicio. Rocco ha apuntado muy sucintamente —pero de manera muy sugerente y precisa— que esta idea de suprimir el Estado coincide en esa época con las ideas políticas de Fichte, donde también habría una denuncia al Estado-Máquina.[165] Esto encajaría con la interpretación del inicio del texto y con el primado de la libertad, y también con la explicación anterior debido a que Fichte era masón. De ahí que sea una buena interpretación sobre la crítica de Hegel.

De las cinco posibles interpretaciones todas son válidas. Si fue una u otra influencia más potente, es específicamente muy difícil de afirmar. Quizá fuesen todas. Quizá solo la primera y la tercera. Quizá la cuarta y la quinta. Quizá ninguna y Hegel tenía en mente a otros autores para su crítica al Estado. Quizá es la influencia de Fichte, pero que a su vez este tenía en mente algún Estado concreto. Es un punto bello de teorizar, pero que, hasta la fecha, debemos

---

164 Debe tenerse en cuenta que una línea de interpretación, algo obsoleta, pero aceptable intelectualmente Hegel fuese masón. Ahora bien, eso no quiere decir que repitiese lo que decían los masones de su época. De entre varios motivos para verle como masón, está el poema de Hegel *Eleusis*. Curiosamente, Eleusis era uno de los símbolos principales de los masones de aquella época —también, en el poema, hay un respeto enorme al silencio, lo cual era propio de los masones—. Estas ideas se mezclan con que buena parte de los amigos de Hegel de este periodo eran masones —también en los posteriores, así como previamente su amigo desde el seminario de Tubinga, Sinclair—. Es bueno que el lector conozca la interpretación de Hegel como masón, pero en estos comentarios sus escritos no lo vamos a tener en consideración. De todos modos, hay que conceder a D'Hondt que su interpretación podría tener cabida aquí. Por si fuese de su interés este tema de Hegel y la masonería, véase: D'HONDT, *Hegel: El último filósofo que explicó la totalidad*, Barcelona, Tusquets, 2021, pp. 109-132, también D'HONDT, *Hegel, filósofo de la historia viviente*, pp. 44-80.

165 ROCCO LOZANO, V., *La vieja Roma en el joven Hegel*, Madrid, Maia, 2011, p. 109.

contentarnos con saber qué dice el texto, pues nada hay de evidente en él. O mejor: toda interpretación parece tan evidente que es muy difícil decidirse sin asumir que uno va a equivocarse. Me contento con abrir estas posibilidades sin caer en afirmaciones dogmáticas. Así pues, sigamos con el texto.

Otra consecuencia que Hegel extrae de su planteo es que hay concepciones que están subordinadas a la *idea*. Como esclarece el propio filósofo, las ideas «de la paz perpetua, etc., son solo ideas *subordinadas* de una idea superior».[166] Posteriormente en el escrito nos explicitará que es la *belleza* esta idea superior. Como se pretende seguir el orden expositivo del texto, sirva esto como mero adelanto de que no es una afirmación baladí, sino que Hegel está delimitando un breve preámbulo. Teniendo en mente que apunta que hay ideas subordinadas —a la belleza—, lo continúa señalando su propósito: presentar las bases para una historia de la humanidad al mismo tiempo que penetra intelectualmente en tres nociones clave, que son el Estado, la legislación y la divinidad.[167] Y prosigue el escrito afirmando que

> Finalmente vienen las ideas de un mundo moral, divinidad, inmortalidad, derrocamiento de toda fe degenerada, persecución del estado eclesiástico que, últimamente, finge apoyarse en la razón, por la razón misma. La libertad absoluta de todos los espíritus que llevan en sí el mundo intelectual y que no deben buscar ni a Dios ni a la inmortalidad *fuera de sí mismos*.[168]

Como el lector puede observar en el fragmento citado, el joven Hegel comprende los tres postulados prácticos kantianos como punto de culminación de sus propuestas. Estos tres postulados son así la depuración de la fe degenerada. Ahora bien, interpretando el texto podría considerarse que es un tipo de fe ciega, o fe por mandato, y

---

166 EJ, 219 / TWA1, 235.

167 EJ, 219 / TWA1, 235.

168 EJ, 219-220 / TWA1, 235.

no la fe racional kantiana.[169] Mas ¿en qué sentido los tres postulados de la razón práctica reclaman un derrocamiento de la fe degenerada? Lo primero es señalar que Hegel realiza una breve contextualización apuntando que se está persiguiendo al estado eclesiástico bajo el precepto de apoyarse en la razón como punto de partida contrario a la fe. Entiéndase que, además, Hegel no solo describe su situación luterana, sino que hay una crítica por parte del idealista a postular un antagonismo entre fe y razón. Los motivos por los que esta contradicción no es plenamente verdadera los desarrollará en sus escritos posteriormente.

Aparentemente, Hegel vuelve a cambiar de tema y señala que Dios o la inmortalidad del alma residen dentro de nuestro propio ser, no fuera de este, siendo esto probablemente una reminiscencia de la interioridad luterana. Por ello, buscar a Dios en el culto o fuera de nosotros es erróneo, estableciendo una crítica a la exterioridad: hay que mirar hacia dentro de uno mismo, en la profundidad de nuestros corazones y pensamientos, solo así encontramos a Dios verdaderamente.

Ciertamente, es verdad que parece un cambio de tema tajante. Pero considero que, en realidad, lo que Hegel está planteando son posturas que, en la tradición filosófica de su tiempo se han señalado como antagonistas (fe y razón, o Dios y el culto). Sin embargo, él mismo afirma

169 Kant señalaba que «la pura fe racional por el contrario no necesita de tal documentación, sino que se demuestra ella misma» (KANT, I., *La religión dentro de los límites de la mera razón,* Alianza Editorial, Madrid, 1991, pp. 131-132). Además, en cierta manera, y como se verá, Hegel continúa la línea crítica de la religión que expresaba Kant en su tiempo. Lo que Hegel ha detectado como religión positiva, es posible verla como una extensión de la fe histórica que esgrimía Kant como base de su proyecto eclesial: «La fe religiosa pura es ciertamente la única que puede fundar una iglesia universal; pues es una mera fe racional, que se deja comunicar a cualquiera para convencerlo, en tanto que una fe histórica basada solo en hechos no puede extender su influjo más que hasta donde pueden llegar, según circunstancias de tiempo y lugar, los relatos relacionados con la capacidad de juzgar su fidedignidad» (KANT, *La religión dentro de los límites de la mera razón,* p. 103).

que en realidad la idea que unifica a todas las demás ideas es la idea de *Belleza* «tomando la palabra en un sentido platónico superior».[170]

EL SENTIDO ESTÉTICO DEL MUNDO: BELLEZA, POETAS Y MITOLOGÍA

Aunque el tema pasa de la religión a la estética repentinamente, en el texto es particularmente importante comprender que, para Hegel, la crítica a los teólogos y filósofos ortodoxos proviene de haber perdido el sentido estético de la filosofía y por no vislumbrar la noción de Belleza. Por eso, el cambio de tema luego se puede observar en el texto que tiene sentido, aunque no se vea a primera vista.

Pero esta idea de Belleza (*Schönheit*)[171] no es equivalente a la de Bien y Verdad, sino que son tres ideas diferentes, siendo la Belleza ni más ni menos que el acto supremo de la Razón.[172] Así, él mismo concluiría entonces que el acto superior de la razón es un acto estético.[173]

---

170 EJ, 220 / TWA1, 235.

171 Se utilizará a partir de ahora «Belleza» para referirnos a esta idea platónica que Hegel comparte y para diferenciarla de la noción de «belleza» como mera noción estética de otros autores.

172 Ciertamente, que la Razón sea unificadora de antagonismos es una idea que permanecerá en Hegel, aunque desligada de la Belleza platónica. Y perdurará hasta el final de sus escritos, reelaborada en cierto modo, pues en lugar de la Belleza, Hegel considerará con unificación viene por la Idea: «La idea puede ser entendida como la *razón* (este es el significado propiamente filosófico de *razón)-*, también como el *OBJETO-sujeto,* como la *unidad de lo ideal y lo real, de lo finito y lo infinito, del alma y del cuerpo,* como la *posibilidad que tiene en sí misma su realidad efectiva,* como aquello cuya *naturaleza solo puede ser concebida como existente,* etc.; [y esto es así] porque en ella se contienen todas las relaciones del entendimiento, pero en su retorno *infinito* e identidad [vuelta] hacia sí» (Enz C, §214). Para un estudio riguroso acerca de la noción de Idea en la obra de Hegel, especialmente en el periodo de madurez, véase: PADIAL, J. J., *La idea en la ciencia de la lógica de Hegel,* UMAEditorial, Málaga, 2003.

173 Recuérdese que Hegel estaba tremendamente influenciado en Fráncfort por Hölderlin. Para este último, Platón era mucho más un místico que un racionalista, en el que ideas principales como son el Bien, la Belleza o el Amor o Alma del mundo tienen una raigambre profundamente neoplatónica, que siempre

¿Dónde podemos encontrar la Belleza? ¿A qué labor se dedican quienes cultivan la Belleza, que es lo superior de entre lo superior? La respuesta de Hegel en este momento es clara: a la poesía. La Belleza habita en los poetas que son quienes la plasman, quienes la *ex-presan*. Y uno de los problemas más acuciantes en ese momento para Hegel no es otro que el hecho de que los «filósofos ortodoxos» —o «filósofos de las letras» (*Buchstabenphilosophen*)—, como él mismo los denomina, a diferencia de los poetas, no tienen ningún sentido estético.[174] La filosofía que trata del espíritu, del ser libre, es finalmente una filosofía estética.[175] Por este motivo, las personas que no consiguen entender las ideas filosóficas, a las que todo les resulta oscuro cuando se alejan de los registros y los gráficos, a las que les falta

---

terminan por sugerir una visión estética del universo, yendo más allá del intelecto (BARRIOS, M., «La incidencia de la imagen de Grecia en la obra temprana de Hölderlin», *Contrastes. Revista Internacional de Filosofía,* vol. XXII-N°2, 2017, pp. 121-137); véase también un recorrido del joven Hegel desde Tubinga hasta Jena en: MORENAS, M. A., «Las raíces de un estruendo: el legado de Platón en la génesis del pensamiento dialéctico hegeliano», *Antítesis. Revistas Iberoamericana de estudios hegelianos,* 2, 2021, pp. 25-54.

174 Es probable que esta idea viniera por influencia directa de su buen amigo Hölderlin por el ensalzamiento de la poesía, cuando en general, las preocupaciones disciplinarias para Hegel siempre había sido la filosofía, la religión, y en cierta manera la política. Esta influencia la señalo porque Hölderlin, con quien Hegel discutía casi todas las tardes, había terminado de escribir su obra *Hiperión* entre 1794 y 1795. En ella, la superioridad de la poesía frente a la filosofía es bastante clara. Sirva como ejemplo: «La poesía, dije seguro de lo que decía, "es el principio y el fin de esa ciencia". Como Minerva de la cabeza de Júpiter, mana esa ciencia de la poesía de un ser infinitamente divino. Y así confluye al fin también en ello lo que hay de incompatible en la misteriosa fuente de la poesía» (HÖLDERLIN, *Hiperión o el eremita en Grecia*, Editorial Hiperión, Madrid, 1998, p. 115).

175 Posiblemente este pensamiento sea un influjo de Schiller. En sus *Cartas sobre la educación estética de la humanidad*, publicadas entre 1794 y 1795, el poeta concibe «el concepto racional puro de belleza» (carta 10) que guarda semejanzas con lo expresado aquí por Hegel. En otra carta, se afirma incluso que la estética consigue aprehender lo infinito siendo el talante estético el don más elevado del ser humano (carta 21), que parece ir en la línea de Hegel en este periodo (SCHILLER, F., *Cartas sobre la educación estética de la humanidad*, Acantilado, Barcelona, 2018).

sinceridad para confesar esta incapacidad —en última instancia, son los filósofos que provienen de una visión mecanicista o «atomizante» del mundo—; a todas estas personas lo que les falta es sentido estético. Por eso, apunta Hegel, no pueden comprender la filosofía del espíritu.[176]

El ensalzamiento de la poesía como gran obra de la humanidad pretende reconstituir a esta en el rol que un día ocupase como mentora de toda la humanidad. La afirmación de Hegel es todavía más tajante si cabe:

> La poesía recibe así una dignidad superior y será al fin lo que era en el comienzo: la maestra de la humanidad; porque ya no hay ni filosofía ni historia, únicamente la poesía sobrevivirá a todas las ciencias y artes restantes.[177]

La posición elevada que el joven Hegel le da a la poesía es encomiable. La ennoblece hasta el extremo de considerar que la filosofía —su amada filosofía— se diluirá en poesía, y la historia mantendrá también ese mismo recorrido. La poesía es la única disciplina que puede sobrevivir a todas las contingencias del curso histórico. Además, se reconcilia con su origen como obra humana por antonomasia. Regresa de donde no debió irse: es *maestra de la humanidad* (*Lehrerin der Menschheit*).

Lo anterior es, en el texto, una idea mucho más profunda que la que ofrece una lectura literal. Recuérdese que *ideas* son los objetos de la libertad y, justamente, la humanidad es una *idea* porque no funciona mecánicamente, sino con total libertad. Lo que se está diciendo en esta cita es entonces que la poesía es la guía de los seres libres, de los espíritus, de todos los seres humanos que abracen a la libertad. A todos ellos la luz que alumbra su camino es la poesía.

176 EJ, 220 / TWA1, 235.

177 EJ, 220 / TWA1, 235.

A continuación, el joven autor, parece que extasiado por sus novedosas ideas, afirma la acuciante necesidad de tener una «religión sensible» (*sinnliche Religion*) tanto para el gentío como para los filósofos. Esta religión sensible la caracteriza como un monoteísmo que postulan la razón y el corazón, mientras la imaginación —y su expresión en el arte— postulan un politeísmo. Para que esto sea posible Hegel se propone una idea que es, según él mismo, francamente novedosa —«en cuanto yo sé, no se le ocurrió a nadie aún»—:[178] crear una nueva mitología que esté al servicio de los objetos de la libertad, de las *ideas*, una «mitología de la *razón*» (*Mythologie der Vernunft*).[179] Pero ¿para qué generar una nueva mitología en sintonía con la Razón y las *ideas*? ¿Por qué Hegel ha introducido aquí la mitología cuando no ha aparecido antes en el texto? ¿No era la filosofía del espíritu una filosofía estética, y no mitológica?[180]

---

178 EJ, 220 / TWA1, 236.

179 EJ, 220 / TWA1, 236.

180 Paredes comenta que en el periodo en el que se sitúa Hegel, en realidad ya existía una corriente de pensadores que reivindicaban la fantasía desde hacía algunos años. Por eso, la nueva religión no podría basarse solamente en el entendimiento, que es limitado, sino que tiene que confabularse con el sentimiento y la fantasía. Para un desarrollo más extenso sobre la relación entre la mitología en la propuesta de religión del joven Hegel, véase: PAREDES, M. C., «Mitología y religión en el joven Hegel», *Cuadernos Salamantinos de filosofía*, 19, 1992, pp. 127-167. A esto me gustaría completar señalando que, la razón ilustrada, en parte cientificista, funcionaba descomponiendo en elementos primarios y básicos, mediante la disección de estos. De alguna manera, es un proceso desacralizador. El que piensa así pierde el sentido de la totalidad. Ven y analizan la pieza del puzle, pero la totalidad que forman las piezas de ese puzle no les dice nada. Ni la ven. Volver a una nueva mitología quiere decir también recobrar el sentido de la unidad, que es originaria, en el ser humano. Así pues, como había señalado Paredes, volver a lo humano mediante el sentimiento y la fantasía, pero también como trato de señalar, devolver el sentido de la unidad. A fin de cuentas, un mito es eso: una explicación unitaria de la realidad. Dicho sea de paso, esta recuperación de la unidad originaria, frente al mecanicismo y el (pre)cientificismo, está contemplada algunos años más tarde de diferentes modos. Está en la *Fenomenología*, con el proceso y la unidad originaria, pero también en la *Ciencia de la Lógica* con la articulación de los dos sentidos de la reflexión (extrínseca e inmanente), o en la comprensión de su sistema filosófico

Todas estas preguntas encuentran cabida en el último párrafo del escrito. En este párrafo Hegel establece las bases que son necesarias para transformar su actualidad. La transformación y relación de conceptos es el siguiente:

1. Transformar las *ideas* en *ideas* estéticas. Por tanto, vinculando Verdad y Bondad por medio de la Belleza —en alusión a Platón—.
2. Estas *ideas* estéticas son lo mismo que las *ideas* mitológicas.[181]
3. La mitología debe hacerse racional.

De esta manera las consecuencias que el joven Hegel extrae de esta curiosa y poco explicada transformación son las dos siguientes: i) las *ideas* mitológicas despertarán el interés del pueblo;[182] ii) si la mitología no es racional, entonces la filosofía debe separarse de la mitología. Respecto a la primera consecuencia, Hegel parece presuponer que la mitología capta la atención del pueblo fácilmente. Es un

como unidad, como totalidad, o como él señala, como organismo —frente a otras enciclopedias que solo serán, a su juicio, armazones teoréticos extrínsecos—. No es de extrañar que en su madurez también realice una física especulativa, una psiquiatría especulativa, etc. Todo ello quiere decir que se aparta del mecanicismo y asume el sentido de la totalidad. Es la recuperación de la totalidad y la unidad lo que está de trasfondo aquí, en este texto, y está comenzado a plantearse, aunque aún si el esplendor posterior.

181 Lamentablemente, la igualdad entre *ideas* estéticas con las *ideas* mitológicas no es desarrollada más allá en lo que nos ha llegado del texto.

182 Pedro Cerezo ha remarcado con mucho acierto justo sobre este punto que «el modo en que Hegel colabora en este programa es la vinculación de la religión con la subjetividad viviente, es decir, con el amor, como un principio de vivificación de lo muerto, y, a la vez, de reunificación de lo escindido y disperso» (CEREZO, P., *Hegel y el reino del espíritu*, Editorial Universidad de Granada, Granada, 2018, p. 318). En este sentido creo que las personas, el pueblo, puede sentir más atracción al vincular de este modo a la religión con la subjetividad, y como veremos más tarde —y también señala Cerezo— con el amor. Por lo tanto, las palabras de Cerezo que he citado deben entenderse como un resumen brevísimo, pero que cala en la estructura del escrito y en mis consideraciones sobre el mismo.

buen soporte para el filósofo popular. En la segunda consecuencia, Hegel explicita que, de no hacerse la mitología racional, entonces la filosofía «debe avergonzarse de ella».[183]

Tomando todo esto en consideración, podemos seguir entreviendo la intención del joven Hegel de ser un educador del pueblo, tal y como estaba recogido en el periodo bernés (e incluso como se había propuesto en Tubinga). Quizá es esta intención la que sigue subyaciendo en la mente del joven Hegel que se preocupa por la educación moral del pueblo, que ansía educarlo y formarlo correctamente como habían hecho grandes figuras de su época como Lessing. Esta hipótesis encaja perfectamente con la continuación del texto en el que Hegel explicita, siguiendo a los ilustrados, que el pueblo «tiene que volverse racional».[184] También cabe interpretar que este propósito de volver a la mitología y tornarla como algo racional es una reminiscencia de la Antigua Grecia, con ese tránsito del mito al *logos*. O sobre el sentido nostálgico del Uno propio de la poesía griega, de Parménides, de Platón, etc., que no dejan de ser explicaciones de la unidad originaria. Sea como sea parece estar evocando aquí un pasado nostálgico sobre la Antigua Grecia.[185]

Para que esto sea posible hay que reconciliar a los ilustrados y los no ilustrados, y la filosofía deberá transformarse en mitológica para poder transformar la voz de su tiempo.[186] Esta propuesta está conectada con uno de los comentarios que hemos expuesto de Hegel en el *Primer programa de un sistema del idealismo alemán*: él había

183 EJ, 220 / TWA1, 236.

184 EJ, 220 / TWA1, 236.

185 Taylor ha señalado que la relación entre los antiguos y los modernos es uno de los problemas que se pueden rastrear en los pensadores alemanes de este periodo, como, por ejemplo, Schiller, Friedrich Schlegel, Hölderlin y el joven Hegel (TAYLOR, C., *Hegel*, New York: Cambridge University Press, 2005, p. 34). Para una idea aproximada sobre la relación de Hegel y la Antigua Grecia, véase: CARBÓ, M., «Nostalgia de Grecia en la filosofía del joven Hegel», *Contrastes. Revista Internacional de Filosofía*, 2010, pp. 241-247.

186 EJ, 220 / TWA1, 236.

denunciado a los filósofos ortodoxos de no tener sensibilidad estética. Esto lo diagnosticaba como uno de los males de la filosofía de su tiempo. Si se transforma la mitología en mitología racional haciendo que esta mitología sea más digna de la filosofía, entonces se terminará por transformar a la propia filosofía. Dado que las *ideas* estéticas son *ideas* mitológicas,[187] al transformar la mitología, parece que la única posibilidad —o, al menos, la más plausible— que cabe es la siguiente: las ideas estéticas son ideas mitológicas y viceversa.

De este modo, las *ideas* estéticas y mitológicas son tratadas en el escrito como equivalentes. Es una propuesta de enmienda al problema de la filosofía de su época, pues al ser filosofía mitológica —mitología racional— se estaría consiguiendo hacer que la filosofía tuviera esa sensibilidad estética de la que carecían los «filósofos ortodoxos». Pero también la mitología, que es estética, pasa a ser filosofía, que *debe* ser también estética. Es un intento de reinventar la filosofía desde su origen. En otras palabras, es una regeneración completa de la filosofía desde sus bases en la mitología que resolvería el problema de las filosofías más ortodoxas que carecen de sensibilidad estética. Siendo esto así, la propuesta de Hegel es una manera de garantizar que se la dote correctivamente de lo que él detecta como una insuficiencia.

Cuando esto suceda, entonces habrá «unidad perpetua entre nosotros», sin ningún tipo de represión, y «reinará la libertad y la igualdad universal de todos los espíritus».[188] En este sentido podemos ver que el joven Hegel tiene intenciones de plantear un mundo mejor y considera que el cambio debe comenzar siendo una transformación intelectual desde sus bases.

Ahora bien, el propio Hegel señala que esta mitología debe ser dada, o casi revelada, afirmando que: «Un espíritu superior enviado del cielo tiene que instaurar esta nueva religión entre nosotros; ella

187 Ciertamente, en el manuscrito no hay ninguna explicación de por qué las ideas mitológicas son estéticas. Es algo que se afirma, por lo que me inclino a pensar que había sido explicado anteriormente de alguna manera.

188 EJ, 220 / TWA1, 236.

será la última, la más grande de la humanidad».[189] Esta última oración de lo que conservamos del texto es francamente enigmática. ¿Es en sentido metafórico o de verdad hay una espera de cierto mesías que traiga esta nueva mitología? ¿Por qué el nuevo mundo comienza con un cambio intelectual y no uno político como había afirmado en escritos anteriores? Y, sobre todo, ¿por qué Hegel tiene intención de que el mundo se transforme, pero no apele a ninguna idea de la Revolución francesa que tan fervientemente había apoyado?[190] ¿Habían sido tratadas anteriormente en el escrito?

En conclusión, el *Primer programa de un sistema del idealismo alemán*, aunque es un escrito del que se conserva más bien poco, nos permite vislumbrar variaciones claras en el pensamiento de Hegel. Podemos encontrar claramente que el vocabulario de Hegel comienza a hacerse más complejo con nociones como *idea*, *máquina*, o la consideración de la Belleza como unión entre Verdad y Bondad. Además, está prestando clara atención al idealismo alemán y nos muestra sus preocupaciones, como la carencia de cualquier sentido estético en las filosofías ortodoxas. Es más, nos permite ver que no solamente hay crítica destructiva, sino que ya desde muy joven hay intentos de superación y una actitud propositiva a la par que constructiva frente a los análisis críticos del periodo bernés. Este joven Hegel es ya un filósofo que tiene la intención de reconstruir la filosofía desde las propias bases, de elaborar una nueva filosofía.

---

189 EJ, 220 / TWA1, 236.

190 Ciertamente durante 1793 y 1794 en Francia se instauró el «reinado del terror» o *Terreur*. Quizá ante las nuevas noticias que comenzasen a llegar a Alemania, a Hegel se le bajase el anhelo revolucionario en este periodo. Esto explicaría que su propuesta sobre cambiar la filosofía no apelase de manera más directa a la Revolución Francesa. No obstante, lo planteo solo como hipótesis. Por otra parte, también hay que considerar que, como ya se dijo, del escrito solamente se conservan unos fragmentos, son escasísimas páginas, por lo que no sabemos si las ideas revolucionarias fueron omitidas de todo el *Primer programa de un sistema del idealismo alemán* o si solamente da la casualidad de que fuese en las páginas que conservamos, y dado que el escrito se interrumpe aquí, solo cabe hacer conjeturas.

El escrito presenta uno de los primeros intentos de Hegel por reconciliar la filosofía y la religión. Ciertamente, presenta un proyecto religioso y un proyecto filosófico al mismo tiempo, los cuales culminan de la religión de la razón. No obstante, creo que el texto otorga cierta preponderancia a la religión en tanto que subyace en la conciencia de las personas.

Glendonn Alexander Magee lee este texto señalando que la tarea de la filosofía es recuperar y perfeccionar las formas de pensamiento prerreflexivo. Estos provienen de tiempos inmemoriales de la humanidad y son una sabiduría expresada imperfectamente. Esta sabiduría primordial no pertenece a la autoconciencia, sino a una especie de inconciencia colectiva. De ese modo, para Magee tiene sentido que décadas más tarde en su *Enciclopedia* Hegel señalase que la tarea de la filosofía consiste en traer a la conciencia explícitamente lo que las personas llevan avalando intelectualmente de modo inconsciente desde el inicio de los tiempos.[191]

En la tradición del Hermetismo, por ejemplo, había una concepción clave, que era la *philosophia perennis.* Esta se basaba en que todo sistema mitológico, religioso o filosófico pasado desvelaba una serie de verdades universales independientes del marco temporal o cultural. Por ende, al final el pensamiento llegaba a las verdades que eran más originarias y que estaban presentes de algún modo desde el principio de los tiempos. La filosofía especulativa es entonces una especie de *philosophia perennis,* pues el resultado final de la filosofía se hace explícito en los tiempos de Hegel, pero en cierto modo ya estaba contenido desde el inicio.[192] Esto es la noción hegeliana de *resultado* que troquela a todo el sistema: cuando se hace explícito aquello que endógenamente ya estaba implícito. Pero claro, eso solo se puede ver

---

191 MAGEE, G. A., *Hegel and the Hermetic Tradition*, Cornell University Press, New York, 2000, p. 85.

192 MAGEE, *Hegel and the Hermetic Tradition*, p. 86.

al final. También es cierto, como prosigue Magee, que hay textos de Rosenkranz y varios Añadidos en la *Enciclopedia* donde Hegel identifica que el significado de lo especulativo es lo mismo que en otros tiempos remotos se denominó «místico».[193] Tampoco parece casualidad que en otro escrito de Hegel de estos mismos años aborde la figura de Mnemósine como musa de los poetas y filósofos, pues esta se asocia a la memoria y rememora este conocimiento primordial.[194]

Este sentido del conocimiento primordial es análogo al mensaje perdido en el misticismo. Para Magee, como he señalado, siempre ha sido el mismo conocimiento que se estaba dando forma a sí mismo hasta que en los tiempos de Hegel se hace autoconsciente. Esto es sostenible. Pero también se puede ver de un segundo modo más gnóstico: como un mensaje perdido y una suerte de gnosis.

Que hay una *philosophia perennis* en Hegel y que esa idea perdura en su mente hasta su madurez me parece que Magee ya lo ha argumentado con suficiencia. Y, aunque se puede ver aquí el inicio de esta *philosophia perennis*, también hay que considerar otros posibles elementos. Para empezar, Hegel no está planteándose una nostalgia por la mitología antigua, sino que está invocando la necesidad de realizar una nueva. Por lo tanto, hay algo obsoleto en la filosofía de su tiempo. Pero ¿no había comenzado el texto invocando ideas de Kant? ¿Qué es tan necesario como para comenzar con Kant, pero necesitar renovación? El conocimiento de la humanidad.

Es necesario una nueva mitología para que surja una nueva filosofía, como vimos en el texto. Esta mitología es la que será accesible para todo el mundo. Observemos entonces que la nueva filosofía, la cual se diluirá en poesía, está reservada solo para aquellos que alcancen la Belleza. ¿Qué es la Belleza? La idea suprema que dota de sentido a toda la realidad. Esto es, el corazón de todo aquello que existe y existirá. Aquello que una vez alcanzado, solo la poesía puede expresarlo

193 MAGEE, *Hegel and the Hermetic Tradition*, p. 86.
194 MAGEE, *Hegel and the Hermetic Tradition*, p. 86.

a duras penas. ¿Por qué la poesía y no la filosofía? Por supuesto, es probable que influyese aquí Hölderlin, pero hay una diferencia clave en el vehículo de cada disciplina. Por una parte, la filosofía, que en ese tiempo es filosofía de los filósofos ortodoxos, carece de las herramientas necesarias para expresar tan altas verdades. Pero la poesía, que vela y desvela al mismo tiempo, juega a decir con lo que no dice, hace explícito lo implícito e implícita lo que una vez fue explícito. La poesía como maestra de la humanidad quiere decir que su hipóstasis son los poetas, aquellos que han alcanzado a la Belleza, que pueden ser libres, pero que captar su esencia es solo accesible para unos pocos. Para aquellos que conocen lo originario, que es la Belleza, situándose entonces en una especie de hombre primordial, o archanthropos. Si aquellos que han alcanzado la verdad primordial de la que todo emana pueden comprenderla, mas no expresarla con claridad, es entonces *casi* (y muy importante el *casi*)[195] en el ojo de Dios.

Aquí se pueden observar, al menos, dos elementos propiamente gnósticos de trasfondo. Por una parte, un conocimiento reservado solo para unos pocos. Esto lo mantendrá Hegel en su madurez, pues solo algunos filósofos han alcanzado el Concepto, al igual que aquí solo los poetas alcanzan la Belleza. Al alcanzar la Belleza y expresarla a través de la poesía, los poetas reciben una gnosis en tanto que es un conocimiento revelado solo para unos pocos que reciben un salto cualitativo, en tanto que comprenden el fundamento de la realidad.

---

195 Recordemos que Hegel tenía formación teológica luterana. El texto aparece además ya comenzado. Por ello, no hay que descartar —y tampoco afirmar— que la Belleza no sea la primera creación de Dios. Es común en las sabidurías orientales previas a la filosofía griega, así como en buena parte de la teología cristiana, la necesidad de un paso intermedio entre Dios y su creación. Este paso intermedio es a veces un demiurgo, otras se la denomina Sofía, en otras Jojmá… e incluso se podría comprender aquí a las mónadas de Leibniz. Esto se debe a varios motivos. Quizá el más importante es que es una manera de evitar el panteísmo y responder al problema del mal. Sobre este principio intermedio, véase: ANTÓN PACHECO, J. A., «Consideraciones acerca de la noción bíblica de Jojmá-Sofía», *RAPHISA. Revista De Antropología Y Filosofía De Lo Sagrado*, 7 (2), 2024, pp. 101–112.

Pero a su vez este conocimiento es también susceptible de ser comprendido como salvífico. Hay cierta salvación. La poesía es *Lehrerin der Menschheit*, y ser maestra de la humanidad quiere decir enseñar a la humanidad el camino correcto. En este sentido hay un rasgo salvífico implícito en el texto, pues es la poesía la que evita el fracaso de la humanidad.

Es cierto que este texto no es donde aparece más claramente el gnosticismo en Hegel. Pero también es cierto que no está exento de ser leído desde varios elementos del gnosticismo. Estos son los que aquí he realzado, a sabiendas de la dificultad añadida que todo lector debe tener presente, que es la de la autoría del texto.

DIOS, MUNDO Y LOGOS

CONSIDERACIONES GENERALES SOBRE *ESBOZOS PARA EL «ESPÍRITU DEL JUDAÍSMO»*

Este manuscrito redactado entre 1796 y 1798 ha armado dudas de cierto antijudaísmo en Hegel junto a otros de su periodo de madurez. Es cierto que el pueblo judío sale malparado del escrito de Hegel. Pero no se puede obviar que no deja de ser un esbozo. Este esbozo está compuesto por ocho fragmentos. Cada fragmento debe ser comprendido como una serie de anotaciones, no necesariamente claras, acerca de la historia del judaísmo desde el Antiguo Testamento. Por esto mismo su interpretación y comprensión son difíciles. Y aunque comente algunos aspectos negativos del judaísmo del Antiguo Testamento, eso no da potestad para afirmar el antijudaísmo en Hegel. Como mucho que, quizá, no tuviera simpatías por el judaísmo expresado en el Antiguo Testamento. Pero de ahí a reclamar un antisemitismo en Hegel a nivel general hay un salto argumentativo del que dicha afirmación no se sigue. Si atendemos puramente a estas anotaciones, son sobre la historia de los judíos transmitida en la mayoría de las ocasiones desde la Biblia. Su origen está en Abraham. Y esto es muy importante.

Considero que Hegel defiende que el judaísmo de Abraham era originariamente una conquista de la libertad. Pero luego fue malinterpretado y alterado por sus descendientes. Abraham, por su parte, concibe un Todo (*Ganzes*) que le protege y le sirve, y el propio Abraham protege y sirve a este Todo. Es un trato de igual a igual, haciéndose entonces dueño de su libertad. Por el contrario, sus descendientes comprendieron que solamente cabe una condición de servidumbre con el Todo. Ya no hay un pacto entre iguales. Esta servidumbre, como se verá, los lleva a consecuencias catastróficas.

Ahora bien, es mejor no plantear el esbozo como un acto de antijudaísmo por parte de Hegel. El motivo principal es el siguiente: cuando Hegel escribió *La positividad de la religión cristiana* en Berna, el reproche que esgrime es que los discípulos de Jesús y sus seguidores habían entendido erróneamente la religión de Jesús. En vez de una religión del amor habían establecido una religión positiva. Hegel cree que los discípulos malentendieron el mensaje de Jesús. En el caso de la religión de Abraham lo que Hegel quiere decir es semejante. Los descendientes de Abraham malinterpretaron la religión de la libertad de Abraham. En vez de pactar con el Todo, se acomodaron en la servidumbre. En consecuencia, la libertad les es negada.

Pues bien, si en *La positividad de la religión cristiana* no se duda de que Hegel sea cristiano y nadie habla acerca de un anticristianismo en Hegel, es entonces igual de equivocado un antijudaísmo en estos esbozos. El objetivo de la crítica es la misma: la mala interpretación de un mensaje. En el caso de los discípulos de Jesús, transmiten alteradamente el mensaje que proviene de Jesús, o sea, de Dios y desde Dios Hijo. En el caso del judaísmo ocurre igual con los descendientes de Abraham. Así pues, en un escrito la crítica no es al cristianismo en sí, sino a su alteración. En el otro escrito, su crítica no es al judaísmo en sí, sino a su alteración. Si de primero no se predica un anticristianismo, entonces del segundo no se sigue un antijudaísmo.

Además, el motivo por el que esta manera de ver este escrito de Hegel mantuvo cierto auge —es decir, interpretar a Hegel como contrario al judaísmo— vino principalmente en el siglo XX tras la Segunda Guerra Mundial. El llamado «problema del judaísmo» —o también *Jewish question*— asolaba Europa. Surgieron movimientos en defensa de los judíos de todo el mundo. La historia del judaísmo fue muy popular en la literatura académica. Por supuesto, el rastreo bibliográfico sobre posibles intelectuales enemistados con el judaísmo fue voraz. Y es comprensible que esto ocurra. Sin embargo, ¿hasta qué punto no se está creando un nuevo enemigo donde no lo había? ¿Es cierto que Hegel era antijudío? En caso de que pensemos que sí, entonces también era anticristiano, pues la argumentación de Hegel en ambos escritos es, en líneas generales, la misma. Habrá que admitir el punto contrario también: si parece ridículo señalar a Hegel como anticristiano, entonces no se puede afirmar con menor ridiculez que sea antijudío.

Centrándonos en el escrito, como se decía, está dividido en total en ocho fragmentos. Ciertamente, algunos ofrecen conexiones entre sí y en otros no están claras. En ocasiones hay afirmaciones inconexas que parecen darnos a entender que eran ideas anotadas del propio Hegel. Pero todas comparten el mismo núcleo común. En los ocho fragmentos se estudia el origen del judaísmo desde Abraham, Noé y también Moisés, llegando a sus descendientes. Hegel no está preocupado por el rigor histórico de los relatos bíblicos. Más bien le preocupa la idea de trasfondo. La religión de Abraham era en el origen una religión de la libertad con la que él se reconciliaba con lo que le era más hostil, esto es, la naturaleza.[196] Esto mostrará finalmente al judaísmo originario como una religión de la reconciliación.

Hegel la compara en ocasiones con la religión griega, cuyo fundamento era el amor (*eros*) para señalar que, aunque pudiera parecer

196 Ciertamente, parece que la visión del joven Hegel en general sobre el judaísmo, siempre considera que «hay tradiciones en las que «lo otro» puede ser pensado como un modelo a seguir, o al menos como una fuente de inspiración, mientras que en el caso de la tradición judía «lo otro» se convierte en algo ajeno, distante, extraño» (PAREDES, «Mitología y religión en el joven Hegel», p. 152). De este modo, se puede entender que en el caso de Abraham la naturaleza es «lo otro», y por ello le aparece como algo totalmente ajeno.

semejante, en realidad la religión de Abraham no es religión del amor, sino de libertad. Por este motivo Hegel rastrea desde su origen, que es el abandono de la casa paterna de Abraham para ser libre, hasta la propuesta de la divinidad del sacrificio del hijo de Abraham, que sería una perturbación en la armoniosa unidad con la divinidad.

Al igual que en otros escritos anteriores, como en *La positividad de la religión cristiana*, Hegel considera el cambio procesual que hay entre la divinidad en la que se apoya Abraham y en la que se apoyan sus descendientes. Los descendientes de Abraham no pactan con el Todo, sino que deciden someterse a él. Siendo más concretos, Nimrod sería el que considerase a este Todo sin en relación con la naturaleza, sino que era visto desde el ser humano. El Todo ya no pacta con las personas para reconciliarla con la hostilidad de la naturaleza, sino que la naturaleza queda casi desacralizada. Siendo así, entonces la naturaleza es dominable. Primero desde el pensamiento y después desde la técnica. Así, Nimrod es considerado por Hegel como el que logra hacer inofensiva a la naturaleza y, además, apta para su dominación. La primera persona en pensar la naturaleza como almacén, como decía Heidegger en *La pregunta por la técnica*. O si se prefiere: Nimrod termina por representar la mirada «tecnificadora» que desacraliza.

Esta concepción de dominación alcanza un punto álgido en el último fragmento, en el que Hegel escribe escuetamente sobre una de sus ideas capitales que serán conocidas para la posteridad: la relación señor-esclavo. Si bien su tratamiento es pobre en el octavo fragmento en comparación con su desarrollo ulterior en su *Fenomenología del espíritu*, sí que parece obligatorio señalar que la génesis de su dialéctica señor-esclavo parece que se puede remontar a este octavo fragmento escrito en 1798, casi una década antes de la publicación de su *Fenomenología del espíritu*. Son nueve años en los que Hegel está considerando el descubrimiento de la conciencia como unidad dialéctica. Y el origen es advertido a través de su estudio sobre el judaísmo en el texto que se analizará.

Por último, hay una cuestión hermenéutica que al lector le llamará la atención. Cuando Hegel trata sobre el pueblo judío, omite relatos bíblicos y situaciones que no pasan desapercibidas para el lector.

En primer lugar, Abraham cuando abandona su hogar, en buena medida es por una cuestión de monoteísmo frente al politeísmo que imperaba. Hegel omite esto. Abraham y el monoteísmo frente al politeísmo no aparecen. También aparece la figura de Abraham y sobre todo de sus descendientes, como personas con tendencia a asumir el control, el dominio. Esto sucede porque Hegel omite a Ismael y también omite a Isaac, incluso su sacrificio. Hegel no lo expone ni lo reflexiona. Ni sobre Sara aparece nada. También está ausente la cuestión de los nombres de Dios, pues si se acepta que Dios es paz, como dicta el Génesis, entonces ya no sale tan claramente esta conciencia de dominación judía. Sin embargo, ve un pueblo judío muy desde Jacob y desde un Abraham sesgado. Si uno atiende a estas partes omitidas, quizá el comentario de Hegel al judaísmo parece maleado, modificado a propósito. Sea cual sea el motivo, el lector debe guardar conciencia de que los comentarios de Hegel son, como digo, a partes muy concretas de la historia judía, y el filósofo, en este caso, no toma la totalidad de los textos.

Para a tarea de este libro, lo cierto es que no necesitaríamos de entrada comentar los ocho fragmentos que componen los esbozos. Sin embargo, comentar solo aquellos que nos interesan también sería una tarea quizá falsa, pues podríamos caer en una falacia *ad silentium*, omitiendo información que pudiera jugar en nuestra contra. Así, por justicia académica presentaré un breve comentario a cada fragmento para, finalmente, reconsiderar los elementos gnósticos identificables en estos fragmentos.

COMENTARIO A LOS FRAGMENTOS

FRAGMENTO 1: LO QUE NO ES LA VIDA

Según Nohl, fue escrito entre invierno de 1796 e inicios de 1797. En el fragmento, Hegel considera que el pueblo judío no se formó independientemente. Pasar de la vida nómada a la de un Estado no fue por cuenta propia, sino ajena. No se debió a un desarrollo de este pueblo en sí mismo, sino que fue a partir de un agente externo. Este agente fue Moisés, el hombre que trató de liberar a los judíos de la tiranía de las costumbres y hábitos de Egipto. Estas costumbres eran tiránicas porque los castigos que figuraban en sus leyes mostraban, según Hegel, «muchos elementos en el espíritu de su pueblo que se oponían a la totalidad».[197] Por eso Moisés intentó cambiar estas costumbres e intentó establecer un Estado para los judíos. Sin embargo, el pueblo judío se volvió contrario a su Estado por su ánimo cambiante y sus políticas. Esto es relevante. Para Hegel el pueblo judío tiene un carácter propio, y en este carácter encontramos que su ánimo es sumamente variable.[198] De hecho, este cambio de ánimo es lo que Hegel anota como la causa de la inestabilidad del Estado judío. Cada uno de los individuos de este Estado habrían mostrado cierto desinterés por el propio Estado judío. Esto parece que sea ese cambio de ánimo: de querer formarlo a desinteresarse por ello. Y precisamente por el desinterés de los individuos en su propio Estado, el Estado judío dejaría de existir.

Posteriormente cuando su fe ya era diferente al resto de pueblos, entonces su nación tomó parte por el «fanatismo intransigente que la caracterizó más adelante».[199] Esto desembocó en que esta parte del pueblo judío nunca pudiera constituirse en un Todo (*Ganzes*). Creo que aquí Hegel identifica al Todo con la identidad de la diferencia y, además, con la pluralidad. Por ello un Estado que no pueda transigir, ser flexible, que no acepte la pluralidad, está condenado al fanatismo y a no poder concebirse a sí mismo como un Todo. O, dicho de otro modo: un Todo que extirpa a sus partes no es un Todo.

---

197 EJ, 222 / GW2, 17.

198 En su madurez, en su Filosofía de la Historia, así como en las partes en las que aborda a las naciones en la *Enciclopedia* Hegel seguirá manteniendo que los habitantes de cada nación tienen un carácter marcado, que son de una u otra manera. Aquí lo establece con el pueblo judío del mismo modo que en su Filosofía de la Historia lo establecerá como nación.

199 EJ, 222 / GW2, 18.

¿Qué ocurrió cuando el proyecto estatal de los judíos fracasó? Cuando el Estado judío quedó destruido eso los llevó a dirigirse hacia su interioridad, hacia su sí mismo. Anhelaban la vida interior, pues no podían verse reflejados en la exterioridad. Pero desde el interior no se aprehende al viviente, sino que lo que se podía encontrar era algo frío y muerto. Por eso, «a quien buscaba algo más noble dentro de lo cual le fuera posible vivir, se le ofrecía lo muerto, frío y privilegiado, diciéndole al mismo tiempo que *esto* era vida».[200] Frente a este sentido sepulcral se alzó la figura de Jesús y Juan, quienes lograrían crear vida en su sí mismo, desde la interioridad.

En este fragmento, como se observa, no hay un gnosticismo claro en Hegel. Sí que hay una visión más bien luterana que conecta con la interioridad. Aunque la búsqueda en la interioridad no es plenamente luterana, sino cristiana en general. Además, depende de qué se busque en nuestra interioridad esto abre paso a Hegel a un gnosticismo o no. Si lo que se dijese es que en nuestra interioridad aparece nuestra esencia divina, entonces probablemente podamos hablar de un gnosticismo en Hegel. Pero si lo que decimos es que en la interioridad encontramos otras cosas, entonces no es tan evidente. Todo depende de qué vayamos a encontrar en nuestra interioridad. Hay que adecuarse al caso. Para ver si esto encaja o no con el gnosticismo debemos seguir analizando.

FRAGMENTO 2: LAS BENDICIONES

Este fragmento aparece en primavera de 1797. El título, ausente en la edición de Nohl, es: «Josefo, Antigüedades judías, libro I, cap. 4»[201] señalando de dónde ha extraído sus anotaciones. En este fragmento se trata el diluvio y de otras anotaciones poco conectadas a veces entre sí. Del diluvio se dice muy poco. El diluvio es aquí una expresión divina que para Hegel no es del todo negativa: se abandona

200 EJ, 222 / GW2, 18.
201 EJ, 223 / GW2, 25.

a la naturaleza para constituir al Estado. Esto tiene que ver con que la naturaleza, a raíz del diluvio, es vista con hostilidad por los seres humanos.[202]

Hegel comienza tratando sobre Isaac y Jacob. Isaac no podría anular la bendición dada a Jacob. Y una bendición se entiende que va «necesariamente acompañada en todas partes por la conciencia de que ha sido producida por uno mismo»,[203] es decir, las bendiciones se merecen, se ganan y hay conciencia de que las hemos merecido. Hay que poder hacer verdaderas proezas para ser bendecido. A su vez, Hegel también señala que hay algunas bendiciones dadas por la mera «suerte» (*Glück*), o gracia, como dádiva, como el amor de un padre a su hijo. Esto quiere decir que las bendiciones son actos donales de Dios. Dios nos las otorga sin esperar nada a cambio, bien por amor, bien por haberlas merecido.

Por eso cuando Isaac no puede quitar la bendición de Jacob incluso después del error que cometió, para Hegel esto es debido a que esa bendición era altamente sagrada. Esto hace que la bendición aparezca «con la dignidad que tiene una sentencia o un acto de la divinidad en la fe de un pueblo y con el mismo carácter irrevocable».[204]

Sobre esto mismo Harris ha señalado que es una manera que tiene Hegel de expresar el poder del maestro (en este sentido, de Dios), siendo así que la ley moral que se impone debe ser vista como voluntad de Dios. Por eso el sacrificio de Isaac llegaría a ser, a ojos de Harris, un símbolo de la autoridad absoluta que representa Dios en este escrito.[205] No obstante, también puede verse de otro modo. No como un símbolo de autoridad absoluta —y por ende imposición—,

---

202 D'Hondt propuso que en *El espíritu del cristianismo* es donde aparecen las reflexiones de Hegel sobre el diluvio, constituyendo este suceso una pérdida del estado de naturaleza (D'HONDT, J., *Hegel, filósofo de la historia viviente*, p. 42). Efectivamente, esto es así. Pero aquí, en los esbozos, encontramos ya un planteamiento bastante fidedigno de esta idea que no conviene obviar.

203 EJ, 223 / GW2, 26.

204 EJ, 223 / GW2, 27.

205 HARRIS, H. S., *Hegel's Development. Toward the Sunlight*, p. 290.

sino como un don, o sea, como una gracia. En el Génesis[206] a Jacob se le prometieron varias bendiciones, y Dios se las concedió cuando demostró merecerlas. Siendo más concreto, cuando Jacob recibe la bendición de Isaac esto muestra un vínculo humano con la divinidad —no el poder absoluto de Dios—, es decir, que Dios actúa en el mundo y escucha a quienes le siguen. Si es irrevocable es, precisamente, no por ser un acto absolutista de Dios, sino porque el hombre no puede anular lo que Dios dona, o regala, cuando Dios considera que el hombre lo ha merecido. Es una muestra de que el hombre no puede caer en la arrogancia de pensar que está por encima de Dios. Así, no es un Dios absolutista lo que se presenta en el texto que analiza Hegel, sino un Dios justo.

Aquí el gnosticismo vuelve a brillar por su ausencia. Es cierto que hay un paralelismo claro entre la gnosis y la bendición en tanto que quien recibe la gnosis ya no puede desprenderse de ella, del mismo modo que quien está bendito ya es consumado en su bendición. Pero más allá de un fino paralelismo, no hay nada más.

FRAGMENTO 3: ABRAHAM, ESCINDIDO Y REUNIDO

Según Nohl, este fragmento está escrito también en primavera de 1797. El escrito abre con la vida de Abraham, quien viviría generalmente en Canaán, aunque no tuviera morada fija. Si bien Abraham cuando era joven se relacionaba con la naturaleza, esta relación hacía ya tiempo que se había roto y que había renunciado a los dioses a los que sirvió. Esto es el paso del politeísmo al monoteísmo. Habiendo establecido la ruptura con la naturaleza entonces Hegel plantea que el ganado de Abraham devoraba los pastos, y no los cultivaba; el agua que bebía era de los pozos profundos y no «agua de un movimiento viviente».[207] Si nos percatamos, esto es una caracterización de Abraham que se resume en la última metáfora: no beber agua de

206 Gn, 27.
207 EJ, 224 / GW2, 29.

un movimiento viviente, sino del pozo, de lo que está quieto. Así, Abraham se mantiene alejado de lo natural y lo vivo, y está optando desde el inicio por los pozos, que es la representación de la naturaleza sometida al poder del ser humano.

Estas caracterizaciones que da Hegel de Abraham son interpretadas del siguiente modo: «Era un extraño en la tierra».[208] No se podía sentir identificado con nada de la exterioridad: sin Estado y sin apego a la naturaleza. Lo único que tiene valía es la existencia propia y todo lo externo a él se vuelve ajeno.[209] La soledad de sentirse extraño en la tierra es una manera de vernos desprotegidos, además de no poder agradecer a nadie ni a nada. Por este motivo, Abraham necesitaba de un Dios que lo protegiese en su soledad.[210] Pero si necesitaba un Dios, y lo único que tenía era su existencia, entonces necesitaba un Dios de su vida completa. Así, la divinidad es para Abraham un Todo. Ante este Todo, cualquier particularidad vista como heterogénea es sacrificada por ser un elemento discordante, y por ello Abraham actúa «desprendiéndose violentamente de

---

208 EJ, 224 / GW2, 29.

209 Insisto en remarcar que esto es así porque Abraham busca la libertad. Es su consecuencia. Otros intérpretes, como Kostas Papaioannou, han afirmado que esta parte es consecuencia del «despotismo teocrático» que no permite al ciudadano participar en la obra común, consiguiendo romper así las últimas relaciones del espíritu judío con la naturaleza (PAPAIOANNOU, K. *Hegel*, Madrid, Edaf, 1975, p. 42). Esta interpretación creo que está profundamente alejada del pensamiento de Hegel y sobrecargada de ideología marxista. Sencillamente, no guarda relación con el texto. Y por eso desde la introducción de este libro se ha señalado la importancia de volver al texto, de ir línea de línea: justamente para que la ideología no emborrone con tergiversaciones la palabra del filósofo.

210 La manera de Hegel de describir esta necesidad de un Dios es una descripción psicológica. Abraham *necesitaba* algo a lo que aferrarse, que un Dios le diese protección. Años más tarde de estos escritos de Hegel, Freud trataría el origen psicológico de las religiones. Así, para el psicoanalista «las religiones son ilusiones, realizaciones de los deseos más antiguos intensos y urgentes de la Humanidad» (FREUD, S., *El porvenir de una ilusión*. En *Obras Completas*, Orbis, Barcelona, 1988, p. 2976), lo cual encaja con la forma que tiene Hegel de presentar cómo Abraham encuentra a su Dios. Es una necesidad subjetiva.

ello».[211] Al ser así, incluso su propio hijo se aparece en la conciencia de Abraham como heterogéneo, como «algo que perturba la unidad pura».[212] La religiosidad de Abraham es esta unidad pura —*reine Einheit*—.

De este modo, fue el instinto de seguridad lo que empujó a Abraham hacia el Todo, a lo indeterminado, a la fe en la unidad. Pero al hacer esto Abraham estaba colocando a esta unidad fuera de sí. De esta manera, podríamos decir que Abraham buscaba una reconciliación entre lo externo a él y su sí mismo. Por este motivo Hegel especifica que «su unidad era la seguridad, su multiplicidad eran las circunstancias que se oponían a esta seguridad: lo Supremo para él era la unificación de ambas».[213]

Al igual que los antiguos griegos habían unificado a los particulares de la naturaleza, como el rayo, el viento, etc., en forma de dioses, Hegel cree que Abraham está muy cerca de esta maniobra. Sin embargo, diferencia entre los antiguos griegos y Abraham. Ambos hicieron algo parecido, pero son distintos. Los antiguos griegos se habían escindido tanto de lo particular que se veían en oposición a estas. Eran opuestos a los dioses en este aspecto. Para volver a cierta unidad originaria, los griegos tuvieron que reconciliar las particularidades con su destino, dotando así de unidad a la realidad. En el caso de Abraham la separación no era tan abismal, pues «la separación no había progresado todavía en él hasta el punto de que hubiera tenido que establecer una oposición entre sí y el destino».[214] En Abraham la unidad pura se conserva.

No obstante, Abraham había crecido en la fruición, en ese goce vivo ante sus bienes, y nunca llegó a enfrentarse a ello. Pero tampoco luchó con la naturaleza para dominarla. Más bien, al haberse alejado de su hogar fue llevado a la reflexión sobre cómo vivir. La

211 EJ, 224 / GW2, 30.
212 EJ, 224 / GW2, 30.
213 EJ, 225 / GW2, 31.
214 EJ, 225 / GW2, 31.

reflexión alteró su modo de vivir, pero no cambiaría en nada la fruición. Para alterar la fruición Abraham debería haber reflexionado sobre sí mismo, sobre cómo es y quién era, no sobre la vida como algo ajeno, o externo. Por eso Abraham partía de la Unidad —como algo ajeno a sí mismo—.

En este fragmento hay una escisión y una reunión. Abraham se marcha de su tierra natal y queda escindido de ella. También se siente así respecto de la naturaleza. Abraham vive la escisión. Pero vivir la escisión, la herida, tiene luego una reunificación con el Todo, que es precisamente Dios. No es solo un Dios garante de la seguridad, sino que Dios aparece en este fragmento como el ideal de la reconciliación. En Abraham la unidad pura de Dios se conserva porque, como se dijo, no está alejado del destino. Esta unidad pura, casi pleromática, puede tener cierto aroma a gnosticismo si se la piensa como una gnosis que Abraham recibe de Dios, un acercamiento al Todo.

También se ha dado un dualismo extremo. Por una parte, está la naturaleza y por otra parte está la Unidad. Esta escisión radical puede ser entendida como un dualismo de base gnóstica porque plantea un dualismo radical. Fijémonos en que Abraham se siente extraño en la naturaleza, la cual puede representar al cuerpo, mientras que se siente bien en la Unidad pura, la cual puede representar a la parte divina de cada ser humano. Así, si lo interpretamos de este modo, es cierto que podría verse cierto gnosticismo implícito. Pero más allá de esta breve especulación, el gnosticismo no aparece claramente delimitado.

FRAGMENTO 4: EL PROBLEMA DEL TODO

Escrito antes de julio de 1797. En este fragmento insiste en la crianza de Abraham en la fruición. Obtener incluso los alimentos de la tierra no era arrancárselos a la naturaleza o dominarla, sino que eran momentos de la unificación con el Todo. Cuando dejó a su familia, este Todo fue a lo que entendió como Dios.

El abandono de la patria de Abraham es para Hegel muy singular, pues a diferencia de Cadmo o Danao, quienes la abandonaron para poder amar, Abraham no quería esto, sino que quería estar libre de relaciones. Este espíritu que ansiaba la libertad es el que «ordenaba mantenerse firme en una severa oposición contra todo».[215] Ni más ni menos que «lo pensado, elevado a una unidad dominante por encima de la naturaleza infinita y hostil (puesto que lo hostil puede entrar solo en una relación de dominio)».[216] Con estas palabras Hegel parece estar pensando en que el propio pensamiento es dominador. O si se prefiere, que es al Dios pensado al que hay que servir. Si es así, entonces la unidad divina es abstracta. Y el pensamiento es la puerta de acceso tanto a la divinidad como a la dominación del mundo sensible. Como escribiese posteriormente —y se verá— «comprender es dominar», por lo que parece que puede haber alguna continuidad con el pensamiento establecido en este fragmento que Hegel está utilizando para vertebrar su visión sobre la vida de Abraham. O mejor, el pivotar sobre su pensamiento anterior le está permitiendo una nueva relectura de la vida de Abraham. De este modo, mediante el pensamiento la naturaleza ha pasado de ser hostil y ajena para Abraham,[217] a ser dominada, a servirle.

El pensamiento es aquí tenido ya como una fuerza importante en el ser humano. No es ya que el trabajo implique que el mundo material se haga humano —siguiendo la vieja fórmula marxiana—, sino que para Hegel primero está el pensamiento. Primero está el acto de pensar. Al pensar se aprehende a la realidad, y al hacerlo, entonces la realidad queda humanizada. Dicho con su filosofía posterior: el espíritu espiritualiza a la naturaleza. Pero volvamos al texto.

215 EJ, 225 / GW2, 37b.

216 EJ, 226 / GW2, 37b.

217 De acuerdo con Harris, Abraham representa en el escrito de Hegel al «espíritu» del judaísmo, mientras que las doce tribus (todos sus descendientes que luego son tratados) son la representación del «destino» del judaísmo, que es a su vez destino del espíritu de los seguidores de Abraham por la tensión generada por el propio Abraham desde el inicio entre su propia vida y la naturaleza humana (Harris, 1972: 277-278).

El Todo le permitía pasar de lo particular a la totalidad, de lo múltiple a la unidad. Esto es, la reconciliación de lo escindido. Este Todo era lo que le daba seguridad a su existencia. De este modo, el Todo no era otra cosa que seguir su existencia, y entonces al sacrificarse por el Todo lo que hacía era sacrificarse por sí mismo.[218] Es un Todo en el que el propio Abraham está reflejado. Es en este sentido en el que el amor de su propio hijo es el que aparece a Abraham como una traición a sí mismo, como una perturbación de su unidad pura. Y de esta manera Hegel llega a afirmar que «la severa unidad de este su Todo puede exigir de Abraham el sacrificio de este hijo».[219] Atiéndase a que la «unidad señorial», (*herrschende Einheit*), es también traducible como la «predominante», «gobernante» o incluso «imperante» unidad. Es decir, es una unidad que no acepta réplica, que domina. Por eso la unidad dictamina sobre Abraham.[220]

Esta fe de Abraham es la que fue heredada por el resto de sus generaciones. Todas ellas albergan en su sino el mismo pensamiento: un objeto infinito con el que establecer reciprocidad de servidumbre. El Todo sirve al pueblo y el pueblo sirve al Todo. Sin embargo, con el tiempo lo que ocurrió fue que mientras que el pueblo seguía sirviendo al Todo, el Todo ahora servía solo a los «dueños de la totalidad, a los sacerdotes, no a los particulares».[221] Aquí es cuando se fractura ese pacto originario.

Otro que trataría de contemplar a este Todo sería Moisés, el cual intentó también guiar a su pueblo hacia esta totalidad. Pero solamente consiguió que el pueblo temiera al Todo, siendo así que

---

218 EJ, 226 / GW2, 37b.

219 EJ, 227 / GW2, 37b.

220 Puede verse aquí un primer atisbo de la dialéctica del amo y el esclavo, en el que el primero es representado por la Unidad y el segundo por Abraham. Como se sabe de la *Fenomenología*, ambos se requieren mutuamente, pero ambos guardan conciencia de su posición. Hasta qué punto encaja o no es algo que no matizaré aquí porque requeriría más espacio y detalle, por lo que me contento con dejárselo anotado al lector.

221 EJ, 227 / GW2, 39.

el Todo no existió verdaderamente para los coetáneos de Moisés. Esta persona lo había presentado como un Señor que imponía normas. Era un yugo. Si esto era así, entonces —señala Hegel— Moses Mendelssohn se equivoca. Este autor al que alude Hegel había presentado las normas de Moisés de manera en que no eran eternas, sino que eran meramente referidas al Estado, siendo así que la religión judía no había sido una religión positiva. En contraste, Hegel señala explícitamente que

> Sin embargo, toda la constitución estatal de los judíos es una servidumbre ante el Dios y la fe impuesta de este Dios; esta unidad mandada sí pudo convertir a la religión judía en una religión positiva. Naturalmente, no era una religión positiva para aquel que se elevaba a sí mismo a aquella unidad.[222]

Con estas palabras Hegel contradice a Mendelssohn acerca del pueblo judío. Como puede verse, para Hegel los judíos tenían una religión plenamente positiva, con la excepción de Abraham,[223] el cual no había seguido al Todo desde una condición de servidumbre, sino desde la reconciliación en la que él mismo se veía reflejado.

Cuando surge el pensamiento de que esta unidad es insuficiente, entonces aparecen en respuesta las sectas de los esenios y los saduceos. Este surgimiento se produce cuando las fuerzas del ser humano se tienen que plegar sobre sí misma, dando lugar a que los seres humanos reflexionasen sobre sí mismos y creasen en sí mismos una nueva unidad del ser. No hay un movimiento de objetivación externa como hizo Abraham, sino que lo encuentran en su interioridad.

Por otro lado, los fariseos intentaban vincular la unidad externa e interna, mientras que los esenios dejaban sin vincular estas dos unidades. Hegel deja fuera de mayor análisis a los esenios y fariseos en

222 EJ, 227 / GW2, 39.

223 De hecho, desde este punto de vista Abraham había vivido conforme los mandamientos de la Torá antes incluso de haber sido entregados por Dios a Moisés.

este fragmento. Sin embargo, es sorprendente que la comparativa de Hegel se mueva en nociones de ontología. Es acerca de la unidad externa y externa, o si se las hace objeto, es decir, en último término Hegel está diferenciando las religiones por su trasfondo metafísico. Esto nos hace ver cuán escindido estaba de comparar a las religiones por sus costumbres o adoraciones. Hegel va un paso más allá, hacia lo profundo. Está reflexionando —aunque sucintamente— sobre la metafísica de las creencias religiosas. Solo ahí se encuentra la verdadera diferencia entre ellas.

El texto tiene aquí otro salto, seguramente por ser una anotación. Hegel señala que cuando Roma llegó a crear su imperio posteriormente coincidieron la fidelidad hacia los mandamientos paternos con la independencia frente a la dominación externa. En el caso de los judíos, estos pelearían por poder seguir sirviendo a su Todo y, por supuesto, había reciprocidad de servidumbre por parte del Todo con el pueblo judío. Hegel apunta que este es el motivo por el que los judíos durante mucho tiempo lucharon como auténticos héroes:[224] lo que estaba siendo atacado era una de las propiedades más íntimas del pueblo judío, y cuando se ataca a lo más íntimo de una persona, esa persona batalla de la manera más valiente.

FRAGMENTO 5: LOS DESCENDIENTES DE ABRAHAM

En este escrito Hegel vuelve a la figura de Abraham, pero centrado en sus relaciones sociales más que en la naturaleza. Este se había emancipado de su familia de manera distinta a como la haría un griego —aquí, una vez más compara a Abraham con los antiguos griegos—. Precisamente, pudiera parecer que aquel que abandona a su familia lo que verdaderamente abandona es el amor familiar; los griegos lo que hacían eran buscarlo en otra parte. Mas Abraham no es como los griegos. Él no se fue para salvar el amor, sino para

224 EJ, 228 / GW2, 40.

conseguir la libertad. Por eso, «ese era el rasgo distintivo de su divinidad».[225] La religión de Abraham era una religión de la libertad.[226]

Esto provocaba que Abraham fuese un extraño allá a donde fuera, topándose siempre con personas que le eran hostiles. Nadie comprendía su religión. A su vez, Abraham reaccionaba contra ellos para conservar siempre su libertad, y en este sentido Hegel afirma que «así su Dios era el ideal de la oposición».[227] El pensamiento del propio Abraham era así siempre una oposición continua a la realidad, y por este motivo la dominación era su ideal. A través de dominar —a través del pensamiento, como se dijo en otro fragmento y además como el texto señala— a la realidad puede unificarla. Hegel plantea sobre esto el siguiente comentario: «Abraham era un tirano en su mente; su ideal realizado, Dios: algo en lo que nada del mundo participaba, sino que estaba dominado por él».[228]

Ser un tirano en su pensamiento quiere decir que el pensamiento engulle toda la naturaleza. Al hacerlo, puede luego dominarla. Pero ¿qué ocurre si tomamos en un sentido literal la siguiente frase? ¿Y si su Dios ideal realizado es la manera en que Abraham se veía a sí mismo? Fijémonos en que dice luego que es algo en lo que nada del mundo participa porque todo está dominado por él. Podría darse el caso de entender esto como una forma de gnosticismo que Hegel está inoculando en su relato sobre Abraham. No por la dominación, sino por la identificación de Abraham con su parte divina y, a su vez, que su parte natural dejase de participar. Nada del mundo participa

---

225 EJ, 229 / GW2, 33.

226 No conviene malinterpretar el texto, pues cuando dice de «su» divinidad quiere decir la divinidad de Abraham, no a que Abraham fuese divino.

227 EJ, 229 / GW2, 33. Una vez más es posible ver algo de la dialéctica del amo y el esclavo aquí, pues la libertad tiene que ver con oponerse al otro (la lucha a muerte por el reconocimiento).

228 EJ, 229 / GW2, 33. La expresión «tirano en su mente» se refiere a la manera de pensar, pues en una traducción literal en realidad dice «tirano en su pensamiento» ("Tyrann in Gedanke"). Luego creo que dice más bien «el Dios ideal realizado» ("das realisierte Ideal Gott"). El matiz es mínimo, pero conviene atenderlo.

en Abraham. Él está más allá. Como si Abraham tuviera un conocimiento superior, e incluso secreto, que le pudiera valer para reconocer en él su parte de divinidad y el desdén hacia lo terrenal. Por otro lado, por otros fragmentos, así como por este mismo, sabemos que Abraham no es Dios; Dios es el *Ganzes*, por eso Abraham se reconoce en el Todo la propia Totalidad, pero no es que Abraham sea Dios de ningún modo. Como digo, si entendemos esta parte en sentido literal puede encajarse aquí el gnosticismo, aunque considero que esto supondría violentar el texto.

Volvamos al texto. Al ser de esta manera Abraham entonces sus descendientes cuando tuvieron poder se volvieron también tiránicos. Para seguir esta tesis, Hegel llega incluso a señalar el caso de los habitantes de Siquem y a decir que

> puesto que cuando lo infinito resulta ofendido, la venganza tiene que ser también infinita, es decir: tiene que ser una aniquilación, puesto que fuera de lo infinito todo es materia, algo que, encontrándose fuera de él, no participa de él, no es sino un material sin derecho propio, sin amor, algo maldito, que se salva quedándose quieto u ocultándose.[229]

Hegel continúa exponiendo varios ejemplos de esta índole, siendo quizá el más visible el caso de José, descendiente de Abraham, quien cuando adquirió poder convirtió a los egipcios en esclavos e introdujo una jerarquía política en la que él mismo estaba relacionado con Dios y el resto de los súbditos debían guardar esa misma relación con el propio José. Así, José era una especie de mediador entre los súbditos y Dios, pero al mismo tiempo José estaba ocupando el lugar legítimo que debía ocupar Dios.

Finalmente, el texto acaba con una serie de lo que parecen ser anotaciones inconexas entre sí, probablemente ideas de cómo continuar su texto. Hay una particularmente curiosa: «El castigo solo es

229 EJ, 229 / GW2, 33.

posible mediante una ley que nos sea ajena y a la que nos encontremos atados».[230] Esta idea será profundamente reivindicada en su escrito *El espíritu del cristianismo y su destino*, como veremos posteriormente.

Por lo que respecta al quinto fragmento, como hemos visto hay posibilidades de leer algunas partes del escrito como envueltas en el gnosticismo. No hay nada en firme, ni tampoco claro, pero aquí ya empiezan a emerger ciertos tintes relacionados con la gnosis. También hay que considerar que estos escritos no dejan de ser apuntes de Hegel sobre la religión judía. A esto debemos atenernos en el siguiente fragmento, pues si ya ha marcado las cualidades de la deidad de Abraham (libertad y reconciliación con lo escindido), hay va a caracterizar a la religión judía en su continuidad.

FRAGMENTO 6: LA RELIGIÓN DEL INFORTUNIO

El fragmento comienza con una serie de oraciones de difícil conexión entre sí:

> Extensión de la legislación con el avance de la separación. Noé: la permisión para degollar animales, no para beber su sangre (Kant [,] prohibición de la caza, paz eterna, de los animales vivientes), prohibición de matar [los animales] a golpes; estado de necesidad máxima. La bendición de Abraham: propiedad y posesión para sí y sus descendientes; estado de necesidad menor.

Los diez mandamientos de Moisés: la veneración de Dios, la fiesta; nuevo: temor reverente hacia los padres; adulterio; mentira y apetencias.[231]

Parece que la primera oración podría guardar conexión con el fragmento anterior: «Extensión de la legislación con el avance de la

230 EJ, 230 / GW2, 34.

231 EJ, 230 / GW2, 19.

separación».[232] Si interpretamos la oración, parece que Hegel podría estar señalando que el avance de la ley se realiza en la medida en que la separación entre individuo y ley nos sea tangible. Es decir, a menor identificación del individuo con la ley, más se extiende la legislación. Este apunte lo continúa con la aseveración de Noé sobre los animales, que se les puede degollar, pero no beber su sangre; esto mismo a continuación lo relaciona con Kant, quien en libros como la *Crítica del juicio* había tratado de defender ciertas prácticas inmorales con los animales. En otra órbita muy distinta, como es el caso de Moisés, parece que los diez mandamientos acaban por establecer su control mediante el miedo.

Ahora bien, la parte del estado de necesidad sí que la tratará Hegel explícitamente. Para él, a mayor cultura, mayor separación entre individuo y ley, lo que produce que «los hombres sean más terribles».[233] El incremento de la cultura parece ser el eje vertebrador para Hegel en este párrafo. Además, coincide en cierto modo con los antropólogos en que, a mayor número de individuos, mayor complejidad de las sociedades: más necesidades, más separaciones y más unificaciones. A más desarrollo de la cultura, más complejidad entre las personas de esa cultura. Luego de esto hay una parte del texto perdida.

De manera repentina, pues hay una parte perdida, el texto sigue señalando que hay una divinidad que garantizaba la existencia animal de su pueblo. ¿Qué será esta existencia animal? Si leemos con atención el texto, parece que la existencia animal refiere a la existencia escindida. Sin embargo, hay otra forma de existencia en la que reside la verdad y el derecho, que lleva por bandera tener a Dios presente en todos nuestros actos. De seguido, Hegel postula al «sujeto infinito», el sujeto que advirtiendo ante sí lo infinito mantiene su relación con este en toda actividad humana.[234]

Antes de seguir con el texto, conviene advertir que, efectivamente, Hegel está hablando nuevamente de dos dimensiones humanas.

232 EJ, 230 / GW2, 19.

233 EJ, 231 / GW2, 19.

234 EJ, 231 / GW2, 19.

Una que muestra su existencia más animal, o más terrenal, de este mundo. Otra en la cual reside la verdad del ser humano que nos lleva a tener a Dios presente en todos nuestros actos. No es firmemente gnóstico, pero ya comienza a haber otra vez cierto brillo gnóstico en tanto que son dos formas de existencia que se dan a la vez en el ser humano. De acuerdo con Aristóteles, por ejemplo, el ser humano es naturaleza, pero puede superarla, no se queda anclada en ella, siendo así que lo más natural en el ser humano queda elevado por lo más espiritual. Pero fijémonos en que en Hegel no se está siguiendo esa idea, sino que son dos existencias diferentes. De la segunda forma de existencia, la que tiene que ver con la verdad y que mantiene a Dios siempre presente sale la postulación del sujeto infinito. Esto es, el sujeto que es «infinito» en tanto que tiene a Dios siempre presente, por eso mantiene siempre relación con Dios en todas sus actividades. Pero entonces, necesariamente, la existencia más animal no es el sujeto infinito, sino el sujeto finito, que por contraste debería ser entendido como aquel que nunca mantiene su relación con Dios en sus actividades. De este modo, el ser humano puede ser sujeto finito y volverse sujeto infinito. Esto quiere decir que vuelve a haber implícitamente un juego de dualismo radical, lo cual sí que es una huella gnóstica. Pero continuemos con el texto.

Los judíos habían renunciado a las leyes de la libertad. Esto se debía a su relación de dependencia con los sacerdotes. Es más, Hegel recuerda la pasividad común de este pueblo cuando estaba en Egipto. En su liberación mantuvieron su inactividad y en «su liberación siguen siendo esclavos».[235] Esto es, que la libertad solo puede provenir de la actividad. No es una libertad política solamente, sino que es libertad de espíritu. De resultas, ellos mismos no cometieron grandes, hazañosas y heroicas acciones en la realidad, pero en su fantasía sí.[236]

---

235 EJ, 230 / GW2, 20.

236 Esto cambia respecto a uno de los fragmentos anteriores. Ahora el pueblo judío no ha tenido actos heroicos, solo los ha imaginado, cuando anteriormente afirmó lo contrario.

Nuevamente el texto parece algo inconexo, pues Hegel apunta una comparación entre la invisibilidad de la divinidad del judaísmo —que además no puede tener imágenes— con los misterios eleusinos, «donde se enseñaba por palabras, imágenes, sacrificios, pero donde no se podía hablar de ello».[237]

Tras algunas inconexiones más, Hegel volverá a Egipto y a los sacerdotes. La religión que los israelitas pudieron darse a sí mismos era siempre opuesta a la religión egipcia, pues la religión mosaica era «una religión del infortunio para el infortunio».[238] La denominación «religión del infortunio» (*Religion des Unglücks*) necesita de contextualización. Atendamos a que, en este contexto, los judíos no tenían condición de ciudadanía, pero su valor les venía de su relación con Dios. Por este motivo parece que era una necesidad el tener que relacionar sus actos con la religión, siendo continuamente valorados. Pero esto trae la siguiente consecuencia: si el objeto infinito (Dios) es todo lo que nos dota de valor, entonces el ser humano no es nada verdaderamente, puesto que lo que es, lo es por el objeto infinito.[239] El ser humano no vale nada sin Dios. Por esta razón, para que los judíos discerniesen entre lo puro y lo impuro debía ser mandato divino porque para ellos todo lo valioso reside en su divinidad. En resumen, se puede decir, utilizando las propias palabras de Hegel, que «el Dios de los judíos, en cambio, es la máxima separación: excluye toda unificación libre, dejando lugar solo para la dominación o para

237 EJ, 232 / GW2, 20.

238 EJ, 230 / GW2, 22.

239 Estor plenamente de acuerdo con Harris con que esta visión genera que el poder no se encuentre en el ser humano, sino en el objeto infinito. El objeto infinito funcionaría como un poder externo (o una autoridad) que es la que es verdaderamente operante en el mundo y la naturaleza, siendo entonces que la persona está ausente de todo poder. Dicho, en otros términos, es el objeto infinito el que —paradójicamente— actúa con el rol de sujeto, siendo así un objeto que en realidad es sujeto. Así pues, Dios no debe ser objetualizado, sino entendido como una subjetividad (HARRIS, H. S., *Hegel's Development. Toward the Sunlight*, pp. 288-292).

la esclavitud».[240] En este sentido creo que es en el que Hegel apunta que es una religión del infortunio, de la *des-gracia* (*Un-Glück*), de lo que no tiene gracia, o no tiene virtud. La virtud reside en el objeto infinito, no en la persona, siendo entonces la persona alguien que sin la gracia divina no es nada, solo un siervo. Por eso es infortunio, o desgracia: el pueblo judío vive en la escisión con Dios.

Esto nos permite vislumbrar la conexión con el apunte del comienzo del escrito, donde se dijo que el castigo surgía con la separación. En el caso de la divinidad judía, a mayor separación hay también una mayor esclavitud o dominación. Además, esto se aúna con que la amenaza y también los castigos son, de acuerdo con la exposición del texto de Hegel, el caldo de cultivo para una religión positiva. No obstante, cuando no existe estado de necesidad, entonces los castigos y las amenazas son inadecuados, y «la legislación israelita, como toda legislación, solo servía para superar un estado de necesidad».[241]

Así es como los judíos lo que hacían era aferrarse a algo objetivo, externo a ellos, y a su culto. Los mejores de todos ellos renunciarían a la unidad hasta ese momento, creando una unidad nueva y más severa. Esto dio lugar a i) los esenios, quienes se habían separado violentamente de la Unidad; ii) fariseos, quienes se aferraron a la Unidad y al culto para que el desgarramiento que sufrían no se hiciese consciente; iii) saduceos, que tenían una tiranía firme y astuta. Estas tres consecuencias no tienen más explicación en el texto de Hegel, sino que se queda en la afirmación.

En conclusión, el texto tiene un comienzo dudoso. Sin embargo, de lo que trata es de los grandes legisladores. Puede establecerse cierta conexión con el fragmento 5, en tanto que Abraham, que es el personaje con el que cerraba, propone un pueblo cuasi teocrático. De ahí quizá que en el fragmento 6 Hegel siga reflexionando sobre la

240 EJ, 233 / GW2, 22.

241 EJ, 233 / GW2, 23.

figura de los grandes legisladores. Pese a ello, parece que Hegel está bastante centrado en ver una conciencia de la dominación. La clave era la servidumbre. Sin embargo, no es verdaderamente como actuaron sus descendientes, que fue por obediencia ciega, a lo que parece que Hegel está viendo un peligro latente.

FRAGMENTO 7: ENTRE NOÉ Y NIMROD

En este fragmento Hegel comienza aclarando algo que es en sí mismo obvio: Abraham es el padre del judaísmo. Su espíritu fue heredado por toda su descendencia. En función del tipo de adversidad a la que se enfrentase, ese espíritu tomaba una forma u otra, pero siempre era el mismo en realidad. Para él, o bien está en forma de conflicto o bien lo está en forma del poder del más fuerte. A este último caso es al que Hegel denominará «destino» (*Schicksal*).[242]

Siguiendo a Hegel, de todo lo que hizo la humanidad antes de Abraham se conserva más bien poco. Por eso Hegel *interpreta* que, por ejemplo, el diluvio debió tener una consecuencia anímica muy negativa en las personas, pues era un poder físico y natural destruyéndoles. Esto provocaría una mirada recelosa hacia la naturaleza por parte de la humanidad. Así, la historia contiene ejemplos sobre reacciones contra la naturaleza debido a la masacre causada. Ahora bien, Hegel señala claramente que «puesto que el Todo puede dividirse solo en idea y en realidad, la unidad suprema de la dominación se encuentra o bien en algo pensado o bien en algo real».[243] Al plantear la disyuntiva, Noé entonces tenía que reconstruir el mundo que había sido destruido desde una de las dos perspectivas: la realidad o las ideas. Para Hegel su decisión fue bastante clara: Noé reconstruyó el mundo en el ser pensado, haciendo de algo pensado, algo existente, siendo así «algo dominado».[244] Y es bajo esta condición en

242 EJ, 234 / GW2, 331b.
243 EJ, 235 / GW2, 333b.
244 EJ, 235 / GW2, 333b.

la que el Todo le promete a Noé que nunca habría otro diluvio destructor de la humanidad.

Una vez que el pacto fue realizado, se impuso a los seres humanos la prohibición de matarse entre sí. Si la ley se quebrantaba, entonces este mandamiento ejercería su poder, y la persona impía quedaría sin vida. Esta es la idea que se transformó en existente, recompensando al ser humano de su sumisión y dotándole de poder dominar a los animales. Lo viviente era aun así respetado, sin que se permitiera —tal y como dice el Génesis al que cita Hegel— ingerir sangre de los animales porque en ella está la vida y el alma de los seres vivos.

Nimrod realizó una maniobra distinta. Puso la unidad del Todo en el ser humano, «convirtiéndolo en el ser que transforma al resto de la realidad en algo pensado; es decir, en el ser que mataba, que dominaba».[245] De este modo, Nimrod tenía el propósito de dominar la naturaleza de manera en que se hiciera inofensiva para el ser humano. Así, él logró unificar a los seres humanos mediante la violencia en realidad, siendo el resultado que los animales y las personas tuvieran que soportar la ley del más fuerte como ley del ser vivo.

Para D'Hondt, en este texto, «Hegel distingue dos actitudes contrarias que pudieron adoptar los hombres en esas circunstancias: el renunciamiento y la huida hacia lo ideal, postura personificada por Noé; la lucha y el trabajo, encarnados en Nimrod».[246] Para Harris, Noé y Nimrod aparecen como figuras contrapuestas en este escrito. Mientras que el Dios de Noé garantizaría la autoridad legal sobre los animales, siendo el principio de «convenio legal» entre los judíos, Dios y el mundo, Nimrod es la figura antagónica, que desafía a la naturaleza y a Dios. Para afirmar esto, Harris se basa en que Nimrod es un cazador y también uno de los que intentaron construir la torre de Babel. Solamente llama a que las personas crean en su propia fuerza y determinación.[247] Puede que Harris lleve razón.

245 EJ, 235 / GW2, 333b.

246 D'HONDT, J., *Hegel, filósofo de la historia viviente*, p. 42.

247 HARRIS, H. S., *Hegel's Development. Toward the Sunlight*, p. 279.

Pero también habría que atender a que ambos provienen del mismo origen, solo que cuando se le dio a Nimrod la posibilidad de reconstruir desde el Todo a partir del pensamiento o de la realidad, Noé eligió el pensamiento. En el pensamiento todo es reconciliación y, al mismo tiempo, como vimos, todo es dominado en tanto que pensado. Nimrod encaja más con reconstruir desde la realidad. Ya no es una dominación pensada, sino una dominación real entonces.

Finalmente, fueron Deucalión y Pirra quienes tras el diluvio intentaron retomar la amistad de los seres humanos con la naturaleza y el mundo, olvidándose de la hostilidad de esta. Por eso el resultado de ellos dos fueron «naciones bellas y convirtieron su época en madre de una naturaleza nacida de nuevo, que conservó su vigor juvenil».[248] Esto es la reconciliación en la realidad, la reconciliación no solo en el pensamiento, sino que se da efectivamente.

Una vez más se apela al dualismo extremo de una y otra realidad. Pero fijémonos en que en el Todo está unido tanto el pensamiento como la realidad. En el Todo son idénticos entre sí. Pero fuera del Todo son diferentes y requieren reconciliación entre ambos.[249]

FRAGMENTO 8: RENUNCIAR AL AMOR

El último fragmento comienza señalando que lo opuesto a una relación bella es la relación del señor y el esclavo. Esta relación era la de los judíos. El hijo era esclavo del padre hasta que este último fallecía, y entonces el hijo pasaba a heredar la tierra. Pero mientras tanto, el hijo podía merecer la violencia más severa si se comporta él de manera violenta con el padre —del mismo modo en que el señor puede tomar represalias contra el esclavo si este se revela—.

248 EJ, 236 / GW2, 336b.

249 Es imposible que no se evoque aquí en cierto modo a la *Ciencia de la lógica*, pues su comienzo es particularmente semejante. Aun así, no hay prueba textual, por lo que no lo desarrollo, pero cualquier conocedor de dicho libro comprende perfectamente a qué me refiero.

Pese a lo anteriormente afirmado, Hegel señala que, en la emancipación del hijo frente al padre, el padre debe reconocer la independencia del hijo si es un hombre adulto, «y si el padre se niega a reconocerlo, es él quien está violentando al adulto plenamente desarrollado, imponiéndole la servidumbre».[250] El ejercicio de amor del padre es dejar que el hijo se emancipe, que realice su libertad. De esta libertad que el individuo puede realizar, el mayor acto de libertad es el amor, acto que es el que expresa el desarrollo de la vitalidad del ser humano, del hijo en este caso.

Si el padre prohibiese la emancipación, entonces sería la «tiranía más dura» (*härteste Tyrannei*).[251] Si un pueblo permite que esto sea así, entonces es un pueblo ajeno a lo que es la libertad del amor, siendo entonces la única conciencia de ese pueblo la dominación. Este tipo de conciencia es vista desde la óptica de Hegel muy negativamente por el problema que acarrea a la mujer. La mujer había sido tratada históricamente —señala el propio Hegel— como un objeto, una «cosa». Se reducía así su condición humana a la misma que la de un bien. Así, si el hombre elegía a una mujer para casarse, entonces la compraba. Además, si moría el hombre y no habían tenido descendencia, la mujer pasaba a pertenecer a las tierras, y las tierras junto a la mujer eran heredadas por su pariente más cercano. Por eso, Hegel sentencia que

> lo único que se veía en ella era una mercancía que se había comprado; y para examinar si la cosa-mercancía respondía a las condiciones en que se había vendido, fue como nacieron leyes asquerosas y costumbres repugnantes de sobra conocidas, porque amada nunca lo fue.[252]

---

250 EJ, 236 / GW2, 337.

251 EJ, 237 / GW2, 337. Traducción modificada.

252 EJ, 237 / GW2, 338.

El texto termina al parecer con una línea ilegible acerca de un campesino, pero no se sabe concretamente qué decía ahí Hegel. Por tanto, se extrae de este último fragmento que Hegel, aunque no ha profundizado ni la mitad de lo que lo haría posteriormente, en realidad ya ha descubierto parte de lo que será su dialéctica amo-esclavo de la *Fenomenología del espíritu*. Además, puede verse cómo el amor es un acto libre y pulcro para Hegel, y que, por ende, la conciencia de dominación no encaja verdaderamente con el amor libre.

En general, estos esbozos son fragmentos que no componen una totalidad. Son un buen material sobre el que teorizar, pero carecen de una unidad clara. Sin embargo, nos han permitido ver varias ideas de Hegel respecto al pueblo judío, especialmente de carácter histórico y de actitud vital, que posteriormente serán tratadas con mayor detalle. De ahí que esta vez la exposición haya sido muy descriptiva.

Finalmente, conviene señalar que estos apuntes no parecen tener relación directa con el gnosticismo en Hegel, aunque hay varios sitios donde puede ser sugerido. De hecho, todo se juega antes, en Berna. Si aceptamos el gnosticismo de Hegel en Berna es posible ver aquí una continuidad, o una profundización en algunos —y solo algunos— aspectos. Pero mientras tanto, tampoco es mi labor impactar más allá del propio texto. El que busque aquí, en estos esbozos, cierto gnosticismo lo podrá encontrar, pero no de forma evidente. *Qui quaerit, invenit.* En este ejercicio crítico de vislumbrar el gnosticismo de Hegel en su juventud, parece entonces pertinente haber analizado estos esbozos para concluir que no hay elementos claros del gnosticismo en él. Pero eso no significa tampoco que no haya otros escritos donde sí que aparezcan de manera más clara y contundente el gnosticismo. Pasemos ahora a sus escritos mayores.

ELEMENTOS GNÓSTICOS EN LOS ESCRITOS MAYORES DE FRÁNCFORT

PLANTEAMIENTO

Ya hemos visto algunos de los escritos menores de Hegel en el periodo de Fráncfort. Ciertamente, puede comprenderse alguna reminiscencia del gnosticismo en el *Systemprogramm*. También es posible entrever alguna con los *Esbozos para «el espíritu del judaísmo»*, aunque con mayor dificultad. Así puesta la balanza, no termina de estar claro si hay alguna forma de gnosticismo en Hegel. Todos los elementos gnósticos lo que habíamos encontrado en Berna sin mucha duda, parecen haberse disipado repentinamente. Es como si la presencia del gnosticismo en los escritos de Hegel se hubiese esfumado. Pero todo eso cambia con sus escritos mayores.

Recordemos que ya se justificó esta división entre escritos menos y mayores. Ahora pasamos a los escritos de Hegel que están más acabados de su periodo de Fráncfort. En ellos habrá algunos elementos gnósticos en algunos textos si se los mira tratando de indagar, mientras que en otros los elementos gnósticos hacen gala sin camuflarse, a plena vista. Por este motivo primero se expondrá *Esbozos sobre religión y amor*, que es un conjunto de textos cuya temática está ilustrada en su propio título. No hay que menospreciarlos, pues en buena medida la dialéctica hegeliana pudo nacer con estos escritos. Finalmente, se analiza *El espíritu del cristianismo y su destino*. Este escrito es probablemente la joya de la corona de la juventud de

Hegel. Es su escrito más definitivo, que a la par es interesante y que se enfrenta de fondo al origen del cristianismo y a qué sea un espíritu cristiano frente a uno judío. Esta diferenciación será clave para su pensamiento filosófico posterior, especialmente cuando dé clases sobre filosofía de la religión en Berlín.

Así pues, se pasa a analizar dos de los textos más grandes del periodo de juventud que más marcaron el rumbo intelectual de Hegel en su madurez. Esto quiere decir que aquellos elementos gnósticos que encontremos en ambos textos pueden pervivir en su madurez. Por ende, no son dos escritos más en un periodo más de juventud filosóficamente convulsa de Hegel, sino dos escritos clave en un momento de madurez intelectual de Hegel que afectarán al célebre profesor de Berlín.

EL PROBLEMA DE LA UNIDAD: CONSIDERACIONES GENERALES SOBRE *ESBOZOS SOBRE RELIGIÓN Y AMOR*

Bajo el rótulo de *Esbozos sobre religión y amor* se alberga a tres textos. En los tres textos encontramos en común que Hegel está en búsqueda de una unificación de la contraposición de la filosofía teorética y la filosofía práctica. Está intentando solucionar la escisión kantiana. Ciertamente, Hegel encuentra en sus reflexiones dos conceptos que serán clave para el desarrollo de su pensamiento posteriormente en Jena. Estos conceptos son «amor» y «vida». Como expresa Paredes, son importantes porque «Hegel encuentra en los conceptos de "amor" y de "vida" la posibilidad de formular esa conciliación, lo que constituye una de las aportaciones principales de los textos de Fráncfort, como lo será el concepto de "espíritu" en Jena».[253]

253 PAREDES, M. C., «El joven Hegel». En G. Amengual (ed.), *Guía Comares de Hegel*, Comares, Granada, 2015, p. 20.

También se debe decir que los esbozos son tres textos diferentes entre sí. El primero, *Moralidad, amor, religión*, es un escrito de antes de julio de 1797. Tiene un breve subapartado que se titula *Religión, fundar una religión*. Como tal, el escrito es una reflexión acerca de qué es la fe positiva. Además, Hegel diferenciará entre los conceptos teoréticos y los morales. El objeto de cada uno de ellos es diferente, pues si bien en los conceptos teoréticos encontramos que el objeto es siempre algo externo al sujeto, en los conceptos morales el objeto siempre es el Yo. Esta temática, como se recordará, ha sido tratada con anterioridad por Hegel. Sin embargo, lo sorprendente es que el autor trata de posicionar ciertos puntos de unión entre positividad y moralidad, dando lugar a los conceptos morales positivos. Estos son positivos ciertamente porque vienen dados por el peso de una autoridad, pero —y esto es lo novedoso— fueron creados moralmente. Eso permite que el sujeto *recree* las vinculaciones morales originarias, dando así una explicación de por qué esa ley es moral originariamente. Por ende, en nuestra conciencia se presentan como leyes positivas, pero podemos redescubrir que su origen es moral.

Lo anteriormente dicho supone una crítica a Kant, quien había dudado del valor de la moral heterónoma. Para Kant, la moral debe ser siempre autónoma, descubierta *por* el sujeto *para* el sujeto. No hay ninguna necesidad de recurrir a una autoridad externa a la propia subjetividad. Baste con la sola razón para descubrir fehacientemente el imperativo categórico. Y al descubrirlo, no tiene sentido introducir una autoridad externa. Deja de tener sentido la moral heterónoma. Únicamente es suficiente con el sujeto que descubre el imperativo categórico. Pues bien, lo que Hegel está haciendo no es otra cosa que contradecir a Kant. Y lo contradice mediante la reconciliación. No hay motivo para negar la heteronomía moral en favor de la autonomía. No necesitamos prescindir de la heteronomía. Las leyes tienen algún sentido. Solamente necesitamos reconstruirlo. De este modo, lo objetivo (o externo), como es la moral heterónoma, y lo subjetivo (o interno), como es la actividad pensante del propio sujeto, se concilian en un solo punto. No hay contradicción entre ellas, sino conciliación. Hegel reconcilia heteronomía y autonomía.

En resumen, positividad y moralidad no tiene que contraponerse como enfrentadas en realidad.

Volviendo al escrito, en su subapartado lo que tratará principalmente es el recorrido de la dominación en la conciencia. Por supuesto, el filósofo no duda en verlo como una consecuencia de Abraham. Pero lo interesante radica en que parece que Hegel defiende una ley de proporcionalidad: a mayor dominación de la deidad sobre las personas, más ajeno y lejano se nos aparecen las deidades, y viceversa.

El siguiente esbozo es *Amor y religión*, del verano de 1797. Es un escrito muy breve. En este caso a Hegel le preocupa la unificación de lo que es aparentemente incompatible. Esta unificación no es otra que el amor. Por eso, la religión es el mayor acto de amor, de unificación, pues en ella lo amado no es contrario a nosotros mismos, sino que nosotros junto a la divinidad formamos una unidad. Esto permite que haya dos maneras de contemplar a la divinidad. Por una parte, cuando se nos presenta como algo totalmente ajeno a nosotros mismos —por ejemplo, mediante una revelación—. Por otra parte, cuando nos identificamos con la propia divinidad. De este modo, en realidad nosotros y lo ajeno nos mantenemos como unidad en la religión.

Finalmente, el último es *Creer y ser*, escrito posterior a noviembre de 1797. En este esbozo, Hegel reflexiona acerca de la creencia. Kant diferenciaba los conceptos de reflexión. Este escrito plantea una confrontación contra Kant bastante ardua en este punto. En sus líneas encontramos que la idea de unificación sobre la que Hegel estaba reflexionando está escrita con base ontológica. En otros términos, conseguir una ontología de la unificación es sobre lo que trata este escrito. Parece que las conversaciones de los círculos intelectuales de aquella época causaron cierta influencia en Hegel, especialmente las ideas de Hölderlin, que ambicionaba una unificación ontológica entre sujeto y objeto por aquel entonces.[254] Esta unificación

254 PAREDES, M. C., «El joven Hegel», p. 21.

entre sujeto y objeto es, en el pensamiento de Hölderlin, un duelo con la filosofía de Fichte: sujeto y objeto no se limitan entre sí, sino que la realidad es capaz de unificar a ambos en una misma entidad. Esto es lo que Hölderlin denominará *vida* y también *ser*, siendo esto la unidad original.[255] A su juicio —siguiendo cercanamente a Frans Hemsterhuis— esta unidad original solo podía ser restaurada a través del amor.[256] Esto será un punto clave en el pensamiento de Hegel, quien, notoriamente influido por su amigo, utilizará una terminología similar.

Por otra parte, en el escrito, Hegel presenta el acto de creer de una manera que nos es totalmente diferente a como lo entendemos en la actualidad. Para Hegel el creer es previo al ser, es decir, lo creído tiene necesariamente que ser. Esto le llevará a reflexionar acerca de qué es pensar (acto de lo determinante y determinado) para así terminar por culminar en cómo es que las religiones positivas en realidad plantean un ideal, un *deber ser* accesible por el pensamiento.

En general podemos decir que a Hegel en este periodo de verano a otoño de 1797 le preocupa el problema de la unidad. Sus respuestas son diversas, como es el amor o el acto de creer, aunque eso no significa que estén contrapuestas. Más bien son indicios de que ese es el problema que parece preocuparle en este periodo, al menos en estos escritos.[257]

---

255 El pensamiento de Hegel sobre la *vida* como unificación de la relación sujeto-objeto, marcando así un retorno a lo originario, será superado en su escrito *Sobre la Diferencia*, en la que la unión es sujeto-objeto objetivo y sujeto-objeto subjetivo, que marcará una diferencia bastante profunda entre su pensamiento previo a Jena y posterior. Sobre esto, véase: NG, K., *Hegel's Concept of life*, Oxford University Press, Oxford, 2020, pp. 65-82.

256 PANNENBERG. W., *Una historia de la filosofía desde la idea de Dios*, Sígueme, Salamanca, 2001, pp. 266-267. Para una exposición detallada de la influencia de Hemsterhius en el periodo de juventud de Hegel (desde Tubinga hasta Fráncfort), veáse: MELICA, C., «Longing for Unity: Hemsterhuis and Hegel», *Bulletin of the Hegel Society of Great Briatin*, nº 55/56, 2007, pp. 143-167.

257 Este problema, el de la unidad, se habría asentado en la juventud y continuaría durante casi toda su vida, pues en la madurez sigue siendo objeto de sus reflexiones.

EL AMOR FRENTE A LA ESCISIÓN. UNA EXÉGESIS DE *MORALIDAD, AMOR, RELIGIÓN*

EL PROBLEMA DE LA FE

Lo primero que se expresa en el escrito es qué es la *fe* positiva. Esta fe busca tener como principio lo objetivo. Pero a su vez, como observa el joven Hegel críticamente, lo objetivo existió en su origen como subjetivo, lo que hace que sea contradictoria en sí misma. Por eso, la fe positiva es una fe que en su afán de objetividad anula, u olvida, el polo subjetivo dando lugar a ser una contradicción con su origen. Creo que un buen ejemplo sobre esto sería un acto objetivo como el de confesarse. Este fue, en un inicio, subjetivo porque el confesarse a los amigos fue, sencillamente, un acto humano. Pero cuando la religión se positiviza y termina por ser un conjunto de normas en un código, el origen cae en el olvido. Ya no es vista como acto subjetivo, sino que es puramente objetividad.[258] Así, la práctica actúa sin tener

---

Para un tratamiento del problema de la unidad en el periodo de madurez de Hegel véase: POLO, L., «La unidad en Hegel», *Contrastes. Revista Internacional de filosofía*, XV/1, 2010, pp. 147-164.

258 Efectivamente, lo que Hegel está trazando en este aspecto es que el origen de toda comunidad es, originariamente, la amistad. Es solamente después que se forman las comunidades. Como bien expresa Rojas refiriéndose a la madurez hegeliana: «Hegel puede llegar a percatarse de que para que legue el idealismo alemán ha hecho falta tiempo, y le da el nombre a ese tiempo de *Geschichte der Philosophie*. Ese tiempo, el de la filosofía, es la historia del pensar humano y libre. O si se quiere: el tiempo que la amistad entre los hombres ha necesitado para darle forma a una comunidad de hombres libres» (ROJAS, A., «Los amigos del Stift. "El Espíritu elevado no está lejos de la amistad"»), en A. CARRASCO, L. A. MACOR, & V. ROCCO (eds.), *Hegel y Hölderlin. Una amistad estelar*, Círculo de Bellas artes, Madrid, 2021, p. 222). Si tomamos las sabias palabras de Rojas, entonces esta idea —que la comunidad es originariamente un conjunto de personas libres que son amigas entre sí— parece ser un pensamiento del Hegel de madurez que encuentra aquí un comienzo, justamente, con la religión. Y de lo que alerta, pues, este escrito es de la pérdida del sentido originario de una comunidad por culpa de una extremada positivización.

en consideración a la teoría, siendo una teoría vacía, pues la unidad (teórica) solo es pensable por la multiplicidad.

Pues bien, la unidad práctica en la fe positiva lo que hace es rechazar a lo múltiple, lo cual es contradictorio nuevamente porque la unidad es unidad de una multiplicidad. Por tanto, reivindicar la unidad donde se rechaza la multiplicidad es caer en una teoría vacía para Hegel.

Esta propuesta filosófica permite que Hegel considere que los mandamientos morales son «exigencias [*Forderungen*] de defender esta unidad frente a los impulsos»,[259] es decir, la defensa de la unidad frente a la multiplicidad. Lo cual quiere decir que los conceptos de la moral terminan por ser diferentes de los conceptos teoréticos. Esto se debe a que en los conceptos morales «el objeto es siempre el Yo» y en los conceptos teóricos «es el No-Yo».[260] Por supuesto, se deja entrever el vocabulario fichteiano que Hegel iba manejando ya. El propio Fichte había establecido el fundamento de la moralidad en el Yo, prosiguiendo un planteamiento kantiano.[261] Hegel no renuncia al vínculo de libertad y moral. Pero el vocabulario utilizado es propiamente del Yo y No-Yo de Fichte, lo que nos hace situarlo mucho más cerca de la influencia de Fichte como continuador del kantismo que, del propio Kant, a quien ya no contemplaba como un maestro al que seguir, sino como cierto adversario al que superar. Podríamos decir que nos encontramos en un texto en el que Hegel sigue la estela de los continuadores de Kant, pero ya no tan apegado al propio Kant, línea tan característica de todo el idealismo alemán.[262]

---

259 EJ, 239 / GW2, 5 / TWA1, 239.

260 EJ, 239 / GW2, 5 / TWA1, 239.

261 Para un estudio excelente sobre la teoría política y moral de Fichte, véase: NEUHOUSER, F., «Fichte and the Relationship between Right and Morality», en BREAZEALE, D., & ROCKMORE, T. (eds.), *Fichte: Historical Contexts/ Contemporary Controversies*, London: Humanities Press, 1994, pp. 158-180.

262 Harris ha propuesto que en realidad esta influencia del vocabulario viene por parte de Schelling. Así, la célebre teoría del Ego (o Yo) schellingiana estaría presente en el escrito de Hegel. Según Schelling, Dios es teoréticamente la siguiente fórmula:

A continuación, Hegel afirmará que

> el objeto del concepto moral es cierta determinación del Yo que, para convertirse en un concepto, para poder ser conocido, para poder ser objeto, está opuesto, en cuanto determinación diferente, al Yo, que se considera como un accidente del Yo, que se excluye de la determinación del Yo que conoce en *este* instante; el concepto [moral] es una actividad reflejada en la reflexión.[263]

Esto quiere decir que el concepto moral, el que tenía siempre por objeto al Yo, es una determinación del Yo. Kant había señalado que las representaciones siempre van acompañadas de un Yo,[264] y Hegel parece estar considerando algo semejante en el plano moral: los conceptos de la moral son un Yo determinándose. Esto se debe a que no pueden ser diferentes del Yo porque en el concepto moral, como se ha dicho, el objeto siempre es el yo y, por tanto, solo cabe la determinación del Yo. Pero esto nos hace ver a los conceptos morales como accidentes, es decir, como aquello que no le es propio al Yo cuando realizamos el acto cognoscitivo sobre algo. Ejemplificando esta idea de Hegel, en realidad la fórmula de considerarnos buenas personas es: «Yo pienso que soy buena persona», y así lo que es propio es el Yo, que

---

Ego = Non-ego. Según Harris, el joven Hegel estaría siguiendo el pensamiento de su amigo Schelling (HARRIS, *Hegel's Development. Toward the Sunlight*, p. 291). En contraste, en esta interpretación del texto nos hemos decantado por hacer un escrito que no cierre las puertas a cualquier parte del idealismo alemán. El vocabulario expresado (Yo (o Ego) y No-Yo (o Non-Ego)) se ha considerado como un vocabulario que es preeminentemente de Fichte, o al menos, su originador. Pero esto no nos imposibilita comprender que pudiera ser influencia de cualquier otro autor del idealismo alemán.

263 EJ, 239 / GW2, 5-6 / TWA1, 239-240.

264 «El *Yo pienso* debe *poder* acompañar a todas mis representaciones, pues de otro modo, será representado en mí algo que no podría ser pensado, lo que nene a significar, o bien que la representación sería imposible, o que, al menos, no sería nada para mí» (KANT, I., *Crítica de la razón pura*, Ediciones Colihue Buenos Aires, 2007, B 132).

no varía —podría pensar también un cuadro de Rembrandt, mirar a las montañas, o ver una película, o cualquier cosa, pero el Yo siempre estaría presente en ese pensamiento—. Por contraparte, el ser buena persona aparece en mi conciencia como accidente: el Yo podría ser acompañado por la idea de buena persona, como por cualquier otro ejemplo. Si lo vemos así, entonces situamos a Hegel cercano a Kant, pues lo que hay es un Yo que acompaña a nuestras representaciones, pero que, en el fondo, son determinaciones del Yo. O sea, entender los conceptos morales como determinación del Yo, creo que es un paso más allá del propio Kant. No es un acompañamiento. No hay yuxtaposición. Lo que hay es determinación: lo uno está en el otro.

POSITIVIZAR LA MORAL

El concepto moral es siempre una actividad de la reflexión del Yo, que se determina a sí mismo. Es su determinación activa. Hegel dice que es «actividad reflejada en la reflexión» (*Reflektierte Thätigkeit*). Esto se debe a que el concepto tiene que ser reflexionado, reflejado en nuestro intelecto. Solo así aparecen los conceptos morales. No obstante, insisto, no es mera *reflexión*, o *reflejo*, pues no es distinto del sujeto, sino que es producida por el sujeto. Es su actividad. Por este motivo es *Reflektierte Thätigkeit*: hay reflejo en el intelecto siendo, pues, actividad del sujeto.

Sin embargo, en ocasiones hay conceptos morales que todos asumimos, pero que no han sido reflexionados por el sujeto. Estos conceptos morales muchas veces son los que nos han sido dados por la sociedad. Pues bien, a estos conceptos morales, Hegel los considera «conceptos positivos», aludiendo al mismo sentido de *positivo* que explicaba al inicio del escrito. De este modo, acaba siendo un «concepto sin actividad» del sujeto, a pesar de lo cual «se presente que, al mismo tiempo, sea un concepto práctico».[265]

265 EJ, 239 / GW2, 6 / TWA1, 240.

Este tipo de concepto moral positivo recibe toda su fuerza por venir de lo que debe ser respetado o de algo que despierta temor. Es acato por miedo o respeto a una autoridad sancionadora. El *concepto moral positivo* puede reconvertirse en *concepto moral* siempre que la actividad del sujeto lo alcance, viéndose que su fuerza, en realidad, no le viene por su respaldo en el temor o en lo que debe ser respetado, sino que es una fuerza propia.[266] Si consideramos este pensamiento de Hegel, hay multitud de casos abarcables bajo esta idea. Uno de ellos son las leyes. En un primer momento, las leyes tienen su vigor en la autoridad del Estado que actúa como sancionador, y es, por tanto, o bien un objeto que debe ser respetado, o bien infunde temor mediante la sanción. Pues bien, si reflexionamos sobre alguna ley en particular, por ejemplo, la prohibición del asesinato, todas las personas, en primera instancia la asumimos por la fuerza de la autoridad, aunque podemos reflexionar sobre ella y razonar por qué está prohibida. De esta manera se produce la transición de la inactividad del sujeto a la actividad, que en la consideración conceptual sobre la moral es el paso de ser *concepto moral positivo* —dado, respaldado por la fuerza de la autoridad, y sencillamente asumido sin ninguna actividad del sujeto— a ser ahora *concepto moral* —en el que el sujeto lo ha reflexionado y es partícipe del mismo concepto—.

En consecuencia, los *conceptos morales positivos* no son positivos inmutablemente. Y su positividad no es incognoscible. Hegel lo dice así: «Sin embargo, lo que se llama corrientemente "positivo" tiene la característica de no ser una actividad reflejada [en la reflexión] de nosotros mismos, sino la de ser algo objetivo, sin poder perder jamás este carácter».[267] Hegel concibe que lo moral puede hacerse positivo, y lo positivo es pura objetividad.

266 EJ, 240 / GW2, 6 / TWA1, 240.

267 *Ídem*. Atiéndase a que la noción de «actividad reflejada [en la reflexión]» en alemán es sencillamente *reflektierte Tätigkeit*, actividad reflexionada. El traductor al español optó por no perder el matiz de que es reflejada (*reflektierte*) y que se produce en la reflexión este reflejo —esto es una clara alusión al *Fedro* de Platón

Sin embargo, que *pueda* hacerse positiva la moral no significa que siempre lo sea. Al ser una determinación del Yo, puede reconstruirse el camino por el que fue constituido. Es decir, lo que es moral-positivo puede volver a ser plenamente moral si el sujeto reflexiona sobre ello, pues es una acción de un Yo —y, por ende, accesible para los otros Yo—. Esta reconstrucción de lo moral-positivo, en la que se pierde el carácter de positividad, la expresa Hegel así:

> Es verdad: lo moral también puede hacerse objetivo, en la medida en que es representado y concebido; pero la conciencia permanece siempre vinculada con lo moral o, si no, esta conexión puede restablecerse al instante: la conexión de que somos nosotros mismos, de que es nuestra propia fuerza y actividad libre la que constituye el objeto del conocimiento. [Por otro lado], lo que es moral, por una parte, y lo que es objetivo en el sentido corriente, por la otra, se oponen como dos contrarios.[268]

Lo moral es actividad del sujeto, pero en tanto que representado y concebido —reflexionado— se torna objeto. Pero el objeto no es ajeno, o externo, al sujeto. Es su actividad. Es lo reflejado por su actividad, el fruto de su *Reflektierte Thätigkeit*. Por eso alude Hegel a que la conciencia siempre permanece vinculada con lo moral, incluso cuando se ha tornado objeto, precisamente porque es nuestra actividad la que lo ha tornado objeto. De este modo, Hegel alude a que es

(véase ahí mismo, 225d y255c), tal y como han mostrado diversos académicos—. Que en la reflexión se produce un reflejo, es también una metáfora proveniente del *Fedro* (251a), con la que Platón se refiere a la visión completa de lo eternamente bello. Esto es que la belleza se contempla. Y algo guarda relación entre reflexión y contemplación como verá Hegel años más tarde, pues es su actividad más propia cuando es contemplación pensante (Enz, C, §§2-3). Volviendo al texto, por ende, es imposible pensar una *reflexión pasiva*, sino que la reflexión siempre es un tipo de actividad que realiza un sujeto. De ahí la posibilidad de que el sujeto reconstituya el camino de la subjetividad pese a la positividad a través de los *conceptos morales positivos*.

268 EJ, 240 / GW2, 6 / TWA1, 240.

nuestra propia fuerza libre (*eigne freie Kraft*), y nuestra propia actividad libre (*freie Thätigkeit*) la que ha constituido a lo objetivo.

Ahora bien, Hegel astutamente ha diferenciado entre dos concepciones de lo que es positivo, pues se ha referido a la «positividad», y a lo que corrientemente se llama «positivo». Por un lado, podemos encontrar lo que puede llamarse *positividad laxa*, que es lo que es positivo en la moralidad, que puede restablecerse el vínculo con la actividad reflexiva del sujeto moral. Por otra parte, aparece lo que denominaremos *positividad rígida*, de la que se nos ha comentado hasta el momento que esta última está dada por la objetividad «en el sentido corriente» y que no tiene posibilidad de reconversión bajo la actividad del sujeto.[269]

Así, Hegel señala que «lo que es moral, por una parte, y lo que es objetivo en el sentido corriente, por la otra, se oponen como dos contrarios».[270] Es decir, la positividad laxa es opuesta a la rígida y Hegel va a profundizar en esta oposición, concretamente pasará a exponer a continuación la positividad rígida. Esta explicación la realiza Hegel del siguiente modo: el objeto infinito actúa siempre de manera positiva de tres maneras principales: i) milagros; ii) revelación; iii) apariciones.[271] Estas acciones del objeto infinito infunden respeto en tanto que son, o dotan de, autoridad. En este sentido es en el que parece que Hegel está señalando que actúa de manera positiva. En estos casos la acción que realiza el objeto infinito tiene una causa, que no es ni un Yo ni un No-Yo, siendo totalmente desconocida.[272]

---

269 Hegel no establece la diferencia entre ambas nociones con las palabras «laxa» y «rígida», pero si realizamos un análisis terminológico cuando Hegel se refiere a los «conceptos morales positivos» y a la «positividad en sentido corriente», creo que esta diferenciación puede ser de gran ayuda.

270 EJ, 240 / GW2, 6 / TWA1, 240.

271 EJ, 240 / GW2, 6 / TWA1, 240.

272 Si radicalizásemos la hipótesis de Harris, anteriormente mencionada en la que el joven Hegel recibe en este escrito la influencia de Schelling, entonces se debe leer de modo contrario a como expreso. Es decir: la acción de Dios, el objeto infinito, (que en Schelling es Yo=No Yo), tiene una causa que es absolutamente conocida, pues

Pues bien, esto guarda conexión con el Yo práctico. La esencia (*Wesen*) de este Yo práctico (*praktischer Ich*) trasciende lo real mediante la actividad ideal y, a la par, exige que la actividad objetiva sea equivalente a la actividad infinita. Y se afirma a continuación que «solamente es positiva aquella fe práctica en la cual se da tanto ese trascender como la exigencia de la igualdad».[273] Pero esta exigencia solamente puede ser *dada* por una autoridad, que es poderosa y dominante. Empero, la forma de actuar de esta autoridad no puede ser comprendida por el ser humano. En este sentido es en el que decimos que su modo de actuar es un *milagro*, pues su causa es incognoscible para el ser humano.

Sin embargo, esto parece contraintuitivo porque presupone que la actividad del objeto infinito no puede reconocerse en la actividad del Yo. Y esta es la baza por la que Hegel apuesta, pues señala a continuación: «Con esto se distinguen de los actos que conocemos en cuanto actos de seres libres, en cuanto actos de un Yo».[274] Por tanto, hay acciones que realizamos libremente guiados por nuestro Yo y otro tipo de acciones cuyo fundamento no es el Yo, sino el objeto infinito. Por este motivo, como en realidad lo que conocemos son las acciones guiadas por un Yo, y las acciones del objeto infinito nos son desconocidas, cuando consideramos la finalidad moral de Dios nuestra reflexión tiende hacia lo conocido, es decir, a pensar que están realizadas por un Yo que, en este caso, es la divinidad.[275]

En otras palabras, se puede decir que el intelecto humano fabrica una simetría de la acción humana con las acciones de la Providencia

es el Yo y el No Yo, son accesibles para el conocimiento humano. Como veremos, Hegel se distancia de esta idea un poco más adelante y mantiene que el ser humano no puede conocer la acción del objeto infinito.

273 EJ, 240 / GW2, 7 / TWA1, 241.

274 EJ, 240 / GW2, 7 / TWA1, 241.

275 EJ, 240-241 / GW2, 7 / TWA1, 241.

en cuanto a su finalidad moral. Por eso se suele pensar que los milagros, las revelaciones o las apariciones tienen alguna finalidad moral: es el sujeto humano intentando justificar las acciones de la providencia como morales. Tratando de entenderlas como determinaciones de un Yo. Además, recuérdese que desde el inicio del escrito Hegel ha dejado bien claro que las acciones morales son las que tienen por objeto a un Yo. Por tanto, si las acciones divinas se consideran como acciones morales, entonces obligatoriamente tiene que haber algún Yo al que se refieran y tengan por causa. Esto complica el problema, y como vamos a ver, Hegel se percatará de ello.[276]

Conviene considerar que, si nos fijamos, para diferenciar los dos conceptos de positividad, así como el «tercer sentido de positividad» —que es como se nos presentas las formas de actuar del objeto infinito— son productos de la *reflektierte Tätigkeit.* Sin ella, nada de eso es posible. En otro momento, Hegel la denomina como *idealen Tätigkeit*, actividad ideal, lo que conecta con su noción de idealización en su madurez.[277] Y, sobre todo, será el fundamento de la noción del reconocimiento de la *Fenomenología*, pues sin la actividad

276 Aviso al lector de que, en el siguiente subapartado de este escrito, del que vamos a pasar a ocuparnos, en realidad la temática parece cambiar, aunque hay cuestiones en común. Como se dijo en la introducción, se busca realizar un comentario al escrito. Por este motivo, seguiré el mismo orden que el texto. Sin embargo, como puede resultar chocante el cambio de tema de Hegel, aunque sea en el mismo escrito, veo mejor adelantar la tesis aquí: la única manera de concebir a Dios va a ser mediante la reconciliación del Yo y del no-Yo, sujeto-objeto, o libertad y naturaleza. Cada disyunción está en un orden distinto, pero en realidad se refieren a lo mismo. Por eso, la solución al problema que plantea Hegel está al final de este subapartado, en el que se vuelve a plantear que la reconciliación de estas nociones duales (Yo y No Yo; sujeto y objeto, libertad y naturaleza) es mediante el amor.

277 Esto es algo que estoy planteando en trabajos presentes y que espero poder presentar al lector próximamente. El texto ha sido puesto a prueba en el workshop *Hegel under construction*, celebrado en Nápoles en junio de 2022. Si mi hipótesis es cierta, probablemente en este manuscrito de Fráncfort se encuentra la piedra de toque de buena parte de su desarrollo posterior y sobre cómo Hegel concibe que la reflexión es la actividad principal de la filosofía.

reflexiva que media entre la exterioridad y la interioridad, no puede producirse dicho reconocimiento.[278]

En el subapartado de este escrito, llamado *Religión, fundar una religión* encontramos que la primera afirmación de Hegel es que el extremo contrario de la dependencia de un objeto «es temer a los objetos la huida ante ellos, el temor ante la unión».[279] A continuación, Hegel apunta algo que parece una anotación por su contexto:

> Objetivo:
>
> Lo real en el espacio.
>
> Las determinaciones internas: objetivas con la conciencia de que son determinaciones internas.
>
> Las determinaciones internas, sin la conciencia de que son determinaciones internas.
>
> Religión es la veneración libre de la divinidad. La religión meramente subjetiva, sin imaginación es la rectitud.
>
> Comprender es dominar. Vivificar a los objetos, convertirlos en dioses.[280]

Parece que son los tres objetivos que se estaba planteando demostrar en su escrito, una especie de líneas maestras. Además, hay otras ideas clave sin numerar. Que la religión es veneración libre de la divinidad

278 Agradezco al Prof. Dr. Joseph Cohen, de Universidad de Dublín, este comentario realizado en el workshop *Hegel under construction*.

279 EJ, 241 / GW2, 8 / TWA1, 241.

280 EJ, 241 / GW2, 8 / TWA1, 241-242. Respecto a la última oración, que en español suena tan sentenciosa, en realidad en el original alemán es bastante natural. La edición de Ripalda traduce *begreifen* por *comprender*. Del verbo *begreifen* proviene también *Begriff* (*Concepto*). Ambas palabras vienen, a su vez, del verbo *greifen*, que significa asir, agarrar, tomar. El prefijo *be-* intensifica la relación con el objeto (como ocurre en otros verbos, como *bedenken*, que es pensar *en algo* concretamente, o *belugen* que es mentir *a alguien*). Por este motivo, etimológicamente, la oración «comprender es dominar» no suena como en español, sino que goza de naturalidad pues la noción de *comprender* hace referencia en alemán a tomar algo efectivamente, siendo etimológicamente, casi un juego de palabras entre *Begriff* y *begreifen*.

parece que hace referencia a una de las ideas más antiguas de Hegel que es la reivindicación de la religión subjetiva. Pero cuando señala que comprender es dominar parece que hubiera alguna reminiscencia con los *Esbozos del judaísmo*, en la que Nimrod convertía a la naturaleza en pensable para así poder dominarla. La otra afirmación acerca de vivificar a los objetos parece que es una idea que posiblemente hiciera referencia a lo que conocemos hoy día por lo sagrado: pensar que en el objeto existe algún tipo de divinidad y que, por ende, están en relación con la vida.

Después de estas aseveraciones, el texto comienza con su redacción articulada. Se afirma mediante un ejemplo con un torrente de agua que sigue las leyes de la gravedad, que contemplar —por ejemplo, guiado por las leyes de la gravitación— es comprender. Pero «darle un alma, participar en él como en algo que nos es semejante, es convertirlo en un Dios».[281] Fijémonos en que Hegel está considerando que lo que se convierte para el pensamiento popular en divinidad es aquello que entendemos que tiene algún tipo de alma. Sin embargo, los objetos de la naturaleza, como los árboles o los torrentes de agua están sometidos a las leyes de la necesidad, por tanto, no pueden ser dioses enteramente, y «se trata únicamente de semidioses [*helbgötter*]».[282] Así, lo que está preso de la necesidad, pero también susceptible de estar dotado de alma, es en realidad lo que constituye a los semidioses, como es el caso de las personas (divinizadas). Entonces, la religión consiste en entender todo lo natural como objetos divinos, pues en toda la naturaleza confluyen tanto la naturaleza que está sometida a las leyes de la necesidad, como la libertad. Harris ha presentado aquí una comparativa con las nociones de objeto-sujeto de Hegel. Por así decirlo, esto sería una génesis de su célebre teoría expuesta algunos años más tarde, en 1801, en su *Diferencia entre los sistemas de filosofía de Fichte y Schelling*.[283] El objeto es la

281 EJ, 241 / GW2, 8 / TWA1, 242.

282 EJ, 241 / GW2, 9 / TWA1, 242.

283 HEGEL, G. W. F., *Diferencia entre los sistemas de filosofía de Fichte y Schelling*, Tecnos, Madrid, 1990.

naturaleza y el sujeto la libertad,[284] y en este aspecto marca un precedente: naturaleza *es* libertad —no hay contradicción—, como el objeto *es* sujeto. No se pueden deslindar.[285] Remitiendo de nuevo al texto, en esta unidad es donde se encuentra lo divino: en la naturaleza-libertad, u objeto-sujeto. Por eso «una divinidad es sujeto y objeto a la vez»,[286] que es lo mismo que afirmar que la divinidad es naturaleza *y* libertad.[287]

Ahora bien, Hegel profundiza en este «a la vez» en la síntesis. Entonces pasa a exponer brevemente un marco teórico: las síntesis teóricas se convierten en algo objetivo, mientras que la práctica es completamente subjetiva. Que se convierta en algo objetivo quiere decir que pasa a ser objeto, como un objeto del pensamiento, ajena al

---

284 Quizá en su madurez estas ideas alcancen mayor vigor. Que la naturaleza es sujeto se puede decir de varios modos. Y lo cierto es que, en el sistema, Hegel contempla un emerger del espíritu desde la propia naturaleza. En este sentido no hay contradicción entre sujeto y objeto, siendo este el pensamiento medular de Hegel (BLOCH, E., *Sujeto objeto. El pensamiento de Hegel*, FCE, México, 1983, 3ª ed., pp. 34-44). De hecho, es por su interpretación del *Nous* de Anaxágoras que Hegel encuentra que no hay oposición entre sujeto y objeto. Para un estudio detallado sobre esto, véase: PADIAL, J. J., «Tiempo, naturaleza y sustancia del espíritu. Hacia una comprensión renovada de la ecología en Hegel», *Studia Hegeliana*, IV, 2018, pp. 235-261; PADIAL, J. J., «El Sueño del espíritu. Hegel y su interpretación del νοῦς pasivo», *Apéiron. Estudios de filosofía*, 17, 2022, pp. 137-161. También hay que conceder a Enrico de Negri que la *Menschenwerdung* es ya acuciante en este periodo y que Hegel tardará años en explicar la mediación por la que el devenir del hombre es desde la naturaleza al espíritu (DE NEGRI, E., *I principi di Hegel*, La Nuova Italia, Firenze, 1949, p. XVIII).

285 HARRIS, *Hegel's Development. Toward the Sunlight*, p. 293.

286 EJ, 241 / GW2, 9 / TWA1, 242.

287 Wallace subrayó la importancia entre naturaleza y libertad para Hegel. Según este autor, Kant había escindido la naturaleza y la libertad, y Hegel en su *Ciencia de la lógica* conseguiría aunarlas nuevamente (WALLACE, R. M., *Hegel's Philosophy of Reality, Freedom, and God*, Cambridge University Press, Cambridge, 2005, pp. 48-140). De esta manera, la tesis de Wallace se vería reforzada con este escrito de Hegel, pues no es una idea repentina, sino que llevaría más de una década madurando este pensamiento que, como hemos visto, en este escrito está ya esbozado con anterioridad.

sujeto. Sin embargo, las prácticas son totalmente concernientes a los sujetos. Por tanto, aparece una aparente irrenunciabilidad a la escisión entre teoría y práctica. Nada tiene que ver una con la otra. El problema teórico nos lleva a la escisión.

EL AMOR, FORMA DIALÉCTICA PRIMIGENIA

Sin embargo, y como vaticinábamos en las consideraciones generales, Hegel propondrá una solución: el amor. Es en el amor donde el objeto no está dominado, pero tampoco domina. Somos unidad con el objeto. Pues bien, «este amor, convertido por la imaginación en un ser, es la divinidad; frente a ella el hombre escindido [en sí mismo] siente respeto, veneración».[288] De este modo el amor es la divinidad. O mejor, el amor es ese punto en el que el objeto y el sujeto no están separados, donde no hay relación de dominación: esto mismo es la divinidad, por tanto, la divinidad es amor.

Por ser unión de lo contrario, puede recibir muchos nombres: «Unión del sujeto y del objeto, unión de la libertad y de la naturaleza, unión de lo real y de lo posible».[289] Es una postura francamente reconciliadora: en la divinidad, o amor, todo es unidad.[290] La dominación solo se produce cuando el sujeto se conserva como sujeto y el objeto se conserva como objeto, siendo que el sujeto es el dominador y el objeto lo dominado. Sin embargo, en la divinidad hay

288 EJ, 241 / GW2, 9 / TWA1, 242.

289 EJ, 241 / GW2, 9 / TWA1, 242.

290 Años más tarde, en su periodo berlinés, y también en Nuremberg, este mismo planteamiento sería desarrollado, ahondado y reflexionado más profundamente en clave metafísica, llevando a Hegel a la Idea, una de sus nociones principales. Así, en el §214 de la *Enciclopedia* Hegel expresa que la idea «puede ser entendida como (...), también como *OBJETO-sujeto*, como la unidad de lo *ideal y lo real*» (Enz C, §214). Si bien es cierto que aquí todavía es una idea que le falta muchísima madurez —y todavía más si se la compara con el esplendor especulativo del periodo berlinés—, lo cierto es que ya está apuntando el planteamiento que seguirá en los años posteriores.

reconciliación de estos opuestos, por eso ahí no existe la dominación, sino que es el hábitat del amor.

Esto posibilita a Hegel realizar un breve, pero intenso apunte sobre las religiones antiguas: en la Antigüedad los dioses se movían entre las personas —según las mitologías—. Pero a medida que se afianzaba la diferencia entre objeto y sujeto, también lo hacía esta relación. Por este motivo terminó por desembocar en la servidumbre plena, que es cuando se ha producido la escisión clara entre objeto y sujeto.[291] De este modo, parece que se puede afirmar que, según Hegel, en las religiones antiguas la unión con la deidad es opuestamente proporcional a la relación de dominación. A menor relación de dominación, mayor y mejor relación con la divinidad, y viceversa. Por eso desde la edad Antigua se ha estado separando cada vez más sujeto y objeto y, por tanto, incrementándose la relación de dominio.

ELEMENTOS GNÓSTICOS, SI ACASO

Este escrito no es gnóstico de ningún modo porque no se aborda esa problemática. Tampoco hay clara reminiscencia del gnosticismo. Es cierto que podría forzarse el texto aludiendo a que la unión de sujeto y objeto cuando se aborda a Dios y al ser humano, así como la concepción de una unidad originaria pura puede sonar a gnosticismo. Y aunque sea forzar el texto, permítame el lector unas breves líneas. En primer lugar, he de considerar que hay una dualidad que no se da en la divinidad podría encajarse con la caída, la cual como se dijo es clave en el gnosticismo. Por otro lado, también se podría considerar que la asunción de una unidad originaria en la que está lo indiferenciado —no hay naturaleza o libertad, ni sujeto u objeto, etc.— puede tener aromas gnósticos. La unidad en la que todo está indiferenciado también es la unidad de la que todo puede

291 EJ, 242 / GW2, 9 / TWA1, 242-243.

emanar. Pero esta indiferenciación no es ininteligible para la mente humana por defecto, o por carencias, sino por excesos en tanto que todo puede surgir de ahí, de esa unidad originaria, y entonces se torna inconcebible para el intelecto humano.

En caso de haber huellas de gnosticismo Hegel ya se establece sobre elementos clave del gnosticismo, pero ya no recurre como en Berna a la gnosis. Entre otras cosas porque este escrito es más bien de metafísica. Ahora bien, también llama la atención el amor. El amor en este escrito es un retorno a la unidad originaria. Pero que sea *retorno* puede ser problemático. No son pocos los investigadores que consideran que aquí está el primer esbozo del Absoluto, el cual emerge para luego volver a sí mismo —la celebérrima vuelta reflexiva hegeliana—, en el cual todo está reconciliado. Pero eso depende de si es retorno a la unidad originario o retroceso. Si es retroceso, entonces no puede ser el Absoluto, pues esta necesidad del desarrollo. Pero entonces es un retorno a Dios, pues el amor es la divinidad. Esto abre la posibilidad de pensar este escrito más fehacientemente como la descripción metafísica de la caída. Tras la escisión entre el hombre y Dios, al final todo retorna a Dios como indistinguible de él. Como en el estado de gloria. Pero también hay otra posibilidad más, que es la de identificar al amor con una especie de *Jojmá*.[292] Es decir, que Dios crease a la unidad originaria (amor), siendo esta parte de Dios y en Dios, y el retorno del ser humano no es a Dios mismo, sino a la divinidad en tanto que el amor es un término medio entre Dios y el hombre. Si se comprende así el amor, podemos también intuir cierto gnosticismo.

---

292 Sobre la sabiduría, o *Jojmá*, como elemento mediador entre Dios y su creación véase: ANTÓN PACHECO, J. A., *Jojmá. Sofía. Sabiduría. Sabiduría oriental en el universo bíblico*, Mandala, Madrid, 2023. Asimismo, véase del mismo autor: ANTÓN PACHECO, J. A., «Consideraciones acerca de la noción bíblica de Jojmá-Sofía», *RAPHISA. Revista de Antropología y Filosofía de lo Sagrado*, 7 (2), 2024, pp. 101-112.

Como he dicho, se puede argumentar aquí ciertas dosis de gnosticismo, o cierto paralelismo con algunos elementos gnósticos, pero no es el escrito en el que más destaque el gnosticismo hegeliano. De ahí que a continuación pasemos directamente al siguiente escrito de Hegel para seguir esta travesía.

EL AMOR COMO UNIÓN. UNA EXÉGESIS DE *AMOR Y RELIGIÓN*

EL AUTÉNTICO DOLOR

Lo que se conserva de este escrito está comenzado. Le falta la parte del inicio. Por eso es imposible contextualizar las ideas previas. Parece que el texto trataba sobre la desunión del ser humano con la divinidad a juzgar por el tipo de expresiones, mas esto es solo una hipótesis que sonsaco uniendo estos fragmentos con el anterior. Este texto, brevísimo, es muy difícil de interpretar a causa de su brevedad, pero en él Hegel creo que está introduciendo algunas ideas sobre culpar a Dios de las acciones humanas, es decir, es un texto sobre la punición.

Lo primero que se afirma de manera clara es que un pueblo que rechaza a los dioses de otros pueblos es un pueblo del odio que está en contra de todo el género humano, mientras que la pluralidad debería ser respetada siempre. Esto nos permite ver que Hegel está en contra de la intolerancia religiosa. Ciertamente, una religión y otra religión parecen no unificables. No obstante, el ser humano consigue unir lo que parece no-unificable mediante la positividad. Pero esto es una unificación forzosa.[293]

De las uniones forzosas surge en parte el dolor. El «dolor auténtico» al que Hegel se refiere en el texto surge de la separación entre

293 EJ, 242 / GW2, 97 / TWA1, 243.

la realidad y el impulso. La divinidad no es la causa de este dolor auténtico de ninguna manera. Pese a todo, el ser humano la culpa, haciendo que parezca como algo hostil. Sin embargo, si esa persona ya ha tenido relación con la divinidad, entonces la divinidad no se le presenta con hostilidad monolítica, sino que sabe que su hostilidad hacia la divinidad es algo pasajero.[294]

A continuación, el texto introduce un párrafo bastante oscuro. Es el siguiente:

> Pero si está consciente de su pureza y tiene la suficiente fuerza para soportar la separación completa, entonces se enfrenta con un poder desconocido, en el cual no hay nada humano, se enfrenta, poderosamente con el destino, sin someterse, y sin entrar en otro tipo de unión con él; la cual por ser una unificación con un ser más poderoso podría ser solo servidumbre.[295]

Creo que el sentido es que, si una persona es consciente de la pureza de la divinidad y, pese a culpar a Dios de algo malo que haya ocurrido en su vida logra soportar ese momento de sentirse separado e incluso hostil con la divinidad, entonces esa persona se enfrenta a su destino. Enfrentarse es diferente a aceptar su destino o a someterse. Es un suceso trágico que ha ocurrido contra el cual nos resistimos, pero no podemos negar que ha ocurrido. A Dios solo se le puede servir, pero en este caso hay una pugna contra el destino que nos intenta someter. Por ejemplo, cuando fallece un ser querido entonces una persona siente el impulso de culpar a Dios por lo ocurrido. Pero si es una persona que ya conoció a Dios sabe que su hostilidad con Él es solo transitoria. Pese a ello, es nuestro destino que ese suceso trágico ocurriese, pero nos negamos ante él. El destino se cumple, pero no lo aceptamos. En este sentido, esto es un dolor auténtico: el impulso (culpar a Dios) y la realidad (el suceso trágico)

294 EJ, 242 / GW2, 97 / TWA1, 243.
295 EJ, 243 / GW2, 97 / TWA1, 244.

entran en separación. Eso es lo que nos duele. Es el destino que se consuma en la realidad lo que nos produce dolor auténtico.

A continuación, Hegel afirma lo siguiente:

> Si se unifica ahí donde en la naturaleza prevalece la separación eterna, si se unifica lo que es incompatible, ahí se produce la positividad. Lo así unificado, este ideal, es entonces algo objetivo, hay algo en él que no es sujeto.[296]

Como comenta Hegel, para poder unificar verdaderamente no tiene que haber incompatibilidad, porque de lo contrario el único modo de unificación es la positividad. Pero unificar por la positividad es unificar por una autoridad externa y ajena a la persona. En este sentido se puede ver claramente que la subjetividad es negada y, a su vez, conservada, pero no por el sujeto, sino porque se funde con algo superior a él. De ese modo, el sujeto acepta lo que escapa a su propia comprensión, algo ajeno, objetivo, no proveniente del propio sujeto. Es de nuevo un intento de unificación de subjetividad y positividad.

Esto es un tema que, si recordamos, ya había aparecido en Berna. Cuando Hegel abordó allí la positividad, lo cierto es que señaló que a causa de la tradición se nos presenta como algo objetivo, pero que en el inicio fue algo subjetivo. Sin embargo, esa subjetividad originaria que dio lugar a la objetividad fue olvidada. Aquí aparece el mismo reclamo.

Lo objetivo es también entendido aquí como lo «ideal» como se ve en el párrafo anteriormente citado. Pues bien, Hegel prosigue señalando que, al ideal, a lo objetivo, no lo podemos considerar fuera de nosotros mismos, pues si lo hiciéramos sería un objeto. Pero no lo es. Es actividad del sujeto. Pero tampoco lo podemos situar por completo como subjetivo, ya que entonces no es objetividad, o

296 EJ, 243 / GW2, 97 / TWA1, 244.

idealidad.[297] ¿Cómo lo unificamos? La respuesta de Hegel es que hay otra vía, la cual ya conocemos: el amor.[298] El amor es otra forma de unificación diferente al de la positividad. El amor no fuerza nada.

LA RELIGIÓN ES AMOR

La religión, dice Hegel, es una con el amor. No hay religión que no profese el amor, pues sin amor, no hay religión. El ser amado no es contrario a nosotros, sino que es uno con nosotros.[299] Por así decirlo, al amar a alguien entonces ya no nos comprendemos como un yo y un tú, sino que nos comprendemos como una unidad, como una unión, como un nosotros. Por eso el amor es «un milagro que no llegamos a comprender».[300]

El texto termina citando el *Fedro* de Platón por su noción sobre el amor. Como ha señalado Harris, el amor es primordial en este escrito. El mundo de lo vivo no es materia del entendimiento, que reduciría la rica complejidad de lo vivo a un equilibrio de fuerzas opuestas, e irreconciliables en este sentido. El amor no pertenece en este ámbito al entendimiento. Escapa de él.[301] Pertenece al mundo

---

297 EJ, 243 / GW2, 97 / TWA1, 244.

298 Nótese que, como se señaló en una de las notas a pie de página anteriormente, hay una notable influencia de Hölderlin en Hegel. Tanto el planteamiento del problema como su solución son coincidentes en el poeta y en el filósofo. De otro modo, Althusser ha señalado que el amor, al ser la reconciliación de opuestos, es, en estos escritos de juventud, lo que en su madurez tomará por superación (*Aufhebung*). Además, Althusser alude a que el amor, igual que la superación, no son punto de partida, sino de llegada. Es decir, son resultado de un proceso (ALTHUSSER, L., *The Spectre of Hegel*, Verso, New York, 1997, p. 48)

299 EJ, 243 / GW2, 97 / TWA1, 244.

300 EJ, 243 / GW2, 97 / TWA1, 244.

301 A este respecto, Hegel parece tener en mente la filosofía de Jacobi. En su filosofía de la religión, Hegel mentará en varias ocasiones a Jacobi. Probablemente, aquí también lo estuviese haciendo, pues conoce su filosofía desde Tubinga. Ahora bien, Jacobi había mostrado la insuficiencia del entendimiento para aprehender la realidad como totalidad. El entendimiento está condenado a moverse en lo finito. A su vez, ya en la época de Heidelberg, Hegel expondrá que, efectivamente, Jacobi lleva razón en esto,

del sentimiento, lo que no le permite reconocer límites ni barreras. Pero esto debe comprenderse bien: el amor no es *un sentimiento particular*, sino que es una noción que determina el sentido de la propia vida.[302] En esta ocasión el sentido de la vida es la unificación. El amor reconcilia, nos devuelve a la unidad originaria.[303] Es, más o menos, análogo al *Eros* de Platón o al deseo según Hemsterhuis.[304]

Atendamos también a que el amor es el sentido de la vida humana. Pero el amor se da en la religión, no en la filosofía. Esto quiere decir que solo la religión es capaz de proporcionar al hombre la reconciliación consigo mismo, de elevarlo por encima de sus contradicciones.

---

pero que, a su vez, el filósofo cae en un intento de captar la totalidad como inmediatez —que Hegel discutirá ampliamente como tercer posicionamiento del pensamiento respecto a la objetividad, llamado *el saber inmediato* (*das unmittelbare Wissen*) en su *Enciclopedia* (§§61-78). Así pues, Jacobi rehúsa de toda mediación, lo que no es aceptado por Hegel (AMENGUAL, G., *Estudio introductorio*, en G. Amengual (ed.) Hegel, G. W. F., *Escritos sobre religión*, Ediciones Sígueme, Salamanca, 2013, pp. 14-15). Pero eso no quiere decir que las mediaciones se den solo y exclusivamente en el entendimiento, como mostrará Hegel en su madurez.

302 HARRIS, *Hegel's Development. Toward the Sunlight*, p. 305. También Diether Henrich ha notado la importancia del amor en estos escritos. Coincido con Henrich en que, tal y como él expone, el amor es en el joven Hegel un presupuesto para la moral y que, además, termina de completarla. Es decir, el amor es la estructura, el *pléroma*, de la vida moral (HENRICH, D., *Between Kant and Hegel. Lectures on German Idealism*, Harvard University Press, London, 2003, pp. 306-307). Pero incluso más profundamente considero que lo ha tratado Paredes, que consiguió datar las bases metafísicas del amor y su relación con la vida en la filosofía de Hegel en el periodo de Fráncfort. El amor es, en realidad, una noción metafísica, no intersubjetiva, lo cual no debe olvidarse. Sobre esto, véase: PAREDES, M. C., «La vie et l'amour dans la pensée de Hegel à Francfort», *Revue Philosophique de La France et de l'Étranger*, 197 (1), 2007, pp. 23–41.

303 La unidad originaria, como se apuntó como Polo, es el germen del Absoluto, como también apuntó Marcuse (MARCUSE, H., *Ontología de Hegel*, Ediciones Martínez Roca, Barcelona, 1970, p. 24), quien va a señalar que la unidad originaria es el primer carácter que se hizo visible del Absoluto hegeliano. Efectivamente, comparto con Marcuse que «lo absoluto apareció como unidad originaria de la escisión, de los opuestos. Y este carácter se radicalizó y preservó en todas las ulteriores determinaciones».

304 MELICA, C., «Longing for Unity: Hemsterhuis and Hegel».

Ese es su sentido. Hegel aquí sigue siendo un teólogo. Como apunta con sencillez Eduardo Álvarez, «la religión es la conciencia de la interrelación de toda la vida en el amor. En tanto que forma suprema de la experiencia de la vida, la religión logra una unificación del sentido de la existencia que la filosofía no puede alcanzar».[305] Por lo tanto, puede observarse en este escrito que la religión, y no la filosofía, es la que brinda el sentido de nuestra existencia. Todavía se encontraba muy alejado de sus propuestas de madurez en las que la filosofía fuese la más alta figura del absoluto.

Otra vez ha aparecido aquí la emergencia de la unidad originaria. Otra vez aparece, entonces, la misma posibilidad respecto al gnosticismo. Pero nada más allá que la mera posibilidad. No hay suficientes elementos que confirmen que el sentido del amor como retorno a la unidad originaria guarde relación con el gnosticismo de entrada, por lo que podría ser forzar el texto tratar de buscar otros elementos. Aventurarnos a más no tendría sentido, pues además es un texto cortísimo, de solo dos páginas en sus versiones alemana y española, por lo que no hay más espacio para la especulación.

SUPERAR LA ESCISIÓN. UNA EXÉGESIS DE *CREER Y SER*

LA CREENCIA

Este texto requiere volver al tema de la unificación. Como expone Paredes, la unificación es considerada aquí como «la medida de la oposición y lo que muestra el verdadero carácter de los opuestos, que de este modo pueden ser conocidos como tales».[306] Por medio de la oposición, se muestra a los objetos de nuestro conocimiento como

305 ÁLVAREZ, E., *El saber del hombre. Una introducción al pensamiento de Hegel*, Trotta, Barcelona, 2001, p. 24.

306 PAREDES, M.C., «El joven Hegel», p. 21.

opuestos, y son reconocidos como opuestos. Para comprender bien este punto, es necesario que vayamos al inicio del escrito.

Lo primero que aparece en este escrito es la definición de *creer* (*Glauben*), que es

> la manera en que una unificación que unifica una antinomia está presente en nuestra representación. La unificación es la actividad; esta actividad reflejada [por la reflexión] como objeto es lo creído.[307]

Creer es algo que pertenece a la filosofía práctica. A partir de 1798 Hegel tomó muy seriamente la *Crítica de la razón práctica*, como es bien sabido, y otras obras de Kant como *Metafísica de las costumbres*. Pues bien, lo que Hegel está señalando, siguiendo la línea kantiana, es que creer pertenece a la filosofía práctica, a la actividad. Frente a una antinomia —recuérdese Kant en la *Crítica de la razón pura*—[308] se plantean dos posiciones contradictorias que la razón (*Vernunft*) no puede solucionar porque escapan de lo que es conocimiento legítimo —mediado por el entendimiento (*Verstand*)—. Hegel aquí está señalando que una antinomia que esté presente en nuestra representación se une mediante el acto de creer. ¿Qué es creer? No es una actividad teorética, sino práctica. Esta unificación que realiza la creencia da lugar al objeto creído como *reflektierte Thätigkeit*, pues el objeto creído es reflejado en nuestra conciencia. Creer es la solución que el ser humano tiene para las antinomias.[309]

---

307 EJ, 243 / GW2, 10 / TWA1, 250.

308 Las antinomias kantianas es un tema sobre el que probablemente reflexionase en este periodo. En el círculo cercano de Hölderlin, otro de sus amigos, Zwilling, tenía este tema de discusión como preeminente (BONDELI, M., «Tübingen, Bern and Frankfurt: 1788-1800», en A. DE LAURENTIIS and J. EDWARDS (Eds.), *The Bloomsbury companion to Hegel*, Bloomsbury, London, 2013, p. 19). Si es un contagio intelectual de estas conversaciones, nos queda lejos para el alcance de nuestra obra, por lo que lo abro solamente para el interés del lector.

309 En otros lugares, señalará que la superación de estas escisiones contradictorias del pensamiento es, no mediante el creer, sino mediante el amor. Esta unidad

Igual que antes con la moral cuando trató la *reflektierte Thätigkeit*, ahora hay una nueva objetividad —lo creído— que nace de nuestra actividad subjetiva —creer—. Por tanto, lo creído, aunque parezca ser algo distinto del sujeto, es actividad del sujeto. Dicho de otro modo: no es un accidente del Yo, sino una determinación del Yo. El objeto objetivo creído nace de la actividad subjetiva de creer. Esto acarrea en última consecuencia que sea una «restricción del pensamiento —que no puede conocer la unificación— frente a la fe».[310] Pero entonces ¿cómo sabemos del objeto *creído*? ¿Qué nos da ese conocimiento? Para conocer esta unificación está, precisamente, el ser (*Seyn*).

Harris ha señalado que esta unificación (*Vereinigung*) que realiza el sujeto tiene cierta herencia, a la par que intención de superación, de la *síntesis* kantiana.[311] Kant había establecido que la síntesis es una acción —del propio sujeto— en la que se añaden diversos elementos provenientes de la sensibilidad, siendo una unión de la multiplicidad.[312] Quizá torpemente otros no somos capaces de ver aquí la herencia de la síntesis kantiana, sino que lo que vemos es un intento novedoso del joven Hegel por enfrentarse desde la filosofía práctica al problema de las antinomias. Pero volvamos al texto.

Pues bien, lo que el joven Hegel está tratando de expresar es que el acto de unificación (después de reconocer la tesis y antítesis de la antinomia) es lo que se denomina *creer*. De ser así, tendríamos un nuevo apunte sobre la famosa dialéctica hegeliana.[313] Pasemos ahora a explicar este acto de unión que es el creer.

---

representaría así la unidad de la vida y, según Pannenberg estaría ahí el primer germen del Concepto especulativo (PANNENBERG. W., *Una historia de la filosofía desde la idea de Dios*, Sígueme, Salamanca, 2001, pp. 268-269).

310 PAREDES, M. C., «El joven Hegel», p. 21.

311 HARRIS, *Hegel's Development. Toward the Sunlight*, p. 312.

312 KANT, *Crítica de la razón pura*, B 103.

313 Dejo para futuras investigaciones desarrollar si este escrito contiene el origen de la dialéctica hegeliana con más profundidad y hasta qué punto. No obstante, sepa el lector que la archiconocida dialéctica —ese mito de «tesis, antítesis, síntesis» que

Para poder reconocer lo antagónico en la antinomia, su contradicción, primero el ser humano aprehende el objeto de su conocimiento de manera unificada. O sea, conocer algo como opuesto a otro significa que tiene que haber un punto común por el que decimos que son opuestos: «Lo antagónico solo se puede conocer como tal si [antes] ya se ha unificado».[314] Pensemos, solo intuitivamente, y solo a modo de ilustración que, por ejemplo, lo contrario de la sabiduría es la ignorancia. Pero ambos presuponen el conocimiento como instancia a la que se refieren. Si se afirma que la sabiduría es lo contrario a la ignorancia, o viceversa, ambos tienen originariamente como referencia el conocimiento. Por eso, como prosigue Hegel, cuando se prueba que dos nociones son opuestas, que no pueden coexistir, que se rechazan mutuamente, eso significa que ambos tienen un mismo origen, que es su punto de unión. Por eso «para poder mostrar que son opuestos ya se presupone la unificación».[315] Con esto se prueba que la unificación está de antemano, o sea que, aunque no salte a la vista, tiene que haber un terreno común. O si se prefiere, de manera más sencilla: la unificación es lo originario en la conciencia. Hegel añade que: «Sin embargo, la unificación misma, el hecho de que *es*, no se ha probado de esta manera; más bien esta forma de existir de la representación en la conciencia es *creída*».[316]

Que sea creído quiere decir que no hay demostración de ello, pero que hay unificación. Esto lo aclara Hegel señalando que los opuestos son dependientes entre sí para poder ser catalogados como opuestos —por ejemplo, la luz se define por la oscuridad, la ignorancia

repiten los manuales de filosofía— no es el método infinitamente poderoso que se suele pensar de Hegel en realidad. Parece no haber jugado un papel tan fundamental como se suele creer en sus escritos filosóficos como la izquierda hegeliana quiso hacer creer. Para una crítica sobre el mito de la dialéctica de Hegel, véase: MUELLER, G. E., «The Hegel Legend of "Thesis-Antithesis- Synthesis"», *Journal of the History of Ideas*, 19 (3), 1958, pp. 411-414.

314 EJ, 244 / GW2, 10 / TWA1, 251.

315 EJ, 244 / GW2, 10 / TWA1, 251.

316 EJ, 244 / GW2, 10 / TWA1, 251.

por la sabiduría, el calor por el frío, lo vivo por lo muerto, etc., pues para poder aprehender una noción, tiene que existir la otra, aunque entre sí se rechacen mutuamente—. Al mostrarse que los opuestos son dependientes entre sí, entonces *probar* algo significa «mostrar su dependencia».[317] Probar que una piedra cae a causa de la gravedad es mostrar la dependencia de que la piedra esté sujeta a las leyes de la gravedad.

CREER, UNIFICAR Y SER

¿Cuál es el problema que acontece? Que entonces la *relación* no puede ser probada. Es probado, o demostrado (*bewiesen*), un opuesto y el otro opuesto porque dependen entre sí, pero no es probada la unificación en sí misma (*Vereinigung selbst*). Esto es un problema: ¿qué prueba hay de aquello que muestra la independencia de dos cosas? La relación no depende de un extremo ni del otro. Solo los relaciona mostrando la dependencia mutua. Si la relación no depende, entonces es independiente. Pero si probar es mostrar la dependencia, y la unificación en sí misma (*Vereinigung selbst*) es independiente, entonces la relación en sí misma no puede ser probada.

Ante este problema Hegel esgrime la acción de creer como respuesta. La relación en sí misma no puede ser probada. Entonces es *creída* —unifica dos representaciones opuestas entre sí en nuestra conciencia—. El creer aquí se articula con el ser. Esto se debe a que sabemos que la relación *es*. Pero si algo *es* y, al mismo tiempo, es *creído*, entonces creer y ser son, en este punto, lo mismo. El objeto creído es, y lo que es, es creído. Y si, como también se dijo ya al inicio del texto, *creer* es *unificar*, entonces *unificación* y *ser* también son lo mismo. El orden ontológico aquí funciona en igualdad entre *creer*, *unificar* y *ser*.

317 EJ, 244 / GW2, 10 / TWA1, 251.

Visto así, no es sorprendente la siguiente oración de Hegel en la que se dice que: «Unificación y ser son sinónimos».[318] El ser solamente puede ser creído, y entonces el acto de creer *presupone* al de ser, es decir, que creemos antes de llegar a saber el ser de algún objeto. Esto, ahora, así expresado, no es un orden ontológico, sino fenomenológico. Por eso Hegel también apunta que creer es *antes* que el ser.[319] No es necesario convencerse del ser primero para creer, sino que el orden es del revés porque algo puede ser, pero no ser *para nosotros* (para nuestra conciencia), y que entonces no signifique nada para nosotros.[320] Orden fenomenológico y orden ontológico quedan aquí bien delimitados. En el orden de aparición en la conciencia, algo tiene que ser creído para aparecer como ser. En el mismo momento en que nuestro objeto aparece en nuestra conciencia, es porque es creído, y entonces es. O, dicho de otro modo, el sujeto en su actividad produce su objeto —la *reflektierte Thätigkeit*— y entonces que algo sea (objetivo) depende de que creamos (actividad subjetiva). Esto es el orden fenomenológico, pero no el ontológico. El ontológico lo prosigue Hegel a continuación.

Pensemos ahora desde el orden ontológico. Aquí el ser tiene independencia, la cual «consiste en que *es*, sea o no para nosotros».[321] Lo que es el ser, entonces, es ontológicamente independiente del sujeto. Ahora bien, en nuestra conciencia el ser en el que todavía no creemos, aunque *es*, se presenta como posibilidad, como pensable —o sea, sin que hayamos unificado las antinomias—. Pero claro, lo que es pensable no implica que *sea*, o su grado es diferente, pues es ser

318 EJ, 244 / GW2, 11 / TWA1, 251.

319 Paredes ha marcado al respecto una posible oposición de Hegel al pensamiento kantiano mediante estos términos. Esta idea del *ser* de Hegel sería una respuesta al problema de la realidad y la posibilidad en la *Crítica del juicio* de Kant, en el §76. El ser sería aquí la superación de los conceptos de posibilidad y de realidad como opuestos mediante, pues el ámbito del ser es mayor que el de las meras representaciones (PAREDES, *Génesis del concepto de verdad en el joven Hegel*, p. 120).

320 EJ, 244 / GW2, 11 / TWA1, 251.

321 EJ, 244 / GW2, 11 / TWA1, 252.

como pensamiento únicamente.[322] Así pues, el ser *es*, pero el ser en la conciencia es *creer*.

Esto plantea el siguiente problema: lo pensado es opuesto al sujeto que piensa. Son los dos extremos de la relación. Pero opuesto aquí quiere decir enfrente, que es lo que hacemos al representar: generar un objeto diferente de nosotros en nuestra propia conciencia. Sin embargo, esto es solamente un malentendido debido a que se suele pensar que existen varias formas de ser y, por ende, varias formas de unificación. Pero verdaderamente a «*una* manera de ser no le ha de corresponder otra».[323] Efectivamente, como dijese Aristóteles, el ser se dice de muchas maneras. Pero su manera de ser es solamente una. Ahora bien, hay que profundizar en la diferencia entre ser y creer un poco más.

Creer no es ser (ontológicamente). Pero ser en la conciencia es creer. Entonces, señala Hegel que creer es la forma del «ser reflejado

---

322 En este sentido, es análogo —salvando ciertas distancias— al Ser de Parménides. Como ha apuntado Alejandro Rojas, a través de esta línea de pensamiento —desde Parménides a Hegel— se constituye una forma entera de comprender nociones como la verdad. Y su fundamento último está en que el Ser, o bien el Absoluto, o bien la Verdad, están fuera de la vida. Por eso, cuando el joven Hegel está afirmando que *es* sea o no para nosotros, es decir, con independencia de la conciencia, creo que podría entenderse que está comenzando a asentar en su pensamiento la línea proveniente de Parménides, y expuesta en los términos de Rojas (véase, ROJAS, A., «Pensar-tiempo y ser: la verdad. Indicación de la relación "Pensar-Tiempo y Ser" de Parménides a Hegel y el posterior descubrimiento de la vida (de Dilthey a Heidegger)», *Thémata. Revista de filosofía*, 38, 2007, pp. 119-130). Para comprender también esta visión, quizá pueda ayudar a alumbrar esta idea la visión aristotélica. Aristóteles había diferenciado entre ***on kata phisis*** y ***on kata logos***. El primero hace referencia al existente, mientras que el segundo es un grado de ser, pero solo como pensamiento. Pues bien, si comparamos esta propuesta de Aristóteles con lo que Hegel está señalando en el escrito es casi igual: no se sigue sin ser (***katà physin***), pero sí el ser pensado (***katà lógon***). Para un estudio sobre este tema véase: MELENDO, T., *La metafísica de Aristóteles. Métodos y temas II*, Cuadernos de Anuario Filosófico, Pamplona, 1997.

323 EJ, 244 / GW2, 11 / TWA1, 252.

[en la reflexión]».[324] El ser reflejado (*reflektirte Seyn*) es lo que es el ser en la conciencia, o como el ser se aparece en la conciencia. Por eso termina Hegel señalando que «lo que *es* no tiene que ser creído, pero lo que es creído tiene que ser».[325] La primera oración se expresa en orden ontológico, real, independiente de la conciencia, mientras que la segunda lo hace en un orden fenomenológico, del acontecimiento mental, expresamente en la conciencia.

Cuando se aprehende esta actividad de creer, entonces se ve claramente que lo que es pensado está advertido ante el sujeto (opuesto), pero tiene que unificarse para poder ser creído porque es acto de unificación que realiza el sujeto. Por tanto, tiene que existir unificación entre el sujeto pensante y lo pensado. Así vislumbramos que el pensamiento es unificación (y creído, porque no se puede probar), pero lo pensado todavía no estaría unificado. En cualquier caso, entonces el que unifica es el sujeto mediante la actividad del pensamiento, surgiendo así la unificación entre lo pensante y lo pensado.

Esto le da a Hegel nuevas pistas para pensar la positividad. Así la fe positiva sería un tipo de fe que opera de manera en que, en vez de en la única unificación posible de lo pensante y lo pensado, pone al otro ser en el lugar del único ser posible. Esto lleva a que su unificación es incompleta en realidad porque no se unifican de la manera en que deben ser unificados. Es una forma engañosa de unificar.[326]

En la verdadera manera de unificar hay un acto de determinar y otro que es el resultado determinado. Por eso el pensar es determinante y determinado simultáneamente.[327] Por el contrario, en la

---

324 EJ, 244 / GW2, 11 / TWA1, 252.

325 EJ, 244 / GW2, 11 / TWA1, 252.

326 EJ, 245 / GW2, 11 / TWA1, 252-253

327 Como cuando el pensamiento piensa. Cuando pensamos, por más que nos intentemos acercar a la realidad, lo que hacemos es pensar aquello que aparece en nuestra mente. Por eso el pensamiento, cuando piensa, piensa al propio pensamiento. Es un determinar que al mismo tiempo es determinado. Años más tarde retomará esta idea en el segundo posicionamiento del pensamiento respecto a la objetividad, en la *Enciclopedia*, donde dice que «Conocer es, en efecto, pensar *determinante*

religión positiva lo determinante da lugar a lo determinado, pero lo determinante ha sido determinado con anterioridad. No hay simultaneidad. Esto es una cadena *ad infinitum*. Así, el creyente de una religión positiva es algo determinado, y no es determinante, por tanto, es sujeto pasivo y no activo, lo que es contradictorio para Hegel porque lo propio del sujeto es la actividad. Por este motivo todas las religiones positivas tienen unos criterios de demarcación donde se establece la actividad, pero lo hacen de una manera muy especial:

> Admiten determinadas unificaciones (por ejemplo, la intuición [sensible]), conceden al hombre un determinado ser (por ejemplo, el de un vidente, de un oyente), conceden que es un ser que mueve, un ser activo, pero la actividad así concedida es una actividad vacía. En cada actividad determinada [de este tipo] no es el hombre activo el que produjo la determinación; en cuanto ser activo es más bien un ser activo determinado.[328]

Con base en esta cita podemos ver cómo Hegel considera que la actividad desarrollada por la persona en las religiones positivas es una actividad, pero insuficiente —una actividad *vacía*—. La actividad es el acto de determinar, ser nosotros un ser determinante, no un ser solamente determinado. Por eso lo determinante (*bestimmende*) es «un poder por el cual la actividad recibe su dirección, su forma».[329] De esta manera la actividad del sujeto es ser determinante propiamente. Pero ¿qué ocurre con lo que tiene que determinarse en el pensamiento? ¿Afecta la creencia a lo determinante y determinado?

Para Hegel la fe positiva exige fe en lo que puede *no-ser*. Este no-ser puede darse de dos maneras: a) como algo que todavía está en

---

y *determinado*; si la razón solo es pensar vacío o indeterminado, no piensa *nada*. Y si en definitiva la razón se reduce a aquella *identidad vacía* (véase el parágrafo siguiente) se verá al fin felizmente liberada de la contradicción mediante el sacrificio fácil de todo contenido y haber» (Enz C, §48N).

328 EJ, 246 / GW2, 13 / TWA1, 253-254.

329 EJ, 245 / GW2, 11 / TWA1, 254.

proceso de ser; b) como lo que no es, ni tan siquiera en proceso de ser. Por eso lo determinado no es existente en la medida en que está, sino en la medida en que es creído, siendo así que «toda religión positiva parte de algo opuesto, de algo que *no* somos y que, [sin embargo], tenemos el deber de ser».[330] Entonces es un ideal que puede ser o no, en tanto que es más bien un proyecto. Harris comenta al respecto que la fe positiva es en realidad una «promesa de salvación» en este escrito, y que hay una unión entre lo que se cree y lo que verdaderamente es.[331] Que esto sea así es una forma posible de verlo porque en el escrito se concluye que entonces, en la religión positiva, la unificación es solamente algo pensado. Así, Hegel afirma que desde la fe positiva cuando uno cree en la existencia de algo significa que se cree en la representación, o mejor, «yo creo que yo me represento algo, yo creo en algo creído».[332] Es decir, creer en la religión positiva es creer en una objetividad que, en realidad, emana desde nuestra subjetividad.

El texto termina con una serie de anotaciones —probablemente por donde pretendía continuar Hegel— en la que se señala que la unificación se realiza en las representaciones, que son lo que verdaderamente son unificadas. A su vez, las representaciones son pensamientos, pero lo pensado «no es algo que existe».[333] Esto es, que salir del pensamiento es extremadamente complejo porque el ser humano se acerca a la realidad representando, mediante el pensar. Por ende, no se puede enfrentar una persona a la realidad extramental, sino que siempre está filtrada por nuestro pensamiento, afectada por ella. Esto es un límite mental.[334]

330 EJ, 245 / GW2, 11 / TWA1, 254.

331 HARRIS, *Hegel's Development. Toward the Sunlight*, pp. 319-320.

332 EJ, 246 / GW2, 13 / TWA1, 254.

333 EJ, 246 / GW2, 13 / TWA1, 254.

334 Sobre esta idea en la madurez de Hegel y la respuesta de Polo, véase: PADIAL, J. J., «El celofán del concepto. Sobre la transparencia u opacidad de las entidades intensionales. Diálogo Polo-Hegel», *Studia Poliana*, 6, 2003, pp. 141-163.

CONSIDERACIONES FINALES

Al final de estos escritos podemos entrar a considerar varios asuntos. En primer lugar, Hegel se encuentra a las puertas de la noción de espíritu. Como hemos podido ver, la filosofía de Hegel toma en estos escritos como referencia los conceptos de «amor» y «vida» principalmente, que le permitirán en su etapa de esplendor en Jena desarrollar la noción de «espíritu»,[335] aunque también su propuesta sobre qué es creer podría orquestar años más tarde su dialéctica. Esto será especialmente importante cuando dialogue sobre la noción de *Glauben* en su obra de 1802 *Creer y saber*. En segundo lugar, hay que considerar que Hegel sigue a vueltas con la unificación. Antes ha optado por considerar el retorno a una unidad originaria. Ahora, si nos fijamos, no ha optado por esa vía, sino que la unificación proviene de la creencia. Si bien es un texto complejo —en general los tres textos están incompletos, de ahí la complejidad añadida—, hay que decir que en los tres textos hay pocas huellas del gnosticismo. Los elementos gnósticos no están tan presentes. No obstante, sí que hay que considerar seriamente que Hegel se ha vuelto muy atento a la unificación. Este es el gran tema que está comenzando a desplegarse en su pensamiento y que dará lugar posteriormente a su metafísica. Así pues, estos tres textos tienen poca huella gnóstica, pero gran imprenta metafísica.

VIDA Y ESPÍRITU: COMENTARIO A *EL ESPÍRITU DEL CRISTIANISMO Y SU DESTINO*

CONSIDERACIONES GENERALES A LAS PARTES

Se conservan dos textos sobre este escrito. Por un lado, los *Esbozos para «el espíritu del cristianismo»*. Por otro, encontramos la obra

335 SANTOS, J., «Amor, vida, formación: tras las huellas del espíritu hegeliano», *Thémata. Revista de filosofía*, 24, 2000, pp. 227-243.

propiamente, *El espíritu del cristianismo y su destino*. Pues bien, *Los esbozos para «el espíritu del cristianismo»* se trabajaron de manera simultánea a la obra, o al menos, con una diferencia temporal irrisoria. Esto se debe a que *Los esbozos para «el espíritu del cristianismo»* son una serie de anotaciones que se desarrollaban en el escrito definitivo, es decir, en *El espíritu del cristianismo y su destino*. Véase que *Esbozos para «el espíritu del cristianismo»* es de otoño de 1798, y *El espíritu del cristianismo y su destino* comienza en otoño-invierno de 1798 y termina en 1800. Por eso, en vez de analizar los esbozos por separado, en este caso apenas hay diferencias entre el esbozo y la obra, por lo que no conviene deslindarlos. A su vez, en los esbozos hay anotaciones de difícil interpretación que podrían confundir al lector. Por este motivo se ha optado solamente por analizar la versión más final, la de *El espíritu del cristianismo y su destino*.

No obstante, en los *Esbozos para «el espíritu del cristianismo»* encontramos tres ideas que parecen bastante novedosas respecto al resto de la producción de Hegel hasta este momento. Todas las demás, o han sido señaladas anteriormente en otros escritos, o se desarrollarán con mayor profundidad en *El espíritu del cristianismo y su destino*. Estas tres ideas son:

1. *La posición crítica con Kant*.[336] Esto es muy explícito en el esbozo: «La moralidad es, según Kant, la subyugación del individuo bajo lo universal, la victoria de lo universal sobre la individualidad opuesta a él, [pero es] más bien la elevación de lo universal, unificación, cancelación de las dos partes opuestas por la unificación».[337] En *El espíritu del cristianismo y su destino*

336 Caramelli ha notado esto mismo. Además, ha señalado que las críticas a Kant son nuevas en muchos casos, precisamente porque, a su juicio, Kant y el Antiguo Testamento guardan aquí relación, como una especie de mentalidad semejante, profundamente impositiva (CARAMELLI, E., *Hegel et le signe d'Abraham. La confrontation avec la figure d'Israël (1798-1807)*, L'Harmattan, Paris, 2018, pp. 27-30).

337 EJ, 269 / GW2, 116 / TWA1, 299.

encontramos la realización de esta idea, es decir, se intenta llegar a una unificación entre individuo y universalidad sin que el individuo tenga que ser suprimido, pues ahí reside la libertad: el corazón de la superación hegeliana. Así, esta propuesta del esbozo nos ayuda de dos maneras: i) apunta directamente su pulso contra Kant, lo cual en *El espíritu del cristianismo y su destino* no se hará explícito hasta casi el final del escrito; ii) nos permite ver el marco teórico desde el que Hegel desarrollará *El espíritu del cristianismo y su destino*, viéndose reflejado claramente la idea de la superación, que años más tarde será el núcleo de la dialéctica.

2. *El principio de unificación es el amor, que reside en la filantropía universal.* El objeto de las leyes positivas es siempre «algo ajeno, algo diferente del impulso».[338] Esto no permite que veamos la unificación que hay en sí misma entre lo viviente. Esta unificación (*Vereinigung*) se nos muestra en la conciencia como una necesidad hacia el resto de los seres humanos. La unificación reside en la filantropía. Dicho por el propio Hegel: «La necesidad y una necesidad [*Bedürfnis*] de una totalidad [*Ganzes*] de la unificación [*Vereinigung*] está presente, la necesidad del amor; (filantropía universal)».[339] Lo que está presente es la necesidad del amor, y este amor —que Hegel aclara en el paréntesis— es *allgemeine Menschenliebe*, o sea, «universal amor al hombre», o recurriendo más puramente a la etimología, sencillamente «filantropía universal». Amar a los seres humanos es la manera de unirlos, de relacionarlos en la universalidad. De este modo se esclarece que en el vocabulario del joven Hegel, el amor es en realidad la fuerza unificadora.[340]

338 EJ, 270 / GW2, 118 / TWA1, 301.

339 EJ, 271 / GW2, 119 / TWA1, 302. Traducción modificada.

340 Sobre este punto, Ramón Valls Plana presentó en su libro *Del yo al nosotros* que el motor de la famosa dialéctica hegeliana es el amor. Es más, Valls Plana (1994) señala que este planteamiento se retrotrae desde sus escritos de juventud. Por tanto,

Esto es especialmente relevante porque en este escrito y en su versión definitiva Hegel busca en la figura de Jesús un ejemplo a seguir. Y este seguir es un «ir más allá del deber, busca el *pléroma* de la ley y la potenciación del sentimiento de la vida pura, que solo es posible en la unidad con Dios».[341] Usar aquí el término *pléroma*, como hace Paredes, es la mejor versión que podemos tener del principio de unificación (amor). El *pléroma* es la plenitud. Como señaló Fujita, esta es la plenitud de la ley, como superación de la ley judía, y que presenta una respuesta a las deficiencias de la filosofía práctica kantiana.[342] La plenitud de la ley solo será, pues, desde la filantropía. Si no, no es plenitud.[343]

3. *Hegel es autocrítico con sus ideas anteriores sobre Jesús.* Hay una parte del esbozo en el que Hegel expone que es un error intentarse liberar mediante el rechazo de la figura de un «Jesús objetivo e histórico» porque se le termina por convertir en un

---

que en este esbozo se presente al amor como fuerza unificadora es, explícitamente, un precedente asentado de la dialéctica de Hegel, por lo que su interés es superlativo (VALLS, R., *Del yo al nosotros. Lectura de la Fenomenología del espíritu de Hegel*, Barcelona, PPU, 1994). También conviene señalar, como se ha mencionado anteriormente, que Hegel en este periodo estudia profundamente a Platón. De ahí que Harris conciba que, en este escrito, Hegel interpreta a la razón vinculada con el amor debido a una poderosa influencia platónica, en vez de seguir la estela kantiana (HARRIS, *Hegel's Development. Toward the Sunlight*, pp. 322-323). Sea como sea, el amor es la unificación real, reproche de Hegel a Kant, pues dándose la libertad se da en oposición en la moral kantiana (MEDINA, F., «El lugar de la religión en el joven Hegel», Otro Siglo, 4 (1), 2020, pp. 23-42).

341 PAREDES, «El joven Hegel», p. 24.

342 FUJITA, M., *Philosophie und Religion beim jungen Hegel. Unter besonderer Berücksichtigung seiner Auseinandersetzung mit Schelling*, Bonn, Bouvier, 1985, p. 84.

343 La reminiscencia entre el amor y el pléroma hace que la posibilidad de un elemento gnóstico vertebre buena parte de la obra de Hegel. El amor es una noción que aparece en Fráncfort y que no pocos investigadores han dicho que luego dará lugar a toda la dialéctica hegeliana. Si atendemos a la posibilidad de que el amor sea una suerte de pléroma, entonces en el corazón de la filosofía hegeliana está un elemento gnóstico.

> ideal. Una vez es vuelto idealidad, se le despoja de toda vida. Y un poco más adelante afirma que «hacerlo un mero maestro de los hombres es sacar a la divinidad del mundo, de la naturaleza y del hombre».[344] Esto es un punto de crítica de Hegel consigo mismo porque en Berna, en su escrito *Historia de Jesús*, él mismo había presentado a Jesús como una figura ideal, objetiva, alejada del Jesús histórico y, además, como educador del pueblo. Ahora dice justo lo contrario. Esto concuerda aún más con que en Berna, como se recordará, Hegel está muy próximo al kantismo. Sin embargo, en Fráncfort parece haber tomado una actitud más bien crítica con la filosofía de Kant. Así, no sería extraño que Hegel estuviese rectificando, criticando a su periodo kantiano. La divinidad debe habitar en el mundo, y Hegel está situado en las antípodas de su antiguo escrito. Jesús no fue un hombre más que fue maestro de la humanidad, sino que siendo maestro de la humanidad era propiamente divino, pues es un Dios vivo (*lebedinge Gott*). Renunciar a un Dios vivo significa aceptar que nunca ha habitado Dios entre nosotros.

Estas tres ideas aparecen de manera más marcada en su *Esbozo para «el espíritu del cristianismo»*. Si bien la segunda idea, el amor como unificación, sí que será presentada con detalle en *El espíritu del cristianismo y su destino*, en realidad lo que se presenta en este esbozo es su base teórica, la cual ayuda mucho a clarificar. A su vez, tanto la primera idea como la tercera son las representantes del final y la ruptura de Hegel con su periodo bernés. Nos encontramos ante un nuevo Hegel. Aunque eso no quiere decir que no haya elementos que se mantengan. Para comprobarlo, vayamos al texto.

El espíritu del cristianismo y su destino está compuesto por cinco partes. Estas recogen ideas expresadas en escritos anteriores, pero

344 EJ, 274 / GW2, 125 / TWA1, 304. Traducción modificada.

también añaden nuevos pensamientos. Es particularmente llamativo el primer apartado, «El espíritu del judaísmo». La visión que Hegel presenta ahora del judaísmo es muy diferente de la que expuso en los *Esbozos para el «espíritu del judaísmo»*. Es una visión que plantea una crítica más directa a la religión judía y atiende menos a la libertad y a Abraham, aunque no los desentiende completamente. El resto de las cuatro secciones siguientes se centran ya en el espíritu del cristianismo y en su destino como tal, teniendo muchos interrogantes a los que Hegel trata de dar respuesta (por ejemplo, qué es el castigo, el misterio de la santísima trinidad, o el problema de la libertad y la ética). Se podría considerar que este escrito es la culminación del periodo de Fráncfort y que en él se contienen tesis que luego serían desarrolladas en la *Fenomenología del espíritu*, por lo que es un escrito que representa la transición entre Fráncfort y Jena, marcando así el final del joven Hegel y el inicio del Hegel de madurez, con el que la lechuza de Minerva comenzará a alzar su vuelo.

EL ESPÍRITU DEL JUDAÍSMO

El primer movimiento del espíritu

Esta parte del escrito es de entre otoño-invierno de 1798. En él se siguen las líneas del esbozo, pero ya depuradas, y con algunas modificaciones. El inicio es la historia de Abraham casi igual que en los *Esbozos para «el espíritu del judaísmo»*. Abraham busca un nuevo lugar donde comenzar desde cero tomando como base la libertad. Sin embargo, una de las primeras cosas que se afirma es que Abraham se convierte «en el progenitor [*Stammvater*] de una nación».[345] Esto quiere decir que la visión de Hegel sobre Abraham ya era más profunda. Sitúa en Abraham el origen entero de la nación judía, como es común. El motivo de ser padre de una

345 EJ, 287 / GW2, 35b / TWA1, 277. Traducción modificada.

nación es que el propio Dios de Abraham incluye la «horrible reivindicación» —como valora Hegel— de que solamente él es Dios, y que su nación es la única que tiene solamente un Dios.[346] Por eso, Abraham al concebir a la divinidad como única estaría siendo el padre de una nación entera, pues es una nueva manera de pensar, de concebir la realidad y a la divinidad.

Es cierto en este punto que Abraham es el padre el monoteísmo frente al politeísmo. Lo curioso está en por qué Hegel, siendo luterano, dice que la proclamación del monoteísmo es una horrible reivindicación. Hegel es crítico sin motivo aparente. Pero también puede verse de cara al resto de las gentes: el resto de las personas, politeístas, verían como una horrible reivindicación el monoteísmo de Abraham.

Ahora bien, Abraham lo que está es representado una especie de ideal, que es la separación entre convivencia y amor. Por eso, el caso de Abraham es totalmente diferente al de Cadmo o Dánao, quienes se fueron de su patria en busca de amor conyugal. Abraham no se va por amor, sino por libertad. Hegel señala que lo que mueve a Abraham es un espíritu. Moverse por la libertad es moverse por el espíritu. Por eso, guiado por este espíritu, toda la naturaleza es hostil y hay que dominarla —lo que en los *Esbozos para «el espíritu del judaísmo»* aparecía en otros personajes, ahora aparece todo concentrado en la figura de Abraham—. Esta conciencia de dominación irá profundizándose en Abraham, quien la interiorizará. De hecho, Hegel explicita que este judío se enfrentaría a los cinco reyes utilizando la «violencia directa»,[347] esto es, una de las maneras más bastas

346 EJ, 287 / GW2, 35b / TWA1, 277.

347 EJ, 287 / GW2, 35b / TWA1, 277. El escrito de Hegel en alemán tiene un sentido más fuerte, pues dice "da schlug er mit dem Schwert drein". La traducción de Ripalda es correcta, pero menos literal. Una traducción literal es «entonces los golpeó con su espada». En el sentido general del escrito, es buena traducción, pero llamo la atención del lector que Hegel, en realidad, no utiliza la expresión «*violencia directa*», sino que esto es una interpretación del traductor tomando como base el sentido global del texto.

de dominación. Es más, Hegel expone numerosos ejemplos sobre esta conciencia de dominación en Abraham, de bodas, tratos personales, andróminas, etc. Todas empleadas por Abraham para conseguir dominar. Así, Hegel señala que la causa de que Abraham hiciera todo esto es la divinidad en la que creía:

> El mundo entero, que le estaba radicalmente opuesto, tenía que ser sostenido —para no ser considerado en nada— por el Dios que era ajeno al mismo; en este Dios no debía participar nada de la naturaleza, todo debía ser dominado por él. Era también este Dios quien sostenía la existencia del otro ser opuesto al mundo entero, a Abraham.[348]

De acuerdo con esta cita, podemos entender que Abraham en realidad está subyugado por su Dios. Y a su vez, su Dios es su *Weltanschauung*, es decir, es la manera en la que comprende el mundo y su orden.[349] Al ser un Dios dominante, que representa todo, entonces el orden del mundo es la dominación.

Por este motivo el amor es una carga para Abraham, y por eso también Hegel ofrece una relectura del famoso pasaje en el que Abraham se propone sacrificar a su hijo. Según Hegel, era una prueba de Abraham a sí mismo. Al intentar degollar a su hijo Abraham experimentó que el amor no era un impedimento para él, y por esto mismo se calmó y no lo hizo. Abraham había vencido definitivamente al amor porque su dominación era tan colosal que ni el amor no era un impedimento para él.

---

348 EJ, 289 / GW2, 41 / TWA1, 279.

349 Muchos de los antropólogos y sociólogos sostendrán en el siglo xx que es la religión (junto al lenguaje) lo que permite conformar a las personas insertas en una cultura lo que es verdaderamente real, es decir, son elementos constitutivos de su modo de entender el mundo y cómo está ordenado. Esto es el *Weltanschauung* alemán. En cierto sentido, puede considerarse que el pensamiento de Hegel se adelanta siglos a las propuestas de la antropología del siglo xx (Geertz) en su propuesta al analizar la figura de Abraham.

En los descendientes de Abraham esta conciencia de dominación cobraría mayor vigor todavía. La heredaron, desarrollaron e implementaron. Por ejemplo, José llega con la coerción[350] a Egipto, introduciendo la jerarquía política, que es una forma de dominación. De este modo se realizaba el designo de *su* divinidad,[351] es decir, introduce el monoteísmo violentamente contra el politeísmo. A través de ejemplos Hegel introduce poco a poco características de la forma de ser de los judíos. ¿Cómo era este pueblo que heredaba la conciencia de dominación de Abraham?

La conciencia de dominación

La respuesta de Hegel es genealógica. Observa cómo se desarrolló su carácter. Lo primero que señala es que es un pueblo que se acostumbró a sufrir, como es el caso de Moisés. El segundo rasgo del pueblo judío en estos tiempos es que fueron cobardes. Hegel se remite al Éxodo cuando las plagas atacaron Egipto. Desde su visión, el pueblo judío sentía alegría ante la miseria de sus tiranos. Esto no deja de ser alegrarse por el mal de otro. No llegaban a empatizar por la figura del *otro*, lo que hace que Hegel sentencie aceradamente que «los judíos salen vencedores, pero no han luchado».[352] Por este motivo, el pueblo judío consiguió su liberación, pero con un comportamiento de esclavo y cobarde, pues tampoco fueron capaces de crear sus propias leyes. Era una liberación en la cual todavía no había nacido verdaderamente la necesidad por la libertad.

350 En la edición castellana se habla de que José ejerció su «poder». Y es correcto. Pero en las ediciones alemanas no se utiliza *Macht*, sino *Gewalt*. Ambas se traducen por «poder», pero *Gewalt* también puede significar «violencia». Para representar al poder y a la violencia simultáneamente he utilizado «coerción» para cuando se trata del término *Gewalt*. Agradezco al Dr. Pablo Pulgar Moya la base para la correcta traducción de *Gewalt*.

351 EJ, 290 / GW2, 44 / TWA1, 280-281.

352 EJ, 291 / GW2, 48b / TWA1, 282.

Las leyes le fueron dadas por su libertador. Esto significa que habían sido liberados, pero se les volvería a someter. Por eso se generó una antítesis entre el pueblo judío y el resto del mundo.[353] Esta antítesis es la dominación, o sometimiento. En el resto del mundo, por ejemplo, la naturaleza, se le aparece al pueblo judío como hostil y ajena. Algo sobre lo que mantener el control, a lo que dominar. Y a su vez, esto no es otra cosa que un reflejo de cómo actúa el pueblo judío: ellos han pasado de una dominación a otra dominación. Por eso, la dominación es su *modus operandi* con toda la realidad, su forma de acercarse a esta. Entienden todo el resto del mundo como antítesis, como lo ajeno, separado y escindido de ellos mismos. Es lo diferente, que requiere dominación.

Por eso la existencia que la divinidad proporciona a los judíos es también hostil. Pero Hegel no se queda aquí, sino que piensa que esa divinidad judía también es de poder ilimitado. Esto marcó el motivo por el que el Dios de los judíos es invisible. No se representa en ninguna figura material, pues lo material es algo limitado y su Dios es ilimitado, infinito. Pero entonces, ¿cómo se le podía guardar culto y veneración a la divinidad? Para ello Moisés proveyó a su pueblo con el sanctasanctórum del Tabernáculo. No había figuras a las que adorar, ni tampoco imágenes, sino que se veneraba a Dios en un lugar, aunque estuviera vacío. Esto permitía al pueblo judío un lugar abierto al diálogo, en el que poder hablar abiertamente sobre los objetos, leyes y cultos. Nada de ello era prohibido porque lo sagrado era un Dios invisible. Y a este Dios invisible es al que se le entregaban todas las posesiones, pues uno no posee nada, sino que Dios posee todo. Es igual que el amo y el esclavo —más allá de Hegel— todo lo que un esclavo consiga es automáticamente propiedad del amo. Todo lo que tiene el pueblo judío es de Dios. Y todo lo que estuviese en manos del enemigo se tenía que destruir para entregárselo a Dios.[354]

353 EJ, 291-292 / GW2, 48b / TWA1, 283.

354 EJ, 292-293 / GW2, 51b / TWA1, 285.

Ciertamente, para Hegel el Dios del judaísmo es más bien terrible. El pueblo judío sigue sin ser productor de sus normas, siendo en cualquier caso algunos dirigentes determinados los que las establecían. Por eso es un pueblo que siempre ha tenido una voluntad de servidumbre.[355] Es en este sentido en el que todo se le entregaba a Dios, como se afirma en el párrafo anterior. Pero también es lo que explica que lo único que podía hacer el pueblo judío era mostrar su voluntad de servir. Por eso Moisés propuso una legislación donde no cabía ningún tipo de goce. Así, en la conciencia judía, Dios aparece como mandatario. Y esto es importante porque Dios se expresa solamente a través de mandamientos, y no como verdad. La verdad es libre, el mandamiento no. Sin embargo, los judíos *dependían* de Dios, y por esa relación de dependencia no hay verdad en su Dios, sino solamente un mandato.[356]

Sin embargo, esto permitió a los judíos verse todos como iguales. Hegel contrapone a los griegos con los judíos. Es el tópico de Atenas frente a Israel, pero en el siglo XVIII. Todos los ciudadanos griegos eran iguales por ser libres y autónomos. Esa es la libertad la que establece la igualdad en la antigua Grecia. Empero, los judíos son iguales entre sí, pero por su incapacidad de libertad, todos son igual de no-libres.[357] Una vez más aparece aquí una nostalgia griega propia de Hegel en Fráncfort, y quizá influenciada por Hölderlin. Pero volvamos al texto.

355 De hecho, el reclamo de Hegel años más tarde es el de la voluntad libre (*freie Wille*), incluso en el derecho. Lo que quizá es en su origen una respuesta a estos planteos. Sobre la voluntad libre, véase: PAREDES, M. C., «La voluntad libre en la filosofía del derecho de Hegel», *Studia hegeliana*, 9, 2023, pp. 7-24.

356 EJ, 295 / GW2, 60b / TWA1, 287.

357 EJ, 297 / GW2, 63b / TWA1, 290.

El destino del judaísmo

Por la caracterización que Hegel ha establecido del pueblo judío, el destino este pueblo está marcado,[358] predeterminado por las vivencias que guardaban en el interior de su identidad. Para explicar el destino del pueblo judío, Hegel señala que todos los pueblos, en general, tienen el siguiente destino: pierden independencia en épocas afortunadas y la readquieren en épocas de subyugación.[359] Esto sería una ley general que aplica a todos los pueblos, pero en el pueblo judío encontramos dos modificaciones específicas.

La primera especificación sobre el pueblo judío es que cuando el pueblo judío transita hacia la felicidad, entonces esta se torna idolatría. Ese escapar de la opresión y del yugo hacia la independencia se les presenta como un retorno a Dios. Pero Dios es mandatario, a quien servir. Por eso solo pueden ser siervos. Sin embargo, su forma de ser siervos era muy especial: a medida que su nación iba creciendo su odio al resto del género humano se debilitaba. Esto provocó que los judíos se mezclasen con otros pueblos. Pero al volverse tan cercanos al sentimiento, su fuerza y vigorosidad los abandonó. Por eso posteriormente fueron «conducidos a latigazos al antiguo pacto»,[360] es decir, por la fuerza. Esto fue debido a que su mezcla con otros pueblos los había debilitado como nación, siendo así presa de otras naciones más poderosas. Esta situación despertaría nuevamente el odio en sus corazones por el resto de las personas, reviviendo con él su antiguo Dios.[361]

---

358 El concepto de *destino* (*Schicksal*) que está empleando Hegel es propio de un pueblo, y no debido al poder universal e impersonal que acuñaban los griegos. Como señala Paredes, probablemente Hegel conociese el artículo de Herder de 1795 sobre el destino, en el que podría haberse inspirado (PAREDES, *Génesis del concepto de verdad en el joven Hegel*, p. 100).

359 EJ, 298 / GW2, 67b / TWA1, 291.

360 EJ, 300 / GW2, 71b / TWA1, 293.

361 EJ, 298 / GW2, 71b / TWA1, 293-294.

La segunda especificación sobre el pueblo judío es que las transformaciones que a otros pueblos les ocupó siglos y milenios, a los judíos les ocupaba un tiempo más bien escaso. El estado del pueblo judío, su carácter, era demasiado violento, y por eso su independencia les duraba poco. Hegel sentencia que «el estado de independencia de otros pueblos es un estado de felicidad, el estado de una humanidad bella. El estado de independencia de los judíos tenía que ser el de una pasividad completa [*völligen Pasivität*], de una fealdad completa»,[362] y por eso su Dios que era enemigo de la naturaleza tenía unificación con ellos: el carácter del pueblo judío era importado desde la hostilidad de su divinidad. Según Hegel, los individuos del pueblo judío eran empujados a limitarse a sobrevivir, a existir. Eso era despojarlos de su humanidad, casi reducirlos a su condición animal. Y por este motivo, cuando se introduce la monarquía en el pueblo judío es recibida con agrado, pues era el modo en que algunos de los judíos llegaban a ser *algo* más que mera existencia. Con la entrada de la monarquía este pueblo aprendió a temer a otras naciones. Por eso el pueblo judío ya solo dominaba en la idea, pero era un pueblo dominado en la realidad. Este Estado sería finalmente destruido en la historia.

Si esto es el destino de los judíos, entonces el destino es involuntario. Como ha señalado Harris.[363] El destino es independiente de cada judío, que realiza sus propias acciones.[364] Ellos no son

362 EJ, 298 / GW2, 71b / TWA1, 294. Traducción ligeramente modificada.

363 HARRIS, *Hegel's Development. Toward the Sunlight*, p. 275.

364 Rojas, por ejemplo, ha señalado que el Absoluto (en la madurez de Hegel) parece no necesitar a las inteligencias particulares (ROJAS, A., «Schelling y las tres *Epochen* del proceso de autodeterminación del absoluto en el *System* de 1800», *Daimon. Revista Internacional de Filosofía*, 86, 2022, p. 86). Esto tendría imbricación con esta idea de destino. Estoy de acuerdo con él. Sin embargo, me gustaría puntualizar una noción de madurez que, a mi juicio, también aparece justo en este escrito de juventud. Si atendemos al texto que comentamos, este sentido del destino es sospechosamente similar a *la astucia de la razón* (*die List der Vernunft*) en su madurez. Probablemente se pueda afirmar que el destino, en este escrito, es un pensamiento

conscientes de estar realizando ningún tipo de violencia sobre sí mismos. No son capaces de verlo. Además, aparece como un destino que es «justo» porque devuelve el daño proporcional realizado a la naturaleza humana.

Frente a estas características del pueblo judío y su destino, Hegel presenta alternativas de otros religiosos de manera muy escueta. Parece que fuese casi un apunte. De los fariseos se dice que optaron por el culto y las leyes. De los saduceos que, en la variedad de la existencia, que está llena de fijaciones, es donde la indeterminación solo existía como tránsito a otras fijaciones. De los esenios que buscaron su huida en lo eterno como negación de la multiplicidad. Esto ya apareció en los esbozos a este escrito.

Ahora bien, este pueblo era un pueblo maltratado tal y como se ha visto. Efectivamente, cuanto menos quedaba por dominar en ellos mismos, más furor contra lo que considerasen impío, lo cual los llevaría a convertirse finalmente en un fanatismo.[365] Por eso Hegel expresa que la tragedia del pueblo judío «no puede suscitar sino la repugnancia [*Abscheu erwecken*]»,[366] esto es el asco, la repulsión. Sea como sea, un acto de aversión, pues es la historia de un pueblo que abandonó su naturaleza, se puso al servicio de un ser ajeno a esta, terminando malparado por su propia fe. En vez de potenciar la libertad de Abraham, la cual conquistó el primero, lo que hicieron fue implementar la conciencia de dominación. Hegel finaliza en su último párrafo con esta idea comparándola con *Macbeth*. En la tragedia de Shakespeare, el protagonista Macbeth decide asesinar al rey

todavía poco desarrollado, pero en el que encontramos la base. La astucia de la razón cosiste, precisamente, en que el espíritu del mundo se realiza a través de los fines particulares de los individuos. Así pues, el fin universal del espíritu no es exactamente los fines particulares de cada individuo, que se formulan independientemente de este, pero, a pesar de todo, al final se realiza el fin universal (AMENGUAL, G., *La libertad en su realización. La filosofía del Derecho de Hegel*, Comares, Granada, 2021, pp. 231-236).

365 EJ, 302 / GW2, 78b / TWA1, 297.

366 EJ, 302 / GW2, 78b / TWA1, 297. Traducción ligeramente modificada.

y, tras ello, su destino es profundamente desdichado. Consideramos que la propuesta de Hegel es que el pueblo judío, tras traicionar a la naturaleza, se ve sumido en el mismo destino fatídico y una tragedia horrible.[367] El destino estaba marcado desde el inicio.

LA IMPORTANCIA DEL AMOR LIBRE

La crisis del judaísmo y la llegada de Jesús

Esta segunda parte fue redactada ya entre 1799 y 1800. Al igual que en *El espíritu del judaísmo* se presentó primero a Abraham, en este escrito se presenta a Jesús y su contexto. Jesús apareció justo cuando el judaísmo estaba en crisis, proponiendo un mensaje totalmente nuevo, como si fuese agua para un sediento.

El judaísmo aquí se había desarrollado mostrándose a través de oposiciones, es decir, oponiéndose de manera radical desembocando en una guerra abierta. Los judíos de ese momento no sabían cómo dejarse llevar por el destino, lo que provocó la aceleración del declive del judaísmo.[368]

Frente a esto, Jesús se alzó enfrentándose no solo a una parte del destino del judaísmo, sino a su totalidad. Trató de elevar a su pueblo por encima de este destino. Sin embargo, la enemistad se había incrustado en el corazón del judaísmo de aquella época —recordemos todo el desarrollo de los descendientes de Abraham—, provocando que esta mentalidad solo pudiera ser derrocada por la valentía. Lamentablemente, el medio que Jesús utilizaba era el amor, no la valentía.[369] De ahí que Jesús no triunfase con su propio pueblo,

367 El destino (*Schicksal*) como noción de Hegel está siempre muy cercana a cómo lo veía Shakespeare, haciendo casi el mismo uso de esta idea de destino. Esto tendrá posteriormente una influencia notoria en la *Fenomenología del espíritu*. Sobre esto, véase: CARAMELLI, E., «The Greatest Fear. Hegel, Macbeth and the Bondsman: Literature in Philosophy», *Estetica. studi e ricerche*, 2, 2019, pp. 477-502.

368 EJ, 303 / GW2, 141 / TWA1, 317.

369 EJ, 303 / GW2, 141 / TWA1, 317.

produciendo que fuese víctima de aquellos por los que luchaba. Jesús había apoyado su mensaje en una visión totalmente nueva del mundo. No lo había cimentado sobre algún elemento del destino del pueblo judío, sino que era una visión fresca y novedosa. Eso llevó a que, si bien no triunfó su mensaje con el pueblo judío, sí que lo hizo con las personas que ya comenzaban a desperezarse del destino del judaísmo.

Hegel reitera que el pueblo judío se basaba en los mandatos, y esto significa que a su juicio solamente se necesitaba el servicio hacia Dios. Esto es visto por Hegel como «servidumbre inmediata, obediencia sin alegría, sin placer y sin amor».[370] Por eso, para el pueblo judío Jesús era una figura totalmente ajena. Jesús propugnaba el impulso humano y su necesidad. Cualquier satisfacción de una necesidad humana era siempre algo superior al mero cumplimiento del mandato por el mandato —de la positividad— porque en esta satisfacción lo que se hace manifiesto es, al menos, «la conservación de un ser».[371] Es decir, satisfacer las necesidades e impulsos humanos al menos conserva a una persona, pero cumplir el mandato por pura positividad es actuar en el vacío, para nada, pues son acciones que no tienen un fundamento real. Frente a estas acciones sin fundamento provenientes de la positividad se abren los actos religiosos. Para Hegel

> los actos religiosos son lo más espiritual, lo más bello de todas las cosas; son un intento de unificar hasta las separaciones que se hacen necesarias por el desarrollo humano e intentan exhibir la unificación en el ideal como plenamente existente, como algo que ya no se opone a la realidad.[372]

La religión no puede separarse de la espiritualidad. Esta es lo más bello de la humanidad, pues en su interior está latente el principio de la unificación. Pero además los actos religiosos también muestran que no hay contradicción entre la realidad y esta unificación. Esto es, que en la realidad la unificación acontece. Esta idea

370 EJ, 304 / GW2, 142 / TWA1, 318.
371 EJ, 304 / GW2, 142 / TWA1, 318.
372 EJ, 304 / GW2, 142 / TWA1, 318.

es posiblemente una reminiscencia de un escrito anterior suyo, del periodo de Tubinga, que es el llamado *Fragmento de Tubinga*. En este escrito ya había mostrado Hegel que no hay separación entre las facultades del ser humano, sino unidad, y que esta unidad se da efectivamente en la realidad.[373]

Por eso los actos religiosos que traía Jesús son bellos. Expresan la unificación del individuo con el ideal. En consecuencia, los mandamientos del pueblo judío debían ser transgredidos si iban contra la necesidad del individuo, puesto que la necesidad es «un estado de ser desgarrado».[374] El ser desgarrado (*Zerrissenseyns*) de la necesidad anula que haya problema al profanar o mancillar a lo sagrado: la necesidad en sí misma es un desgarramiento de lo sagrado. Decir que la necesidad desgarra lo sagrado es así tautológico. Hegel diferencia esto totalmente del abuso. Cuando un objeto sagrado se profana y no hay necesidad, eso se denomina *abuso* porque el objeto sagrado es propiedad de todos. Por tanto, violentarlo significa faltar al respeto de todos innecesariamente. Por eso el abuso es un desgarramiento innecesario, pero el desgarramiento necesario es legítimo moralmente.

Jesús es el mejor ejemplo de cómo la necesidad debe superar a lo sagrado porque nunca renunció a nada por el hecho de ser sagrado para los judíos. De esto, señala Hegel varios ejemplos. Uno de ellos es cuando el impulso del hambre no se había satisfecho al comer unos granos de trigo. Por ello, aunque fuese sábado[375] —día sagrado para los

373 Para un estudio sobre este tema, véase: PADIAL, J. J., «Subjetividad y separación. La crítica del joven Hegel a la separación de facultades y a la soledad ontológica», *Contrastes. Revista Internacional de Filosofía*, 2010, 15, pp. 113-128.

374 EJ, 304 / GW2, 142 / TWA1, 318. Traducción ligeramente modificada.

375 Recuérdese que el sábado está prohibido recoger espigas en el judaísmo, y que Jesús juntos a sus apóstoles decidieron hacerlo para satisfacer su apetito (Lc 6, 1). De esto también que engarce con otros escritos anteriores del propio Hegel su explicación de las célebres palabras de Jesús «el Hijo del Hombre es señor del sábado» (Lc 6, 5). Este pensamiento anterior sobre que es el ser humano el que hace sagrado al sábado y no el sábado sagrado en sí mismo, parece estar recogido atenuadamente en esta parte de «El espíritu del cristianismo y su destino».

judíos—, Jesús decidió no postergar su satisfacción. Es más, arguye que los propios sacerdotes cuando ofician una boda en sábado están violando también su mandamiento, pero sin fundamento real, porque al ser acciones recogidas en su legalidad ya dejan de ser acciones sacrílegas.[376] Lo que Hegel quiere manifestar después de varios ejemplos es que cuando la necesidad es imperiosa, se cancela toda culpabilidad. Por tanto, si alguien se salta una ley judía por necesidades mayores, como alimentarse, entonces está libre de toda culpa. Esto además proviene de la pureza del corazón. Hegel lo enuncia así:

A la costumbre de lavarse las manos antes de comer el pan Jesús opone (Mateo 15, 2) toda subjetividad del hombre y coloca la pureza o la impureza del corazón por encima de la servidumbre ante un mandamiento, "por" la pureza o impureza de un objeto. Convirtió la subjetividad indeterminada en carácter de una esfera totalmente diferente, que no tienen nada en común con el cumplimiento puntual de mandamientos objetivos.[377]

No hay mandamiento positivo que esté por encima de la pureza del corazón de una persona cuando realiza una acción. Pese a que el objeto al que refiere la acción sea visto como puro o impuro, lo importante es la intención con la que el sujeto realiza su acción. Así, la subjetividad humana adquiere a través de Jesús una dimensión radicalmente distinta de la del judaísmo. De hecho, se opone a la del judaísmo.

La pugna con Kant

A continuación, Hegel parece usar esta idea de culpabilidad y mandamientos para entrar en conflicto directo con la moral de Kant. Envuelve a Kant y al judaísmo como si fueran un mismo enemigo. Así, lo primero que afirma es que los mandamientos objetivos

376 EJ, 305 / GW2, 146 / TWA1, 319.
377 EJ, 305 / GW2, 146 / TWA1, 319.

—kantianos y judíos— son opuestos a lo subjetivo en general. Además, Hegel señala que estos mandamientos —y aquí recupera una idea de otro texto anterior— son subjetivos en tanto que dependen de que un sujeto los realice.[378] Por ello, tratar de objetivarlos olvidando lo que hay de subjetivo en ellos es una aberración.

Estos mandamientos se volvieron mandamientos civiles. En ocasiones estos son opuestos a la realidad, produciendo entonces una contradicción entre el mandamiento y la necesidad. Por así decirlo, no son verdaderamente leyes, o al menos no son sostenibles como tales. Las leyes verdaderamente deben ser «unificaciones de opuestos en un concepto que les deja su carácter de opuestos»,[379] esto es que son unidad de la diferencia. O lo que es lo mismo, que las leyes deben imbricar a un opuesto y a otro bajo el concepto. Ese concepto es un *deber* que se puede oponer a la realidad.[380] Por ejemplo, si se me prohíbe trabajar en sábado, pero es algo necesario, entonces hay una oposición entre una ley y la realidad. No obstante, esto es solo una forma de verlo, que es respecto al contenido de lo que expresa el concepto. Pero también se puede ver desde la forma: todo mandamiento en su forma es algo producido por el hombre, es decir, un mandamiento moral.[381]

De este modo se abren dos polos: uno objetivo y otro subjetivo. Las leyes civiles respecto a su contenido lo que hacen es expresar el límite de la oposición de los hombres,[382] es decir, la manera en que subsistimos, como la limitación del comercio, por ejemplo. Ahí hay oposición entre los hombres y se necesita una regulación, que son las leyes civiles. Al mismo tiempo, está también el polo subjetivo, que son las leyes puramente morales, las cuales «determinan el límite de

378 EJ, 306 / GW2, 155 / TWA1, 322.
379 EJ, 306 / GW2, 155 / TWA1, 322.
380 EJ, 306 / GW2, 155 / TWA1, 322.
381 EJ, 306 / GW2, 155 / TWA1, 322.
382 EJ, 306 / GW2, 155 / TWA1, 322.

las oposiciones en el interior de un ser viviente».[383] Esto es el conflicto moral interno del ser humano.

Ahora bien, estos mandamientos morales no son convertidos desde su objetividad a la subjetividad por Hegel haciendo que todos seamos conscientes de su universalidad. Y no lo hace porque lo universal es opuesto a lo particular y entonces lo particular quedaría eclipsado, engullido, subyugado a lo universal (por este motivo los derechos morales son una fuerza que domina a otra fuerza; lo universal a lo particular).[384] Siempre cabe la posibilidad de que estas leyes morales se tornen en leyes positivas si se olvida su razón de ser —nótese que esto ya ha sido reflexionado previamente por Hegel al tratar la *reflektierte Thätigkeit*—y se actúa no por su fuerza interna o autonomía, sino por la fuerza de lo ajeno, de la autoridad. Y viceversa, las leyes positivas pueden ser convertidas en leyes morales si la fuente de la que emanan no es la autoridad, sino la autonomía.

Hegel se muestra insistente con que el problema es la supresión de la particularidad bajo la universalidad, que se traduce en una desatención a nuestras inclinaciones, necesidades e impulsos.[385] Esto es lo que

383 EJ, 307 / GW2, 155 / TWA1, 322.

384 Esta parte es la que en el esbozo señalaba como crítica a la moral de Kant. Sin embargo, en este escrito el nombre de Kant no aparece en estas líneas, sino que se refuta a la idea directamente, y Kant queda de manera implícita.

385 En este punto sigo a Ormiston, quien ha marcado con mucha lucidez que «El deseo de Hegel en el "Espíritu del Cristianismo" es encontrar un fundamento tanto de la autonomía individual como de la comunidad política que supere las limitaciones de la racionalidad reflexiva, con su dura separación de razón y emoción, ley y ser, yo y otro, finito e infinito. Y es en el amor donde encuentra esa superación» (ORMISTON, A., «"The Spirit of Christianity and Its Fate". Towards a Reconsideration of the Role of Love in Hegel», *Canadian Journal of Political Science*, 35 (3), 2002, p. 507). Quizá podamos apuntar que, en su siguiente etapa de pensamiento, Jena, Hegel va a encontrar cierta reconciliación entre lo universal y lo particular en la *Fenomenología del espíritu*, sin dotar al amor del mismo rol. Sin embargo, es cierto que habría ciertas modificaciones que provienen de no limitarse ya al terreno moral, sino que considera también ontológico y, especialmente, al focalizarse en la voluntad. Al mismo tiempo, creo que también hay que realzar que, en este periodo mencionado, la supresión de lo particular en lo universal es

predicaría el espíritu de Jesús. Y Hegel ahonda a continuación en esta línea:

> Mientras que los mandamientos del deber presuponen una separación y en ellos se declara la dominación del concepto en un Debe, aquello en cambio que está por encima de esta separación es un *ser*, una modificación de la vida que es excluyente (es decir, limitada) solamente en cuanto a su objeto, por cuanto la exclusión se da solo por la limitación del objeto y concierne únicamente al mismo.[386]

El deber en su pretensión de universalidad lo que hace es dominar,[387] y como toda dominación, *separa* porque siempre está la parte dominante y la dominada. ¿Qué es aquello que no es deber? ¿Qué es lo que no separa? Lo que no separa, sino que encuentra superación a la separación es el *ser*. Jesús lo expresó en forma de mandamientos, sin embargo, no eran mandamientos como los entendemos normalmente. Si bien el mandamiento del deber es universal de manera en que subyuga a lo particular bajo él, lo cierto es que el mandamiento de Jesús solo son consecuencias a partir de un hecho. Y este hecho es que lo viviente es pensado. Al pensarlo lo entendemos como algo ajeno a nosotros. Sin embargo, el mensaje de Jesús es el amor, es decir, la fuerza unificadora. Verdaderamente no hay separación en el mensaje de Jesús, aunque lo formulase a modo de mandamiento.

---

la reconciliación del sacrificio del yo singular en la voluntad universal, de la que el cristianismo es el principal promotor (CEREZO, *Hegel y el reino del espíritu*, pp. 87-88). Por lo tanto, la cuestión sobre la relación entre lo particular y lo universal proviene de este periodo, pero tiene diferentes soluciones dependiendo de si nos situamos en Fráncfort o en Jena.

386 EJ, 309 / GW2, 155 / TWA1, 324.

387 En este sentido, habría una exclusión de las manifestaciones vitales del ser humano, así como de la vida anímica, en el mandamiento moral kantiano, y «de ello resulta que la conciencia del deber cumplido, pretendiendo ser la elevación de la individualidad a la universalidad, solo significa, ontológicamente, la elevación de una particularidad sobre otras y, éticamente, una conciencia farisea» (PAREDES, *Génesis del concepto de verdad en el joven Hegel*, p. 131).

Y aquí Hegel cita explícitamente a Kant, que en su *Crítica de la razón práctica* había señalado como un mandamiento el amor a Dios y al prójimo. Esto es visto por Hegel como un error. El amor no puede ordenarse. Nadie puede mandar a otra persona que ame a algo o a alguien. Kant lo había presentado además como un ideal propio de los santos, totalmente inaccesible para el resto de los seres vivos. Y esto es valorado por Hegel como «desperdicio inútil».[388] Para Hegel realizar nuestros deberes es correcto, el problema del kantismo es que pretende escindirse del goce y agrado de cumplir con el deber. Este goce y agrado es una inclinación natural que surge y que no tenemos por qué suprimirla.

También encuentra otra falla en la filosofía de Kant. Para Hegel la inclinación que siente un sujeto al actuar por la ley es una virtud. En este actuar la ley pierde su universalidad, y el sujeto su particularidad. Pero en la filosofía kantiana esto no es síntesis, sino oposición. La única solución que Kant propicia es que la universalidad domine y que la particularidad sea dominada. Es prácticamente una anulación de la particularidad. En resumen, en Kant no hay concordancia entre inclinación y ley,[389] sino que más bien hay subsunción.[390]

---

388 EJ, 309 / GW2, 155 / TWA1, 325.

389 Hegel especifica en varias partes de su escrito que la ley es concepto. Sin embargo, no es hasta la tercera parte de «El cristianismo y su destino» que esto cobra vigor, por lo que es una tesis que se adelanta en ocasiones.

390 En este punto, sigo de cerca la interpretación de Paredes. De acuerdo con ella, la moral kantiana termina por transformarse en positividad, es decir, sigue manteniéndose una escisión. Es el ser desgarrado de la interioridad. Con interioridad, Hegel estaría haciendo valer las ideas de Schiller en sus *Cartas*, en las que «interioridad» quiere decir unidad de lo sensible y de lo espiritual del hombre enteramente, «en su dimensión de abertura comunitaria y de radical unidad con lo divino» (PAREDES, *Génesis del concepto de verdad en el joven Hegel*, p. 126). Por consiguiente, las ideas kantianas dan lugar a seguir sin superar el problema de la escisión, mientras que Hegel está planteando al ser humano en términos integrales, en su totalidad. De ahí que el kantismo quede trasnochado y que Hegel se posicione con Schiller en este punto.

Hegel se barrunta sobre esta síntesis y encuentra que «no matarás» es una máxima perfectamente sintética. Es válida para la voluntad de cualquier ser racional. Pero también es válida como ley universal. Esta relación es una reconciliación de los dos opuestos. En esta síntesis, o reconciliación, no hay pérdida, sino ganancia por las vinculaciones entre el concepto (lo universal) y la vida (lo particular).[391]

Así, el sentido de la reconciliación siempre es la superación de la enemistad del *otro*. Pero incluso en la enemistad encontramos el reconocimiento del otro. Dos enemigos se consideran *alguien* el uno al otro, incluso si se odian.[392] ¿Dónde no hay reconocimiento del otro como igual? Cuando etiqueto a alguien de «loco». Hacerlo significa que causa la impresión de estar esclavizado por la imaginación. Es un no reconocer al otro como mi igual.[393] Después de presentar

---

391 De acuerdo con Jesús Ezquerra, Hegel encuentra en este escrito y mediante la noción de vida el juego entre lo infinito y lo finito. Esto mismo será lo que en la *Lógica de la esencia*, años más tarde denominará *contradicción*, y que es, en definitiva, el núcleo de todo movimiento y vitalidad (EZQUERRA, J., *El Espejo de Dioniso. La ateología hegeliana*, Biblioteca Nueva, Madrid 2017, p. 45).

392 Este esbozo de una teoría del reconocimiento, todavía sin desarrollar, será fundamental en su *Fenomenología del espíritu*. Como ha explicado Hernández-Pacheco, el reconocimiento en Hegel es una lucha entre autoconciencias. Son un Yo frente a otro Yo reclamando el *para-sí*, y si ninguna de las dos autoconciencias cede, desembocará en la lucha a muerte. Es más, desde este punto se articulará la famosa relación señor-siervo (HERNÁNDEZ PACHECO-SANZ, J., *Hegel. Introducción e Interpretación*, KDPAmazon, Sevilla, 2019).

393 La teoría de Hegel sobre la locura y sus consideraciones acerca de la psiquiatría han sido un tema largamente tratado. En general, Hegel en la juventud se da cuenta del trato desigual que se le da a las personas enfermas mentalmente. Más tarde, cuando enferme su hermana, Hegel pasará a considerar a Pinel como el psiquiatra más sobresaliente a romper el imaginario común que había en la época proponiendo que los enfermos mentales son personas que *transitan* por una enfermedad, y que, en consecuencia, deben tener el mismo trato digno que cualquier otra persona. Sobre esto, véase: PADIAL J. J. y ORTIGOSA, A., «Philippe Pinel y la humanización de la medicina», en ARANA, J. (dir.), *La cosmovisión de los grandes científicos del siglo XIX: convicciones éticas, políticas, filosóficas o religiosas de los protagonistas del siglo de la ciencia*, Tecnos, Madrid, 2021, pp. 361-372; sobre la figura de Pinel y cómo irrumpió en el panorama psiquiátrico, véase: ORTIGOSA, A.,

estas ideas, el escrito se va a centrar nuevamente en el amor y su relación con la reconciliación.

El amor en la religión, por ejemplo, exige este reconocimiento mutuo y permite el compromiso. Además, exige reconciliación.[394] Pero el amor no es una ley cívica. Es más cercano a la ética. Por eso, como expresa Hegel, cuando un hombre casado deja de amar a la mujer, esa persona lo paga con una mala conciencia. Solamente cuando la mujer casada dirige su amor a otra persona que no es su esposo es cuando el hombre no puede seguir sometido a su mujer,[395] o sea, que es irreversible.

Ley e inclinación tienen su reconciliación. En cierto modo, puede verse aquí ya el motor dialéctico posterior en su obra. Por una parte, fijémonos en que Hegel, ante el conflicto moral, ya no busca la imposición de una ley. Eso llevaría a la conciencia desgarrada. Frente a eso opone al amor: característica distintiva del cristianismo que consiste en la reconciliación. Esta se da entre la ley y la inclinación. Unión del deber y el querer. O entre lo infinito y lo finito. O entre universal y particular.[396] Y se rompe solo cuando hay desnivel entre ambos, como en el ejemplo anterior entre la mujer y su marido.

El texto prosigue señalando claramente que el pueblo judío no fue nunca capaz de la reconciliación. Esto es evidente para Hegel: un pueblo cuyo rasgo principal es el odio al ajeno, la intolerancia de la alteridad no puede encontrar reconciliación si esta requiere la

---

«Philippe Pinel en contexto. El origen del alienismo desde la antropología filosófica», *Naturaleza y Libertad. Revista de Estudios interdisciplinares*, 17, 2023, pp. 163-187.

394 Taylor ha visto sagazmente que, en el escrito de 1801 de Hegel, *Diferencia*, es la filosofía —y no el amor— la que va a asumir la tarea de la reconciliación, o si se prefiere, cancelación de la división. Por tanto, hay en este aspecto, cierta transformación de su pensamiento (TAYLOR, *Hegel*, p. 67). Pero el amor ya se sitúa como una noción nuclear en la filosofía de Hegel, aunque sea con otros nombres es la misma idea.

395 EJ, 312 / GW2, 159 / TWA1, 326.

396 ÁLVAREZ, E., *El saber del hombre. Una introducción al pensamiento de Hegel*, p. 25.

cancelación del odio al otro. Aceptar al otro sería aceptar a la multiplicidad, lo cual es contrario a la identidad que Hegel ve en el pueblo judío. Es decir, desde el inicio su destino estaba sellado y no podían aceptar la reconciliación. Dicho pueblo, preso de la necesidad de las leyes positivas e ignorando la sentimentalidad propia de los seres humanos,[397] tuvieron que esperar a que Moisés estableciese como ley el amor. Pero su forma ya no era la adecuada. Era una manera irreconciliable entre la universalidad y la particularidad; entre la ley y los sentimientos humanos. Los judíos no podían convertirse al cristianismo conceptualmente porque el mensaje de Jesús era tan diferente que no podían tolerar ni sus principios más básicos.

A continuación, Hegel entra a establecer una teoría del compromiso. Trata la diferencia entre el juramento judío y cristiano. Para ello, primero Hegel afirma que normalmente sujeto y objeto se piensan como separados. Esto también pasa si se hace una promesa: el sujeto y el objeto están separados. Una cosa es el sujeto que promete, otra la acción futura, o sea, la promesa. Sin embargo, la verdad es la conexión entre sujeto y objeto. Hegel considera que lo que importa en la acción de prometer, o de jurar, es que hay una conexión con lo divino, y una conexión entre la palabra y la acción, que es su vinculación, que se hace presente. Al jurar, como no es algo visible por sí mismo cual ente empírico, lo que se pone como aval es a la verdad misma, es decir, a Dios. Por eso cuando se jura se está ofreciendo la verdad. Todo lo que sea contrario a la verdad quedaría excluido cuando estamos bajo juramento. Esto es el juramento del cristianismo.

397 Hegel se refiere a la causa de que los judíos tuvieran que positivizarla a la «dureza de sus corazones» (EJ, 313). Quizá por emplear la obra de Nohl, pues en el TWA1, así como en GW2, se lee «Moisés tuvo que dar a los judíos leyes y derechos sobre el matrimonio» ("Den Juden musste Moses Wohl über die Ehe Gesetze un Rechte geben") (GW2, 164 / TWA1, 329). Por consiguiente, no se apunta nada sobre el carácter de los judíos y la dureza de sus corazones.

Sin embargo, el juramento de los judíos era especial. Ellos juraban por el cielo, por la tierra o por su cabeza. Mentaban a Dios solo como garantía de su juramento. Por eso, Dios estaba por encima del juramento que pronunciasen. Por eso, en caso de fallar a un juramento es Dios el que debe ser vengador: si no se realiza la acción prometida el objeto mentado (cielo, tierra o su cabeza) es negado, y entonces la garantía —Dios— debe actuar.[398] Es una especie de fuerza retroactiva.

Para Hegel el juramento es una conexión que debe fundamentarse en el hombre, siguiendo lo que él considera la tradición cristiana. En contraste con los judíos, para Jesús la promesa, o el juramento, debería descansar en el ser humano porque no se desprende de algo ajeno a la persona, sino de la propia persona. En resumen, el juramento judío era bajo la garantía de la divinidad, mientras que el cristiano tiene como garantía a la misma persona que lo formula.

Hegel introducirá el reconocimiento intersubjetivo aquí. En cierto modo, al tratar el juramento el reconocimiento del otro como subjetividad estaba implícito. Hegel se percata de ello y hace explícito lo que estaba implícito. Para ello trata el discurso de Jesús como proclama de leyes y deberes civiles. Esto se respalda en que las leyes que propugnaba Jesús no iban en contra de los mandamientos del deber (moral), sino que una ley tiene que ser acorde al deber. Eso le sirve para tratar cuando Jesús expresa el deber puramente moral, que en este caso es representado con la virtud de la caridad.[399] De hecho, cuando una persona realiza una acción y el resto de las personas lo agradecen, es una manera de vincular a la universalidad, pues es válida para todas las personas, es decir, que une a la universalidad con la particularidad del sujeto. O lo que es lo mismo: es

398 EJ, 313 / GW2, 167 / TWA1, 329-330.

399 Como se recordará, la caridad era un derecho autoinfundado en el sujeto. No se puede exigir por una autoridad que seamos caritativos, sin embargo, la persona puede decidir ser caritativa, y entonces es un deber que se da uno a sí mismo sin necesidad de autoridad externa.

máximamente reconocible. Así, las otras personas, que son particulares, se reconocen en el cumplimiento del deber, que es universal, llegando a una reconciliación entre lo particular y lo universal.

Hay así personas con buena y mala conciencia en función de su cumplimiento del deber y la moral universales. Pero también hay conciencias que *creen* ser buenas y en realidad no lo son porque no cumplen con la moral. Esta idea le servirá a Hegel para reintroducir en su discurso a los fariseos comentando el Evangelio de Mateo. Este comentario sigue el orden del evangelio mencionado, como ahora se expondrá.

Según Hegel, la conciencia de los fariseos es una conciencia hipócrita por dos razones. La primera es que el fariseo solo piensa en cumplir con su deber —positivo—, lo que provoca que la intención esté implícita en la acción. Por ejemplo, pagar los diezmos es precisamente con la intención de ser correcto y concordar con su ley positiva. La segunda es que la conciencia de haber cumplido con su deber obedeciendo sus mandamientos es considerada como totalidad. Por tanto, crea una conciencia falsa en la que baste con cumplir con la ley para sentirse bien, es decir, para tener buena conciencia por creerse sujetos verdaderamente morales.[400]

En el escrito, al encontrarse Hegel comentando el Evangelio, entonces, al cambiar el Evangelio de Mateo de tema, él también cambia, aunque en realidad es para volver al tema de la conciencia moral.[401] Por eso encontramos en el texto por parte de Hegel expresiones como «sobre las exigencias que se hacen a continuación», o un poco más adelante «lo que sigue», sería a continuación en el Evangelio.

El tema ahora es la riqueza en relación con Jesús. Poseer riquezas es una manera de estar condicionado y tener dependencia. Por ello Jesús exigiría de sus discípulos que se elevasen sobre la riqueza hacia

400 EJ, 316 / GW2, 171-172 / TWA1, 333-334.
401 EJ, 315 / GW2, 171-173 / TWA1, 333-334.

algo muy superior a la riqueza: la conciencia moral. Hegel utiliza el famoso discurso acerca de juzgar a otras personas en el Evangelio como base que justifica su propuesta de qué es la conciencia moral:

> A la conciencia [moral], a la percatación de la propia adecuación o inadecuación frente a los deberes, corresponde la aplicación de las leyes [morales] al juzgar a los otros. «No juzguéis», dice Jesús [Mateo, 7, 1-5], «para que no seáis juzgados, con la medida en que medís seréis medidos».[402]

Hegel estaría dándonos las coordenadas básicas de qué es una conciencia moral. Esta es la que realiza un movimiento autoconsciente sobre si es adecuada o inadecuada su acción, tomando como base los deberes.[403] Utilizar la conciencia moral para juzgar a otros conlleva a que esa conciencia sea débil. No es tan fuerte como para soportar a los demás tal y como son, y por eso necesita dividirlos y juzgar cómo deberían ser. Juzgar a alguien es entonces someterlo en el pensamiento. Juzgar también implica poner un criterio que debe ser obedecido por el que lo enuncia. Por eso juzgar a otro nos obliga a ser esclavos de nuestras palabras.

Hegel comenta finalmente que el Evangelio termina tratando de formar una imagen sobre qué es una persona. En esta parte se percata de que lo que el hombre es no tiene que pertenecer a su esfera del deber. La vida como tal no es pura cuando uno actúa solamente obedeciendo a la ley positiva, por ejemplo. La vida pura aparece con sus modificaciones propias, con virtudes específicas, etc. No con la

---

402 EJ, 317 / GW2, 177 / TWA1, 335.

403 Esta misma idea sería retomada en su *Fenomenología del espíritu*. En su sección acerca del espíritu, cuando trata la moralidad, ahí hay varias líneas dedicadas a la conciencia moral. Su uso terminológico parece mostrar que comprende esta noción del mismo modo que en «El cristianismo y su destino». Sirva como prueba de ello lo más semejante que da como definición de conciencia moral en la *Fenomenología*: «La conciencia moral sabe y cumple ella misma su deber y pertenece a este como a su naturaleza» (Fen, 353).

legalidad. La legalidad desaparece en la vida, se diluye. Por eso Hegel sentencia que hay una «desaparición de la legalidad y de los deberes en el amor».[404] Una vez más, el amor sería la fuerza unificadora. El esplendor de la vida en el amor anularía la legalidad o el juzgar los unos a los otros. Sin embargo, este punto será desarrollado con mayor profundidad un poco más adelante en el escrito.

DEL DESTINO AL SUJETO-OBJETO

La ley y el castigo

En esta tercera parte Hegel trata principalmente la ley y su correspondiente sanción. Así, comienza afirmando que la virtud se opone a la positividad y a la inmoralidad. Sin embargo, la persona que sigue la ley positiva no es ni moral ni inmoral. Cultiva la virtud que haya implícita en las leyes (pues han sido constituidas racionalmente). Pero no por su propia moral, sino por acato a las leyes. Por eso «al oponer la subjetividad a lo positivo desaparece la indiferencia del servicio y su limitación».[405] Con esto Hegel señala que el ser humano es soberano de sí mismo, dueño de sí y de su acción. Si esto es así, entonces «la posibilidad de limitar la oposición es libertad».[406] El ser humano, por consiguiente, puede actuar virtuosamente o no, ser moral o inmoral. Pero esto implica que siempre hay disyuntiva y posibilidad de retorno a su contrario, y que en última instancia depende del sujeto. Por eso el ser humano puede limitar sus acciones negativas —por ejemplo, los vicios— así como incrementar las positivas, como las virtudes. Al ser libre, entonces tiene la capacidad de limitar su libertad. Pero si una persona es virtuosa, entonces no es viciosa —por eso la disyunción—. Entonces el vicio, o su retorno a él, aparece solamente como posibilidad dentro de las libertades del

404 EJ, 317 / GW2, 175 / TWA1, 336.
405 EJ, 318 / GW2, 181b / TWA1, 337.
406 EJ, 319 / GW2, 181b / TWA1, 337.

sujeto. Todo sujeto tiene por sí mismo entonces la capacidad de ejercer vicio o virtud. Por así decirlo, elegir es un elegirse.

Entonces Hegel retoma el amor para introducir el castigo realzando sus diferencias con la ley. Así, si la entre ley y amor había una oposición —señala en este momento— solo en cuanto a forma, y no en cuanto a contenido, ahora presenta que el crimen descarta toda ley posible, por eso es crimen. El joven Hegel incluso proporciona una definición de crimen: «El crimen es una destrucción de la naturaleza y, como la naturaleza es *una*, se destruye tanto en el destructor como en lo destruido».[407]

En este sentido, el criminal es criminal porque se ataca a él mismo y a la naturaleza en general. Hegel une lo universal con lo particular. Un sujeto concreto se hace daño a sí mismo, como particular, pero también a toda la naturaleza como universalidad. Por lo tanto, el crimen es escisión de un sujeto particular con lo universal de la naturaleza. O, dicho de otro modo, al final la naturaleza aquí opera como universal, y la parte que no se armoniza con ella es el criminal. No obstante, no está claro el uso que en este texto hace Hegel del concepto de naturaleza. Pero volvamos a la ley.

Hegel retoma una idea que había sido escuetamente señalada anteriormente, que es la unificación bajo el concepto que se hace ley. El concepto unifica,[408] y cuando esto sucede, se forma una ley. Por eso la ley trata de conservar. Pero cuando la ley expresa la cancelación de la realidad, y no su conservación, es llamada «ley punitiva».

---

407 EJ, 319 / GW2, 181b / TWA1, 338.

408 En estos escritos hay una oposición directa entre vida y concepto. Sin embargo, el sentido en el que el joven Hegel está empleando «concepto» parece totalmente alejado de su noción de Concepto en clave especulativa de su *Enciclopedia de las ciencias filosóficas* y su *Ciencia de la lógica*. En estas obras, está la «vida del Concepto», pues él mismo es orgánico, está vivo, como metaforiza el propio Hegel. Así, no habría separación entre vida y concepto, sino que en el esplendor de su madurez unifica estas dos ideas que en estos escritos de juventud aparecen como antagónicas. Este es el motivo por el que la segunda parte de la ciencia de la lógica es la lógica subjetiva, o «doctrina del Concepto».

Esto cancela la realidad del criminal, por ejemplo, privándolo de libertad. Es un tipo de ley opuesta a la vida. Su contenido —que es en lo que se diferenciaba con la ley en general— es la punición, y este significa que el criminal pierde sus derechos como sanción. Esta sanción no es externa, sino que la propició el propio criminal al colocarse fuera del concepto, que es el contenido de la ley.

Hegel parece percatarse de que su discurso está siendo algo abstracto, y por eso lo posiciona hacia la realidad más cercana. Para ello, primero señala que el juez es la unificación entre ley y ser viviente. Por tanto, aunque la ley en sí misma debiera ser implacable, el juez es un ser humano y particular. Por eso la justicia es administrada en la realidad por otro ser vivo, por particulares. El único modo de que el juez no aplique la ley es que deje de comportarse como juez, e indulte entonces. Si esto fuese así, entonces la ley no sería satisfecha. Sin embargo, la ley sí que es satisfecha cuando se castiga a un criminal al cancelar su realidad. Si el criminal no se reconcilia con la ley, entonces permanece en la mala conciencia, haciendo que «el criminal se mire a sí mismo siempre en cuanto criminal; no tiene ningún poder sobre su acción en cuanto realidad, y esta, su realidad está en contradicción con su conciencia de la ley».[409] En Hegel al final la buena conciencia es la mejor almohada, pues afecta a cómo nos percibimos a nosotros mismos.

Así, ley y castigo no pueden ser reconciliados en nuestro mundo. Pero sí que se pueden cancelar. Hegel se pregunta si en realidad la ley y el castigo pueden reconciliarse en una manera más elevada, quizá, en el destino. Sin embargo, «el hombre aprisionado en un destino no tiene que ver con la ley».[410]

Hegel reconduce su escrito hacia el destino desde el crimen para examinar si aquí hay compatibilidad. La cuestión es cómo se relaciona el crimen con el destino. Desde el destino, el crimen no es una

409 EJ, 321 / GW2, 185b / TWA1, 340.

410 EJ, 321 / GW2, 185b / TWA1, 340.

rebelión de una persona contra su superior. Más bien es una enajenación. Lo ajeno se produce con el abandono de la vida unificada, por tanto, si el criminal es separado de la unificación de la vida, entonces abandona su vida unificada, está ajeno a ella. Ser ajeno no quiere decir ser enemigo. Para ser enemigo hace falta primero ser ajeno, estar en una ruptura, pero ser ajeno no conlleva necesariamente a ser enemigo. El criminal va contra una vida ajena, pero la que destruye finalmente es la suya propia, afectando a la conciencia que tiene de sí mismo. Lo que el criminal siente al volver enemiga a la vida es la carencia de reconocimiento de sí mismo. Es «como aquello que debiera haber estado en él y no está. Esta carencia [*Mangelnde*] no es un no-ser, sino la vida reconocida y sentida como lo que no está».[411]

Sin embargo, esto es totalmente distinto a la ley y el castigo. La ley actúa en las realidades absolutas, es decir, en el ámbito de las oposiciones insuperables para nuestro entendimiento. De hecho, según Hegel, no hay nada por encima de la ley, ni siquiera la divinidad.[412] Así, la ley tiene sujeta a la vida, y desde esta óptica, el castigo no es cancelable. Por tanto, el crimen y el castigo no están conectados como causa-efecto, sino que lo que las vincula es la ley. Es por esta vinculación que el criminal se hace indigno como ser humano, lo que posibilita el castigo porque al ser indigno como ser humano puede haber una autoridad que actúe sobre el criminal, concretamente sobre la libertad que tendría como ser humano. Se puede acotar, o restringir su libertad.

¿Cómo afecta esto al destino? La reconciliación con el destino *exige* cancelar la destrucción porque el destino actúa dentro del ámbito de la vida. Así, si el criminal es enemigo de la vida, y el destino está vinculado a la vida, entonces para reconciliarse con el destino primero hay que reconciliarse con la vida. Para esta reconciliación Hegel apelará una vez más al amor como fuerza unificadora.

411 EJ, 323 / GW2, 193b / TWA1, 344.

412 EJ, 323 / GW2, 193b / TWA1, 344.

Es más, en el destino el hombre cuando hace una súplica no es una súplica a un Señor, sino que es una súplica para poder volver a él mismo. Reunificarse con la vida es algo que se debe hacer desde el interior de la persona como acto ante nuestra conciencia del mal que produjeron nuestras acciones.

La vida aquí es un término que parece referirse a la realidad del individuo, a su totalidad vivida y a su autopercepción. Reconciliarse con la vida, amarla, quiere decir perdonarse a uno mismo. Asumir lo que somos sin perder de vista aquello que queremos llegar a ser. Por eso el criminal, que tiene mala conciencia de sí mismo, está enfrentado con la vida.

Cuando el criminal ha sentido el daño dentro de sí la misma vida que ha herido es cuando la justicia queda satisfecha.[413] Esto mismo lleva a Hegel a afirmar que el castigo como tal ejerce su dominio solamente cuando se ha vuelto consciente de su acción incorrecta, donde se ha intentado cancelar la separación con la vida. De hecho, el crimen es de mayor impureza cuanta mayor conciencia de haber herido a otra persona. Hegel incluso llega a señalar que «la valentía, sin embargo, es superior al sufrimiento paciente, porque (...) se ha asumido conscientemente la culpa».[414] Por consiguiente, asumir ser culpable requiere que seamos valientes verdaderamente.

¿Cómo debería actuar una persona? Sencillamente antes que herir es mejor no hacer nada. En vez de convertir la vida en su enemigo, es mejor huir. Solo así se conserva correctamente la conciencia y el ámbito de la vida. Por eso «la libertad suprema —la posibilidad de renunciar a todo para conservarse— es el atributo negativo de la belleza del alma».[415] La belleza del alma es este elegirse a uno mismo. No obstante, si se ha cometido alguna falta hay que pedir perdón. Reconciliarse con los otros es la condición que se exige, es la reconciliación con otra vida que fue herida. Este perdón no debe

---

413 EJ, 325 / GW2, 196b / TWA1, 347.

414 EJ, 326 / GW2, 198b / TWA1, 348.

415 EJ, 328 / GW2, 205b / TWA1, 350.

de proceder como un mandamiento, sino que toda rectitud y amor deben provenir de la propia vida. O sale de lo más hondo de nuestro corazón o no es auténtico perdón.

Otro modo de experimentar el castigo es como castigo justo por medio del destino. Este no provendría de la ley —es decir, no proviene de lo más alto, pues recordemos que la ley está por encima de la vida e incluso de la divinidad—, sino del destino, lo que permite que volvamos a nuestra situación original como persona —recuérdese que el criminal es una persona indigna, es decir, tiene un rango inferior al de una persona normal—. Por ende, una persona se reconcilia consigo misma y retorna a ser persona verdaderamente: cuando su mala conciencia ha desaparecido y la mala acción queda depositada en nuestra conciencia como mero recuerdo. Este reconciliarse con uno mismo es vía amor de uno mismo, y en este sentido «la vida ha reencontrado, en el amor, a la vida».[416]

Esto mismo se encuentra en las enseñanzas de Jesús en la conexión entre el pecado y el perdón. Para Jesús, el perdón es un acto de fe. Pero tener fe en Jesús es más que lo que solemos entender como fe. Tener fe es «conocer el espíritu por medio del espíritu»,[417] lo que provoca que solamente dos espíritus iguales pueden reconocerse como diferentes el uno del otro. Esto significa que el reconocimiento intersubjetivo de las personas se realiza mediante la igualdad en su reconocimiento, reconocerse como iguales es el paso principal para después reconocerse como diferentes el uno del otro.[418]

416 EJ, 331 / GW2, 215b / TWA1, 354.

417 EJ, 331 / GW2, 217 / TWA1, 354.

418 Posiblemente el perdón sea la génesis del espíritu. También el amor, que antes se ha señalado como una especie de reconocimiento. Pero aquí, con el ejemplo del perdón, se puede ver nítidamente ese reconocimiento mutuo, de un espíritu a otro. Si atendemos a Williams, el espíritu (en la madurez hegeliana) es «fundamentalmente una concepción interpersonal y social (...) no es una entidad metafísica trascendente, sino más bien la realización del reconocimiento mutuo-recíproco» (Williams, 1992: 14). De ser estas las bases conceptuales del espíritu, entonces el perdón es, en este escrito, notoriamente cercano al espíritu. Atendamos a que

La reconciliación

El escrito prosigue con Hegel retornando al amor y a la confianza en la plenitud de la vida. Esto es la nota característica de la naturaleza humana. Esta naturaleza es, según Hegel, *eine ganze Natur*, una naturaleza total. En el ser humano su naturaleza está marcada por el amor a la vida. Este amor debe penetrar en sus sentimientos y armonizar las perturbaciones que pueda tener.[419] Por eso es posible perdonar los pecados, porque es la naturaleza humana la que está capacitada para comprender al resto de personas y estabilizarlas, es decir, para amarlas.

Para Hegel esta forma de entender la reconciliación es contraria a la visión que tenía el pueblo judío. Por ende, la reconciliación solo sucede en el cristianismo. Él considera que cuando se les enseñó a los judíos el vínculo entre el amor y el pecado a través de su reconciliación este pueblo lo tomó como algo demente, como locura, porque habían confiado todo su espíritu y todo su amor a un objeto ajeno, a su Dios, y no a las personas. Por eso su mala conciencia no era ser conscientes de herir a otras personas, sino que su mala conciencia era el temor al castigo divino, como se muestra en la anotación lateral: «Les era inconcebible que en la fe mutua pudiera desaparecer toda dominación; que el Señor y la ley aparecieran solo junto *con* el crimen».[420] Por tanto, el judío actúa de acuerdo con la obediencia de sus mandamientos, haciendo lo que dictaminen, y temiendo las malas

---

Williams ha señalado que el reconocimiento es interpersonal y social. La intersubjetividad, en este escrito, es evidente. Pero falta el reconocimiento social. No está. Y esto tiene un motivo: como ha notado Axel Honneth, el reconocimiento como social es una tesis que va a desarrollar Hegel en los primeros años de Jena. Especialmente en *System der Sittlichkeity Realphilosophie*. El concepto del reconocimiento en la juventud hegeliana pasa de intersubjetivo a social con su llegada a Jena. Para una mayor información sobre el pensamiento de Honneth al respecto, véase: ASSALONE, *La mediación ética*, pp. 386-395.

419 EJ, 332 / GW2, 217b / TWA1, 355.

420 EJ, 333 / TWA1, 356. Aparece tachado en el lateral.

acciones. Pero no es posible que conciba el perdón del cristianismo que se fundamenta en el amor al prójimo.

Esto posibilita a Hegel a establecer la siguiente comparativa entre cristianismo y judaísmo tomando como base el perdón y el amor:

> A diferencia del retorno judío a la obediencia, la reconciliación en el amor es una liberación; en vez del reconocimiento renovado de la dominación en la restauración de la unión viviente, de aquel espíritu de amor y de fe mutua considerado a partir de la dominación. Es un estado que [para los judíos] es la oposición más incomprensible del espíritu judío.[421]

Tras esta culminación, Hegel prosigue poniendo el ejemplo bíblico de reconciliación y perdón de María Magdalena. Reconsidera que, si bien parece imposible en sus tiempos vivir sin pecar, lo cierto es que hay una belleza propia de los corazones que retornan a su sí mismo a través del amor. Es una especie de conciencia bella. Lo que es la belleza, en general, viene de la reconciliación, y esta última proviene del amor.[422]

A colación de la importancia del amor, Hegel comenzará a desarrollar las virtudes en relación con el amor como temática. ¿Por qué el amor y la virtud? ¿De dónde saca Hegel la virtud ahora? La tesis de Hegel es que el amor reconcilia al hombre con la virtud. Esta tesis se sostiene en contra de la virtud según Kant, que para Hegel

---

421 EJ, 333 / GW2, 213b-215b / TWA1, 357.

422 Para un estudio acerca del alcance del perdón y su relación con el amor en este escrito, véase: GEORGE, T., «Forgiveness, Freedom, and Human Finitude in Hegel's The Spirit of Christianity and Its Fate», *International Philosophical Quarterly*, vol. 51, 1, 2011, pp. 39-53. Recientemente, Caramelli ha mostrado comparativamente la noción de perdón entre «el espíritu del cristianismo y su destino» y «el espíritu del judaísmo». La consecuencia hermenéutica es la noción de perdón de la *Fenomenología del espíritu*, desde la que, a juicio de Caramelli, se constituye el *Geist* (CARAMELLI, E., «Hegel and the Experience of Forgiveness. Starting from the Spirit of Christianity», *Journal of Mediterranean Knowledge*, 2 (2), 2017, pp. 131-150).

es vista como una virtud que ejerce violencia contra uno mismo. En contraste, el joven Hegel considera que el amor es el único principio de la virtud. Si hubiera muchos principios de las virtudes, entonces habría choques continuos entre ellos porque sería choque en los propios fundamentos de las virtudes. Harris lo resume en unas líneas concibiendo que Hegel defiende a las virtudes como modificaciones del amor porque de esta manera se anula la causalidad y, en consecuencia, no hay jerarquía entre las virtudes. Así, se evita la «colisión de virtudes», como él mismo lo denomina.[423] Sin embargo, quizá se deba indagar, yendo un paso más allá en este punto sobre las virtudes y su posible colisión.

Para el joven Hegel la relación que establece cada virtud con su objeto es solo con *su* objeto, y no con otros. Tener un objeto significa que tiene un campo de acción determinado, limitado, bien delineado. Por eso hay personas que poseen varias virtudes y no se pisan, no se sobreponen y no chocan la una con la otra. Considerado así, las virtudes no colisionan porque su disposición es solamente una.

Si esto no es así, entonces habría múltiples virtudes. De hecho, habría tantas como necesidades humanas haya. Todas las virtudes colisionarían entre sí. El ser humano se vería obligado a establecer una jerarquía entre las diferentes virtudes. Esto provocaría que se atendiese a las virtudes que están más altas jerárquicamente frente a las que están más abajo, declarándose esa persona «menos culpable frente a aquellas [virtudes] que ha colocado más atrás en la lista que frente a aquellas a las que llama "más altas"».[424] En consecuencia, Hegel cree que las virtudes dejarían de ser deberes —las virtudes más bajas frente a las más altas perderían este carácter— e, incluso, podrían volverse vicios.

Actuar viciosamente sería actuar conforme al crimen. Y por eso es necesario que cada virtud renuncie a que deban ser ejercitadas en

423 HARRIS, *Hegel's Development. Toward the Sunlight*, pp. 340-341.

424 EJ, 336 / GW2, 225b / TWA1, 361.

situaciones concretas. Por eso colocar *un* solo fundamento de las virtudes significa conservar la multiplicidad de las virtudes en perfecta unidad. Es por eso por lo que las virtudes en cada situación son expresiones de un mismo fundamento. Este fundamento es llamado por Hegel «Uno viviente». Emplea «uno» en el sentido de unidad, y «viviente» porque es este fundamento el que se autolimita en su desarrollo en función de las diferentes situaciones. Al igual que un ser vivo, que se desarrolla por sí mismo en sus diferentes concreciones (por ejemplo, un ser humano cuando es un embrión va desarrollando sus partes concretas: su corazón, sus brazos, sus piernas, etc.), el fundamento se desarrolla también por sí mismo en situaciones concretas en las que se ejerza la virtud.

Hegel pasa a diferenciar dos ideas sobre esto que, aunque están interconectadas, divide del siguiente modo:

1. Hegel, en su afán de precisión, establece la siguiente diferencia: «Un lazo vivo de virtudes, una unión viva, es algo totalmente distinto a la unión del concepto».[425] Esto quiere decir que el Uno viviente no es lo mismo que el concepto —este último estaba relacionado con la ley como se ha visto anteriormente—. Lo que Hegel establece es que no hay reglas ni leyes para el Uno viviente porque no tiene la forma de un universal *contra* un particular.[426] Por eso, Hegel propone que la solución sea que, igual que las virtudes complementan a los mandamientos, el amor complemente a las virtudes. De esa manera el amor asegura que se cancelen las separaciones y la virtud nunca puede volverse vicio.

425 EJ, 337 / GW2, 227 / TWA1, 361. Traducción modificada.

426 Esto es el pulso que sostiene a Kant acerca de la virtud. Kant subyugaba las diferentes virtudes y las particularidades bajo el yugo de un solo principio. En este sentido, Hegel se opone e intenta separar el concepto que, en este escrito, unifica porque subsume bajo la ley, del Uno viviente. Este último, como se verá, es una propuesta de reconciliación.

2. Ahora trata el tema del amor como mandamiento en su versión de amor al prójimo —en una de sus anotaciones, en la segunda versión del escrito, Hegel cita a Kant en esto—. Este amor debería ser extendido a todas las personas. Pero esto sería un ideal. Nadie podría amar a todas las personas, no las conoces. Eso sería en un amar abstracto, y una entidad pensada no puede ser amada. Lo que se ama es lo que se realiza como concreto. Por eso, Hegel reformula y dice que «el amor al prójimo es el amor hacia aquellos hombres con los cuales tenemos relación».[427]

Ahora bien, el amor no puede ser mandado. Esto ya apareció en anteriores escritos. Un mandamiento es algo que depende de la voluntad, por eso el deber *manda* a la voluntad. Pero el amor escapa a esta relación de dominio. Por eso el amor solo puede ser mandado como expresión, o sea, «debes amar» no deja de ser una expresión popular. Lo cierto es que no se puede mandar porque el amor es filantropía universal, y por eso «el amor en sí mismo no expresa ningún deber»,[428] es más, es un amor a la alteridad, pues «el amor al prójimo es el amor hacia aquellos hombres con los cuales tenemos relación (de la misma manera que los demás entran en relación con nosotros)».[429]

Es así como el amor rompe con cualquier poder de la objetividad. Por eso cuando las virtudes tratan de erigir mandamientos esto hacía que caigan en contradicción entre sí: eran objetividades que chocaban frontalmente unas con otras. Igual que cuando varias autoridades dan órdenes contradictorias, el resultado solo es el choque, la falta de armonía entre sí. Cada virtud tiene un límite, y es justo por tener un límite —una situación concreta en la que aplicarla, por ejemplo— que chocan —en una situación se podría optar por varias

---

427 EJ, 338 / TWA1, 362. Aparece tachado en el margen.

428 EJ, 338 / GW2, 232b / TWA1, 363.

429 EJ, 338 / GW2, 229b-232b / TWA1, 362.

virtudes— lo que genera confusión en la persona. Sin embargo, el amor no tiene límites.[430] Por eso al complementar el amor con las virtudes, como Hegel propone, se solventa este conflicto: el amor es reunificación.

A continuación, Hegel pasará a examinar la última cena, la cual es «la despedida entre Jesús y sus amigos [que] tuvo la forma de un convite de amor».[431] ¿Qué quiere decir la expresión «convite de amor»? Hegel especifica que se refiere a una situación en la que «es el amor mismo el que vive y que se expresa, y todos los actos vinculados con este convite son únicamente expresiones del amor».[432] Esto quiere decir que el amor impregna el ambiente. Este sentido del amor parece propio de la amistad, pues el propio Hegel señala que la última cena es una mezcla entre acto religioso y, también, de comida entre amigos.

Es precisamente esta mezcla la que hace difícil su interpretación. Por eso Hegel establece una comparativa con los árabes: en el pueblo árabe si se bebe una taza de café con alguien, aunque no lo conozcamos, se establece un lazo de amistad. Sin embargo, para Hegel este lazo amistoso es una objetividad porque su conexión no reside en los propios sujetos, sino en algo que «está fuera de ellos, en algo tercero: es una conexión pensada».[433] Es una costumbre popular, perteneciente a la objetividad, pero no es plenamente un acto intersubjetivo puro, o desnudo. La cena de Jesús es ya en sí mismo un acto de amistad, es decir, constata unos lazos provenientes propiamente de las subjetividades.

El acto de comer el pan y beber el vino va más allá de meros actos objetivos. No son solo comer y beber. Significan mucho más. Son manifestación de la subjetividad de Jesús, que lo comparte con sus discípulos. Por eso, al ser objetivo y subjetivo, Hegel señala que

---

430 EJ, 338 / GW2, 232b / TWA1, 363.
431 EJ, 339 / GW2, 232b / TWA1, 364.
432 EJ, 338 / GW2, 232b / TWA1, 364.
433 EJ, 338 / GW2, 234b / TWA1, 364.

> La conexión [*Zusammenhang*] entre lo objetivo y lo subjetivo, entre el pan y las personas, no es aquí la conexión de lo comparado con la parábola [*Gleichnis*], la parábola [*Parabel*], en la cual lo diferente, lo comparado, se pone como algo separado, distinto, en la cual todo lo que se requiere es la comparación, el pensamiento de la igualdad lo diferente. Aquí, en *esta* conexión [entre lo objetivo y lo subjetivo], desaparece la diferencia, así también la posibilidad de la comparación. Aquí lo heterogéneo está más íntimamente vinculado.[434]

No hay una comparación del pan y del vino con otros objetos. Lo que hace la parábola es vincular lo objetivo (el propio pan y vino) con lo subjetivo (el espíritu). Ambos se conectan como una sola unidad. Por eso no se puede comparar: porque no son distintos. Si son lo mismo, no puede existir conexión, pues no hay dos cosas diferentes. Esta vinculación de objetivo y subjetivo, esta reconciliación de opuestos, esta constitución en modo de unidad es, en definitiva, una reunificación con el espíritu de Jesús.[435] Por este motivo los discípulos y Jesús están unidos, haciendo que para los discípulos el espíritu de Jesús se haya transformado en una realidad. Esto quiere decir que el amor, que estaba en sí mismo en el convite, se ha convertido en algo objetivo, se ha convertido en una *cosa*, es decir, en el pan y el vino. Cuando es comido y bebido, entonces pasa a ser parte de la subjetividad. Para explicar esta idea compleja, Hegel la compara con la escritura. Escribir consiste en que algo subjetivo, como los pensamientos,

434 EJ, 340 / GW2, 237b / TWA1, 366. Traducción modificada.

435 La reconciliación que encuentra Hegel en Fráncfort como motor de su filosofía, y que se produce a través del amor, es la que años más tarde perdurará. Es cierto que su propuesta será mucho más elaborada. Ahora bien, como señala Álvarez, esta necesidad de reconciliación de la vida humana en la religión años más tarde dará lugar a la obligada necesidad de reconciliación de la realidad efectiva. Su momento necesario —el tercer momento especulativo— (ÁLVAREZ, E., *El saber del hombre. Una introducción al pensamiento de Hegel*, p. 26). Por ende, ya comienza a situarse la sana actitud hegeliana que dará lugar a su metafísica posterior.

pasan a convertirse en algo objetivo, o sea, en las palabras que se escriben. Cuando son leídas nuevamente por alguien, esas palabras escritas, es decir, lo objetivo, se reintegra nuevamente en la subjetividad de la persona que lo ha leído.[436] Ciertamente, nadie queda igual después de leer un ensayo esclarecedor, una novela bien escrita, o un poema lleno de belleza. Esas *cosas*, esos objetos, y en la terminología del joven Hegel, estas objetividades, lo que hacen es que mellan, cincelan y afectan a las personas, a nuestra subjetividad.[437] Nadie puede mantenerse impasible.

Hegel considera que esto es más bien una acción del espíritu que un acto religioso. Para Hegel, los actos que provienen solamente del espíritu son el tipo de acción más puro. Como tales, solamente pueden producir sensaciones. Pero las sensaciones contradicen al entendimiento, y viceversa.[438]

Esto hace a Hegel reconsiderar los actos religiosos, como el de comer el pan y beber el vino. En este acto se conserva el espíritu de Jesús en ella. Sin embargo, el amor se vuelve *cosa* (pan y vino), y este se asocia con que debe ser destruido (el pan debe ser comido y el vino debe ser bebido). Y esto es motivo suficiente para Hegel para declarar que por eso mismo no pueden ser un acto religioso verdaderamente, pues guía a la destrucción y no a la reconciliación —que

436 EJ, 341 / GW2, 239b / TWA1, 367.

437 Aquí considero que habría una contraposición entre espíritu y letra. La letra modifica el pensamiento, le afecta. Troquela a la subjetividad humana. En esta línea, D'Hondt señaló que Marx consideraba que el dinero torna en objeto al espíritu, pero que antes Hegel ya había anticipado que la letra, es decir, la «formulación del pensamiento» también afecta a este (D'HONDT, J., *Hegel, filósofo de la historia viviente*, pp. 18-19).

438 En este escrito el entendimiento parece tener siempre referencia en los objetos materiales para Hegel. Quizá por eso todo lo que escape a los objetos materiales, como las sensaciones, quedan fuera del ámbito del entendimiento. Harris se aventura a señalar que en este escrito la distinción entre razón [*Vernunft*] y entendimiento [*Verstand*] es que esta última noción, entendimiento, es la facultad del cálculo abstracto y del razonamiento, lo que hace que esté alejada de la vida (HARRIS, *Hegel's Development. Toward the Sunlight*, p. 328).

vendría por el amor—.[439] En definitiva «la cosa y la sensación, el espíritu y la realidad, no se mezclan (…). El pan y el vino, vistos y saboreados, no pueden despertar nunca la sensación del amor».[440] Por eso el pan constituye una significación mística en actos como la comunión. No llega a ser divino verdaderamente, pero conserva ese significado. Hegel cierra diciendo simpáticamente que en la comunión «algo divino era lo prometido y se ha deshecho en la boca».[441]

FE Y AMOR

Lo que está en nosotros mismos

En esta parte Hegel se centra en exponer cómo es la religión de Jesús en contraste con la religión judía que se basaba en la dominación. El antagonismo no es por cuestiones particulares y puntuales, sino que Hegel considera que es una cuestión de principios.[442]

---

439 En cierto sentido, el lector puede encontrar aquí un parentesco muy marcado entre el amor en la filosofía del joven Hegel, y el Concepto en el Hegel de madurez. En ambos casos, Hegel identifica que, en no pocas ocasiones, el entendimiento separa y mortifica. Pero la realidad sigue un proceso dialéctico, vivo, con actividad inmanente. Por eso, anclarse en las separaciones que genera el entendimiento es incoherente. Si lo hacemos, en realidad, nunca vamos a poder comprender la realidad como unidad, como reconciliación, sino que siempre se nos aparecerá fragmentada. Proteger la reconciliación, y especialmente el amor en este caso como fuente de reconciliación de la vida, es una tarea que Hegel mantendrá a lo largo de su vida. En un primer momento, como decimos, con el amor. Y luego, con el Concepto, tal y como ha concluido Ormiston (ORMISTON, A., «"The Spirit of Christianity and Its Fate". Towards a Reconsideration of the Role of Love in Hegel», pp. 521-525).

440 EJ, 342 / GW2, 243b / TWA1, 369.

441 EJ, 343 / GW2, 244b / TWA1, 369.

442 Hegel siempre consideró el cristianismo y el judaísmo como algo más que meras prácticas y dogmas. Por eso Hegel realiza las descripciones teológicas del judaísmo, como dios de la dominación, y de Jesús como dios del cristianismo centrado en el amor y la vida. Para un excelente estudio sobre este tema, véase: SEMBOU, E., «The Young Hegel on "Life" and "Love"», *Hegel Bulletin*, 27 (1-2), 2006, pp. 81-106.

Para Hegel la moralidad supera la dominación y, a su vez, el amor supera las barreras de la moralidad. Pero el filósofo alemán advierte que el amor no es aún felicidad porque, aunque el amor tenga aparentemente la exigencia de la plenitud, lo cierto es que en el amor hay una contradicción porque la persona que ama tiene una receptividad limitada al mismo tiempo que el objeto del amor es infinito. Por eso «lo infinito no puede ser contenido en este recipiente».[443]

Para poder solventar esta contradicción Hegel recurre a la *autoconciencia pura*. Este concepto es definido por Hegel como «la conciencia de lo que el hombre *es*; en ella no hay diversidad, no hay ninguna multiplicidad desarrollada, real».[444] Esto significa que la autoconciencia pura no conforma una unidad abstractamente. Hegel está buscando un principio absoluto, no una unificación abstracta de la pluralidad. Así lo sentencia Hegel: «La pluralidad no es nada absoluto».[445] El absoluto que busca Hegel es una fuente de la que todos los actos e impulsos emanan, un principio del hombre.

Si descubrimos este absoluto y cobramos conciencia de él, entonces sigue estando *en* el hombre, pero también es un objeto ajeno a él —como anteriormente entre lo pensante y lo pensado—. Con esto Hegel se refiere a que el acto de cobrar conciencia de algo consiste en dos movimientos: i) percatarnos de que forma parte de nosotros mismos y ii) comprenderlo como objeto. Si lo comprendemos como objeto, entonces lo *advertimos*, es decir, lo ponemos frente a nosotros.[446] Por eso se produce este doble movimiento en el que, aunque

443 EJ, 344 / GW2, 247b / TWA1, 370.

444 EJ, 344 / GW2, 248b / TWA1, 370-371.

445 EJ, 344 / GW2, 248b / TWA1, 371.

446 La conciencia aparecerá en los *Primeros esbozos de sistema* como superación de la naturaleza. Es algo bastante próximo, salvando distancias, a lo que está proponiendo Hegel en este escrito. Desde esta óptica, todavía *pre-fenomenológica*, la naturaleza aparece como lo ajeno, lo *otro*, el objeto para la conciencia —a partir de ahí, la superación de la naturaleza mediante la conciencia comenzará con el lenguaje—. Para un estudio sobre este punto, véase: PAREDES, M. C., «El lenguaje en los Primeros esbozos de sistema de Hegel (*Systementwürfe* I, 1803/4)», *Taula, quaderns de pensament*, 2013, 45, pp. 33-47.

sigue siendo inherente a nosotros mismos, también lo conseguimos aprehender como objeto, como si fuese algo externo.[447]

Hegel sugiere que este absoluto del que todo emana es Dios porque en el mismo párrafo donde trata este tema, también expresa seguidamente que el ser humano solo puede creer en Dios al ser capaz de abstraerse de toda acción, de lo determinado, e incluso de todo lo que está sujeto en el tiempo.

Archanthropos: *la dialéctica de lo infinito y lo finito*

Pues bien, la vivencia de la persona con Dios requiere de tres fases: alma, espíritu y divinidad. Donde no hay alma no puede haber espíritu. Donde no hay espíritu no puede haber divinidad. La divinidad de la persona es aquello que siente que está por encima de su conciencia. El motivo superior. Pero entonces este Dios aparece como algo pensado, no como una realidad. Esto genera el problema de que lo que es pensado es opuesto a lo vivo. Pensar es el universal dominante.[448] Pero eso significa que en el pensamiento se elimina en la totalidad de las determinaciones que aparecen en la vida. Esto es visto por Hegel como la constitución de una «unidad vacía de la totalidad de los objetos».[449] Es solamente pensamiento, pero eso es infértil.

---

447 Sirva como ejemplo, aunque algo exagerado para poder verlo mejor, cuando una persona descubre que tiene un trauma. Ese trauma estaba *en* la persona, tras descubrirlo sigue *en* la persona, pero ahora se ha hecho consciente como objeto, y, por ende, susceptible de ser tratado.

448 Parece haber cierta reminiscencia con «esbozos para el espíritu del judaísmo», donde había afirmado que «comprender es dominar». En este caso, parece que es pensar lo que es dominación. Por otra parte, Harris establece la hipótesis siguiente: Hegel cuando está formulando esta idea («comprender es dominar») tiene en mente la doctrina kantiana del conocimiento. Así, la experiencia cognitiva hace que nuestra mente dé leyes a los objetos, y en este aspecto los «domina» (HARRIS, *Hegel's Development. Toward the Sunlight,* p. 293).

449 EJ, 345 / GW2, 249b / TWA1, 371.

La vida tiene su autoridad en sí misma. Esta aparece como algo determinado en una persona concreta. Sus particularidades determinadas evocan a la fuente de la cual fluyen para él todas las figuras de la vida limitada. La vida escapa al pensamiento, y por eso «la conexión entre lo finito y lo infinito es por supuesto misterio sagrado, porque ella es vida y, por tanto, misterio de la vida»,[450] como se recoge en otro de los tachones del manuscrito. Esto lleva a Hegel a afirmar que lo divino es vida pura, y que por eso en la divinidad no hay nada antagónico.

Pero también se había afirmado que la vida escapa del pensamiento. ¿Cómo podemos entonces comprender algo sobre la divinidad? Para comenzar, es el pensamiento el que genera oposiciones y contradicciones. Dios no es contradictorio, sino que lo es nuestro modo de intentar entenderlo. Si la divinidad pertenece a la vida, y la vida está fuera del pensamiento, entonces la divinidad no tiene que albergar oposiciones.[451]

---

450 EJ, 345 / GW2, 252b. Esta anotación no está en TWA1.

451 Ricardo Ferrera ha señalado que la religión —concretamente la divinidad— es una constante hegeliana que, en su periodo de Jen (1801-1807) termina por subsumir su sentido antropológico en uno especulativo «que es abarcador el sujeto finito y del espíritu infinito». (FERRERA, R., «Prefacio editorial». En Hegel, G. W. F., *Filosofía de la religión. Últimas lecciones*, Madrid, Trotta, 2018, p. 13). Como puede verse, esta dialéctica entre lo finito y lo infinito está presente ya en Fráncfort. Leonardo Polo acotó más esta cuestión, y propuso que la solución al problema de la abstracción de Dios en Hegel encuentra su respuesta entre 1801 y 1802, en la *Lógica de Jena*. Precisamente, Polo desarrollará esta idea y señala con absoluta claridad que la solución se produce «mediante la vinculación o incorporación de lo finito a lo infinito» (POLO, L., *Hegel y el posthegelianismo*, Navarra, Eunsa, 2018, p. 219). Tanto Ferrera como Polo aciertan a mi juicio. Sin embargo, creo que se puede retrotraer en una versión todavía no tan desarrollada, al pensamiento de Hegel en Fráncfort. Así pues, Paredes ha apuntado que esta idea, entre lo finito y lo infinito, es seguramente la más valiosa en el periodo de Fráncfort. A partir de ella habrá todo un desarrollo de la dialéctica de lo finito y lo infinito en el pensamiento de Hegel, que culmina en el *verdadero infinito* tan característico de su sistema, especialmente en su *Ciencia de la Lógica* y su *Enciclopedia*. Para un excelente estudio sobre cómo Hegel va desarrollando el verdadero infinito en sus primeros

Para ello Hegel señala que el producto de la divinidad solo es la unificación de los espíritus. Esto es particularmente relevante porque anteriormente se había señalado que el producto más puro del espíritu es la sensación. La sensación era radicalmente distinta al entendimiento. Por consiguiente, si la divinidad produce la unificación de los espíritus, su producto no es *entendible,* sino una *sensación* que se experiencia.

Aquí Hegel retoma el judaísmo y señala que la cultura judía «nos muestra solamente un sector de las relaciones vivientes como sector que se ha vuelto consciente».[452] Pero volverla consciente es tan solo volverla como objeto, como ajeno a uno mismo. Es pensarla. Por eso continúa Hegel señalando que «se ha vuelto consciente más bien en forma de concepto»,[453] es decir, en forma de lo que es aprehendido y apresado por el pensamiento. Esto es para Hegel natural en el pueblo judío. Este pueblo necesitaba expresar las relaciones entre los seres ajenos, diferentes entre ellos. Por ejemplo, la compasión o la bondad.

Cuando Hegel reivindica esta necesidad del pueblo judío, está reivindicando la necesidad de las relaciones intersubjetivas como propias de este pueblo. Pero la intersubjetividad significa conocer al *otro,* a lo que es ajeno a mí. Por eso necesita conocer lo que está fuera de sí. Sin embargo, conocer lo que está fuera de sí es distinto a la sensación porque es entendimiento. Se aprehende el objeto externo a nosotros. Tiene que ser pensando, apresado por el concepto. En resumen, el pueblo judío necesitaba entender lo ajeno, volverlo objeto.

Al leer esta parte de su escrito Hegel parece saltar de tema hacia el lenguaje ante lo divino. Pero en realidad no hay un cambio de tema, sino que todavía está tratando la comprensión de lo ajeno. Para ello se nutre principalmente del Evangelio de Juan. Su motivación para usar este evangelio es que es donde considera que mejor se investiga la conexión de la divinidad con Jesús.

---

escritos, véase: PAREDES, M. C., «El concepto de infinitud en el joven Hegel», *Studia Hegeliana*, 1, 2015, pp. 123-138.

452 EJ, 346 / GW2, 251b / TWA1, 372.

453 EJ, 346 / GW2, 251b / TWA1, 372.

Hegel apunta que la conexión entre Jesús y la divinidad totalmente distinta a la del pueblo judío es. La del pueblo judío aparece por la vinculación de conexiones objetivas. Estas tienen su origen en la pobreza espiritual del pueblo judío y causan que su lenguaje sea áspero para expresar sus emociones. Esto no quiere decir que sea un lenguaje sin desarrollo o un lenguaje infantil. Sin embargo, para Hegel el pueblo judío habla de una manera pesada y cargada, y cree que debería encontrar otras formas de expresarse. Bajo este pretexto, Hegel tratará el Evangelio de Juan por contener «una serie de proposiciones afirmativas que hablan de Dios y de lo divino con un lenguaje más apropiado».[454]

Hegel destaca del Evangelio de Juan, el que mejor expresa el lenguaje divino, que «en el principio *era* el Verbo; el Verbo *estaba* en Dios y Dios *era* el verbo; en él *estaba* la vida». En alemán, esta oración tiene unas reminiscencias clave que perdemos en español. En español decimos que en el comienzo (*Anfang*) era el «Verbo», pero en alemán Hegel utiliza *Logos.*[455] Así, el Logos estaba con Dios y Dios era el Logos, y en él estaba la vida (*Leben*). Hegel se centra en la última oración bíblica, pues considera que la cita anterior es el lenguaje más simple de la reflexión. Sin embargo, su sencillez no es conceptual. Y no lo es porque no es una oración que exprese conceptos, como suelen hacer los juicios necesarios. No. Hegel cree que la cita anterior está compuesta por predicados que constituyen algo viviente. En tanto que pertenece a la vida, no pertenece al concepto. Pero ¿entonces cómo se puede comprender la cita de Juan?

Hegel considera que hay dos posibles interpretaciones. La primera es tomar «Verbo» (*Logos*) como algo real. La segunda es comprender «Verbo» (*Logos*) como razón. La diferencia clave entre ambas es que, si se lo comprende como algo real, entonces lo comprendemos como particular, mientras que, si lo comprendemos como razón, entonces

---

454 EJ, 348 / GW2, 254 / TWA1, 373.

455 GW2, 254 / TWA1, 373.

lo comprendemos como universal. Esto nos hace diferenciar Dios y Logos. Mientras que el Verbo (*Logos*) es lo universal, el ser pensado, Dios es «materia en la forma de Verbo [*Logos*]».[456] Por eso el Verbo *está con* Dios y, mientras es así, los dos son uno.[457] Dios y logos conforman unidad de lo diferente.

Por ello, se puede concebir al mundo de una manera muy distinta a como la veían los judíos. El mundo no es emanación de lo divino. No emana de Dios. Si fuese así, entonces todo lo creado en el universo sería divino.[458] Más bien el universo, nuestra realidad es

---

456 EJ, 348 / GW2, 255 / TWA1, 374.

457 El *Logos* encarnado será, finalmente en la filosofía de Hegel, el espíritu. Así pues, la filosofía completa de Hegel sería la historia de cómo reconciliar el *Logos* con la naturaleza, en la que se pierde. Por eso en su *Enciclopedia* la naturaleza está *alienada*, perdida. Es más, la Idea será solamente un *intuir* (*Anschauen*) (Enz. C, §244). Si tomamos el texto con cierta flexibilidad, entonces desde la juventud Hegel se interrogará sobre cómo reconciliar lo existente con el *Logos*. Esto es el germen del espíritu. La reconciliación originaria. Así pues, todo su sistema culminaría con la filosofía del espíritu que sería la unidad originaria, lo Absoluto, que en este escrito aparece como la unidad entre *Logos* y Dios, aún sin el desarrollo posterior, pero ya atisbada. Del mismo modo, esta reconciliación obligaría a Hegel entonces en su madurez a pasar de sustancia a sujeto. Así pues, como señala Polo, «si el hombre es el Logos encarnado (*Menschswerdung*), el Espíritu radica como fuerza infinita en su fondo (...). Esta fuerza es sustancia, no sujeto. La sustancia espiritual es llamada también Absoluto a la espalda, que se manifiesta en las obras humanas, que por eso también son conceptuales; pero mientras el Absoluto está a la espalda, las obras humanas no son el Concepto puro» (POLO, *Hegel y el posthegelianismo*, p. 210). Si atendemos a las palabras de Polo, entonces creo que podemos rastrear el origen del Absoluto aquí, en este periodo y en este escrito. Y por eso señalará más tarde —como verá el lector— que, en tanto que el judaísmo comprende a Dios como principio abstracto *frente* a la realidad, entonces no puede existir reconciliación. Es solamente si abandonamos esta oposición que nos podemos situar en la unidad originaria de la juventud (*Logos* y Dios como unidad) y/o de la madurez (Absoluto).

458 El *Logos* debe abrirse a lo sensible, pero no confundirse con él. Esto es importante porque predispone a un cambio del estilo del lenguaje relevante a la hora de referirnos a la realidad. De acuerdo con Caramelli (*Hegel et le signe d'Abraham*, pp. 59-84), es el contraste entre el Antiguo Testamento y el Nuevo Testamento el que lleva a Hegel a comparar ambos lenguajes. El Antiguo Testamento, comparativamente, tiene un lenguaje mucho más duro y rotundo frente al Nuevo Testamento, produciéndose así

emanación como división infinita y, simultáneamente, es vida. Cada una de las partes de esta división es en sí misma una totalidad y, como tal, son una vida.[459]

En este sentido Hegel parece estar concibiendo su célebre razonamiento por el que la totalidad está reflejada en cada una de sus partes. De ser así, entonces cada parte es una totalidad y funciona autónomamente. Esta funcionalidad autónoma es un autodespliegue, automovimiento, y eso es lo que constituye un ser vivo: es un ser que se mueve a sí mismo.[460] Considero que por eso Hegel continúa el escrito señalando que «cada una de las partes que tiene la totalidad fuera de sí es al mismo tiempo una totalidad, una vida».[461] Y si esta vida la tomamos como objeto de reflexión, entonces es «vida ζωη y vida concebida (φώη, verdad)».[462] Con la primera fórmula griega Hegel hace referencia a la vida como ζωη, que es vivir o respirar, es decir, propio de los seres vivientes y particulares. Con la segunda, φώη, se refiere a la vida concebida, pero como universal, y por eso lo asemeja con la verdad. Y cada una de estas vidas, o totalidades, tienen opuestos, por eso para la luz existe la oscuridad.[463]

Juan como tal no era luz, pero la sentía. Su conciencia no era luz, no era φώη. Creía en ella. Sin embargo, «solamente la conciencia que

---

un *Wechselstil.* De ahí que Hegel reformule levemente en la edición original alemana la manera en que se expresa Juan acerca del *Logos*, abriéndolo al mundo sensible.

459 EJ., p. 348 / GW2, 255 / TWA1, 374.

460 Esta idea es exactamente la misma que planteó Aristóteles (ARISTÓTELES, *Sobre el alma*, 413a 25).

461 EJ, 349 / GW2, 255 / TWA1, 374.

462 EJ, 349 / GW2, 255 / TWA1, 374.

463 Harris sostiene que, en este escrito, y en general desde 1798, Hegel comprende dos planos distintos: el de la vida y el de la reflexión. Este último, guiado por la razón [*Vernunft*], consigue restablecer la unidad mediante la jerarquía, pero no hay en él una unión *viva*. El retorno genuino a la unidad es en realidad un volver a una verdadera experiencia de unión viva. De este modo, estaría siguiendo en este punto a Platón que consideró que el amor es en sí mismo la manifestación más importante de la razón como fuerza de la vida (HARRIS, *Hegel's Development. Toward the Sunlight*, pp. 326-328).

es igual a la vida es φώη».[464] Para Hegel, todo hombre que entra en el mundo es iluminado por el φώη. Esto no quiere decir que solamente los hombres que entran en el mundo humano sean iluminados o consigan φώη, sino que «el φώη está también en el mundo mismo».[465] Por eso todas las relaciones del hombre son en realidad relaciones que se desarrollan a sí mismos, de manera en que pareciera que el mundo en el que se producen estas relaciones entre vivientes (o totalidades) se hace consciente sin que la propia naturaleza entre a formar parte de esa conciencia. Cada ser humano individual refleja algo de la totalidad de los seres humanos.

El mundo de las personas es justamente lo que les es más propio. Sin embargo, las personas acostumbran a tratarlo como algo totalmente ajeno y diferente a ellos mismos. Pero las personas que lo acogen y se reconocen en el mundo reciben en su conciencia el poder del grado de la vida como igualdad o desigualdad. Así se les aparece. Comprenden que no son distintos del mundo. Por una parte, se conciben como seres de la misma naturaleza que Dios, aunque sean más débiles (desiguales) que Él. Y se reconocen como de igual naturaleza porque descubren su esencia en Dios y no en algo ajeno. No es que seamos Dios, sino que somos *en* Dios.

Refiriéndose al Evangelio de Juan, Hegel señala que la idea de Dios conserva normalmente la oposición del pensamiento frente a lo real, o de lo racional frente a lo sensible. Esto es el principio por el que comprende el judío. Como tal, esto produce un desgarramiento de la vida y solamente permite hablar de Dios de manera mística.

A partir de esto, Hegel comienza a preguntarse por la expresión de «Hijo de Dios» e «Hijo del hombre». Sendas expresiones eran para referirse a Jesús. De entrada, parece que ser hijo de Dios y del hombre es contradictorio. De hecho, un vínculo (*Beziehung*) de un hijo con su padre no es de unidad, sino de emancipación, de un «viviente

464 EJ, 349 / GW2, 256 / TWA1, 374.
465 EJ, 349 / GW2, 256 / TWA1, 374.

entre vivientes».[466] Pero «Hijo de Dios» es una modificación de la vida, y por eso conservaría la misma esencia.

Para aclarar esta idea de Hegel pondremos un ejemplo. En la actualidad comprendemos que lo que se comparte entre padres e hijos es el material genético. Pero no dudamos que algo se comparte. Por supuesto, Hegel no está tratando de referirse al material genético, pero sí a ese compartir entre padres e hijos. Son una modificación de la vida, por tanto, comparten esencia. Hegel considera que se comparte la *esencia* entre el padre y el hijo. Este compartir la misma esencia le permite decir que «Hijo de Dios» significa que Jesús, aunque es hijo, comparte la misma esencia que Dios.

Hegel intenta hacer más comprensiva su idea comparándola con las expresiones de «ser hijo de una tribu». Ser hijo de una tribu hace explícito que un hombre no es ajeno a la totalidad, o sea, la totalidad de la tribu se encuentra en la parte que es el hombre. Hegel lo expresa así:

> También en la expresión «un hijo de la tribu Koresh», por ejemplo (la forma en que los árabes designan a un miembro de la misma, a un individuo), se halla implícito que ese hombre particular no es meramente una parte de la totalidad, que la totalidad no es algo fuera de él, sino que él mismo es precisamente aquella totalidad, que es [también] toda la tribu.[467]

Esto nos permite ver que el joven Hegel, aunque sea a través de una analogía, ya está empezando a vislumbrar su teoría del todo y las partes. Como ha señalado Polo, el filósofo alemán tenía una cercanía muy estrecha con el axioma aristotélico según el cual *el todo es anterior a las partes*. Esta prioridad del todo sobre las partes provoca que las partes solamente existan en un todo.[468] Esta misma idea está empezando a forjarse en este escrito de Hegel.

466 EJ, 350 / GW2, 257 / TWA1, 376.

467 EJ, 350 / GW2, 257 / TWA1, 376.

468 POLO, *Hegel y el posthegelianismo*, p. 84.

Este escrito prosigue comparando el ejemplo de la tribu con el de Europa. Hegel piensa que no es lo mismo —y por eso lo introduce, para que no haya confusión—. En la Europa del contexto de Hegel, él cree que los individuos no llevan en sí mismo la totalidad como Estado.[469] Si el vínculo fuese unitario y los individuos se reconociesen en el Estado, entonces se comprendería que cuando se inicia una guerra no se hace contra los individuos de ese país, sino contra el país mismo. Hegel apunta que hay pueblos que, a diferencia de los países de Europa, sí que han logrado reconciliar al individuo con el Estado. Para Hegel en este periodo, el ejemplo más claro son los árabes, que aquí figuran como modelo a seguir.

Así, Hegel considera que «la afirmación de que la totalidad es diferente de sus partes es válida únicamente para los objetos, para lo muerto; en lo viviente, en cambio, una parte de este es igualmente "lo Uno", es la misma unidad que la totalidad».[470] Si a los objetos particulares se los une en cuanto que son sustancias con una propiedad común, entonces «es solo concepto, no una esencia [*Wesen*]».[471] Pero esto no sucede en el ámbito de los vivientes. Para los vivientes su unidad es su entidad y, a su vez, son unidades segregadas en sí mismas. Son destellos del Uno. Este choque produce que lo que es contradictorio en el ámbito de los objetos, en tanto que conceptos —Hegel lo identifica con lo muerto—, no lo es en absoluto con el de los vivos en la realidad. Para esto recurre Hegel al ejemplo del árbol. Un árbol con tres ramas es un árbol como totalidad. Pero cada rama es también, en cierto modo, árbol. Es decir, todo árbol es

469 El culmen de Hegel en su *Líneas fundamentales de la filosofía del derecho* será el Estado. En el planteamiento hegeliano, los individuos se reconocen a sí mismos como parte del Estado, y reconocen al estado como totalidad. Pues bien, si su obra *Líneas fundamentales de la filosofía del derecho* apareció en 1820, lo cierto es que desde 1799 podemos atisbar que Hegel ya considera el mismo asunto. Nunca se olvidaría del problema de cómo reconciliar individuo y Estado, como buena parte de los filósofos de la Edad Moderna.

470 EJ, 350 / GW2, 258 / TWA1, 376.

471 *Ídem*. Traducción modificada. / GW2, 258 / TWA1, 376.

propiamente árbol, las ramas no van por separado. Por eso se podría decir que es un árbol, como unidad, o «tres árboles» si contamos por las ramas, pues las ramas están incluidas en la totalidad del árbol.[472]

Esta es la manera que tiene Hegel de explicar a continuación la relación entre Dios como Padre y como Hijo. Hegel se referirá a ellos como *Wesenseinheit*, unidad esencial. Así como no es posible decir que la rama no es el árbol, no es posible decir en el caso de Dios que el Hijo no es el Padre. Pero aquí entra una particularidad, que es que Jesús no es solo «Hijo de Dios», sino que también es «Hijo del Hombre». Jesús es Dios y Hombre, e hijo de cada uno, lo cual lleva a Hegel a una conexión entre lo infinito y lo finito. Pues bien, en esa conexión entre lo infinito y lo finito sucede la vida (*Leben*). Todos los seres humanos somos esta tensión dialéctica entre lo infinito y lo finito. Pero nuestra forma de pensar es conceptual. Lo conceptual aquí es lo opuesto a la vida —a diferencia de en su madurez—. Por eso el ser humano no termina de concebir esta dialéctica que es inherente a su vida.

Aquí parece que Hegel está siguiendo en parte algunas de sus ideas de Berna. Una vez más parece sugerir que lo divino está entremezclado con la naturaleza humana, pues no dice que sea solo en Jesús, sino que, por el contexto del texto, parece extenderlo al género humano. De hecho, más adelante esto se hace evidente cuando habla sobre el enjuiciamiento. Enjuiciar aquí quiere decir dominar mediante la separación, en relación con el término *Ur-teil*, que lleva implícito la fragmentación, o la separación de la parte (*Teil*). El juzgar del hombre es siempre hacia lo no-divino. Esta forma de

---

472 En este sentido, lo que hay es una recuperación de la unidad metafísicamente. El pensamiento moderno, en su avance desde Descartes y previamente con Escoto, había fragmentado la realidad (para un estudio comparativo sobre la unidad del pensamiento en la Antigua Grecia y la Edad Moderna, véase: GARCÍA, J. A., «La unidad del ser en el antiguo pensamiento griego y en la filosofía moderna alemana», *Contrastes. Revista Internacional de Filosofía*, 22, 3, 2017, pp. 11-20). Hegel se propondrá recuperar la unidad del ser originariamente. En su madurez es más explícito, pero aquí podemos encontrar una reminiscencia de esto mismo.

dominar separando en lo no-divino puede ser mediante la representación o en la propia realidad.[473] Y dice Hegel: «El hombre divino no se aproxima a lo maligno como un poder violento que lo domine y lo someta».[474] Lo maligno no impera en el hombre divino, en el *archanthropos*. Tampoco el hombre divino actúa violentamente hacia el mal. De hecho, dice explícitamente sobre Dios que «el Padre no juzga; tampoco juzga el Hijo que tiene vida en sí mismo en cuanto es Uno con el Padre».[475] Ser Uno con el Padre nos lleva a esa unidad esencial anterior. Sin embargo, Jesús, en tanto que es también Hijo del hombre podría juzgar.[476] Pero, aun así, no lo hace.

A continuación, señala que la capacidad de juzgar, o de enjuiciar, es algo propio de los hombres —por ende, de ningún otro ser vivo— precisamente por su carácter divino. Literalmente afirma «el hombre no podría enjuiciar si no fuera un ser divino».[477] Esto es la continuación de Berna. La presuposición que mantiene firmemente es la naturaleza divina del ser humano, la cual habrá que comentar como elemento gnóstico.

De hecho, el texto prosigue aludiendo a que el ser humano no puede poner a lo divino fuera de él mismo. Para alcanzar esta idea hay dos caminos: o bien el conocimiento o bien la fe. Si se sigue el camino del conocimiento, hay que distinguir qué naturaleza es la que conoce: la humana o la divina. Y para todo, siguen siendo dos naturalezas, pues tienen su «propia personalidad, sustancialidad y en todo tipo de relación siguen siendo dos».[478] Esto es difícil de concebir para aquellas personas que usan el entendimiento (*Verstand*) —el cual Hegel aquí está dándole el uso kantiano del modo en que él lo

473 Esto guarda ecos de su pensamiento anterior en el que «pensar es dominar», propio del pueblo judío.

474 EJ, 352 / GW2, 262b / TWA1, 379.

475 EJ, 350 / GW2, 258 / TWA1, 376.

476 EJ, 350 / GW2, 258 / TWA1, 376.

477 EJ, 350 / GW2, 258 / TWA1, 376.

478 EJ, 353 / GW2, 265b / TWA1, 380.

comprende— porque el entendimiento, que tiende a separar, pone unas diferencias absolutas «que exigen al mismo tiempo pensar los dos absolutos, dentro de la relación más íntima, como Uno».[479] Claro que, pensar en una relación dos diferencias absolutas como si fuesen un Uno es imposible para el entendimiento. Para la razón, en su filosofía de madurez, quizá sea posible. Pero para el entendimiento no es posible porque este se dedica a escindir, a separar, por lo que pensar dos cosas absolutamente distintas en un Uno —que es de por sí lo inefable en tanto que contiene todas las determinaciones posibles de la realidad pues contiene toda la realidad la cual se irá diferenciando por emanaciones[480]—. El Uno, por definición, es lo no-escindido, la unidad originaria. Por ende, si aplicamos una facultad como el entendimiento el Uno se torna incomprensible. Por eso dice Hegel explícitamente que «al exigirle [al entendimiento] a la vez concebir sustancias absolutamente diferentes y la unidad de las mismas, destruyen el entendimiento».[481] La única vía para salvar al entendimiento es, para Hegel, la vía judía: comprender al ser humano como radicalmente escindido de Dios, como dos sustancias absolutamente distintas. Pero esto es no comprender al espíritu, violentarlo, o como él mismo expresa es una «inmolación del espíritu».[482] De hecho, es por esto por lo que el pueblo judío concibió a Jesús como un blasfemo, pues para ellos era imposible la unidad de dos sustancias absolutamente diferentes. Por ello «el león no tiene cabida en una nuez; el espíritu infinito no tiene cabida en la cárcel de un alma judía; una

479 EJ, 353 / GW2, 265b / TWA1, 380.

480 Este Uno al que refiere Hegel creo que es muy próximo al Uno neoplatónico. Por ello, Uno (o *realidad última*), el Logos (Verbo) y el Alma —las tres hipóstasis de la tríada neoplatónica— quizá presenten una forma de leer el texto de Hegel. Comprendiendo el Uno como la realidad de la que todo emana, entonces es inefable por exceso de contenido, no por carencia. Pero el Uno, por ejemplo, en Proclo, es posibilitante de la unificación de lo real.

481 EJ, 353 / GW2, 265b / TWA1, 380.

482 EJ, 353 / GW2, 265b / TWA1, 380.

hoja reseca no puede contener la totalidad de la vida».[483] Por el lado contrario, en Jesús encontramos que su relación con el Padre es una «relación originaria», puesto que el Hijo «se siente unido, en esencia y en espíritu, con el Padre que vive en él».[484]

Para comprender bien la relación entre Hijo y Padre no basta con pensarla en términos de intersubjetividad. Para Hegel esta solo se puede conocer mediante la fe. Pero la fe es muy concreta en este texto pues «la fe en algo real es un acto de conocimiento de algún objeto, algo limitado».[485] La fe es una acción gnoseológica. Necesariamente se conoce algo. Pero se conoce mediante las naturalezas. Así, comenta Hegel que la fe en lo divino solo es posible si hay algo divino en la persona. Esto no quiere decir algo dado, sino algo que ya estaba inherente en la persona.[486] Por eso sigue con unas líneas de una belleza exuberante para expresar su pensamiento:

> La luz y la vida está en todo hombre; él es la propiedad de la luz. Una luz no ilumina como a un cuerpo oscuro que tiene solamente un brillo ajeno; es, por el contrario, su propia lumbre la que se inflama, él es su propia llama. La fe en lo divino es el estado medio entre la oscuridad (lejanía de lo divino, yacer prisionero bajo la realidad) y una vida propia enteramente divina, una confianza en

---

483 EJ, 354 / GW2, 267b / TWA1, 381.

484 EJ, 354 / GW2, 267b / TWA1, 381.

485 EJ, 354 / GW2, 269 / TWA1, 382. Esta idea que Hegel explicita creo que puede verse como un primer paso de identificación entre saber racional y fe. De hecho, señala que la fe es un acto de conocimiento. Aunque todavía esta idea no ha cobrado peso, y no será hasta muchos años más tarde que lo haga, puede verse que la identidad entre saber racional y fe tiene, en esta oración, su primer asomo. En su madurez, la relación entre fe y saber racional es bastante más palpable con la fe racional. En este sentido Karl Löwith señaló con acierto que es, además, un punto principal del protestantismo de Hegel y que, a diferencia de Lutero, trató de mediatizar el contraste entre fe y razón identificando saber racional y fe (LÖWITH, K., *De Hegel a Nietzsche. La quiebra revolucionaria del pensamiento en el siglo XIX*, Argentina, Katz Editores, 2008, pp. 43-44).

486 EJ, 354 / GW2, 269 / TWA1, 382.

sí mismo. Es un vislumbre, el conocimiento de lo divino y el deseo hacia una unión con el mismo, el deseo hacia una vida igual.[487]

La luz es el hombre. Pero no iluminado por destellos de otro, sino que el hombre es la luz. Como dice el texto, él es su propia llama, lo que lleva a pensar en el Evangelio de Juan. La fe, la cual era una forma de conocimiento, es un estado intermedio entre lo no-divino (oscuridad) y lo divino (luz). Por ende, el hombre es divino por sí mismo. En esto, que es la fe, se produce un estado en el que el ser humano quiere fundirse con la luz, ser la propia luz, ansía una vida propiamente divina. Pero el hombre lo que tiene es la fe en su luz, en la divinidad. Por tanto, está en este estado intermedio, a caballo entre lo meramente natural, u oscuridad, y lo plenamente divino, o luz. La divinidad en él es un estado latente. Pero en este estado intermedio, ¿cómo es posible la fe? «La fe en lo divino proviene, pues, de la divinidad de la naturaleza propia; solamente una modificación de la divinidad puede llegar a conocer a la divinidad».[488] Es, una vez más, la metáfora del árbol: aunque sea solo una rama, sigue siendo árbol. El hombre, aunque no sea Dios, es divino. Nuestro estado intermedio en el que el hombre se encuentra es la fe, la cual solo se puede conocer porque compartimos la naturaleza de Dios. Aunque no venga en el texto, habría que señalar que quizá Hegel no está diciendo que tenemos *exactamente* la misma naturaleza que Dios, sino que puede haber grados, o que de algún modo participamos mediante la fe en la unidad esencial.[489]

Para llegar a este razonamiento por el que lo divino del hombre es divino propiamente, y que la fe del hombre es fe en una parte

487 EJ, 354-355 / GW2, 269 / TWA1, 382.

488 EJ, 355 / GW2, 270 / TWA1, 383.

489 En el texto, un poco más adelante él mismo comenta que Pedro «si bien ha sentido a la divinidad, no es todavía un estar colmado del entero ser propio por la divinidad, no es todavía recibir el Espíritu Santo» (EJ, 355 / GW2, 270 / TWA1, 383-384). Esto ofrecería varias interpretaciones. Pero considero que una posible es la de la diferencia de grados.

de él mismo, Hegel considera que no es necesaria ninguna revelación. Muy al contrario, es algo que se enseña y se aprende. Por eso le parece incoherente que en ocasiones se les diga que es una revelación, porque «no se puede llamar revelación divina a un aprender».[490] A fin de cuentas, como él expresó antes, somos una *modificación* de la naturaleza divina: si siguiésemos la metáfora del árbol, se diría que compartimos la misma savia.

Para seguir con esta idea, Hegel prosigue comentando parte del Evangelio de Mateo. Cuando en el Evangelio se dice: «Bendito eres, Simón hijo de Jona, porque mi Padre que está en el cielo te lo ha revelado»,[491] Hegel lo interpreta de la siguiente manera: «Es decir: lo divino que está en ti me reconoció como divino; has comprendido mi ser, este ha tenido eco en ti. Al hombre que era conocido entre los hombres como Simón, como hijo de Jona, Jesús lo transformó en Pedro, en la roca sobre la que se fundará su comunidad».[492] A Pedro se le reveló lo que la mayoría de los cristianos aprenden. Y lo que se le reveló, a juicio de Hegel, es que él mismo tiene una parte divina. De hecho, es gracias a su parte divina que reconoce a Jesús como Hijo de Dios. Es nuevamente el reconocimiento de la misma naturaleza. Si no fuese Pedro divino, como cualquier hombre, entonces no podría reconocer la divinidad. Al ocurrir esto, entonces Jesús transformó a Simón en Pedro, en el sentido en que fue dotado de un nuevo estatus ontológico, pues era el primer hombre que reconocía en su interior a la divinidad.

Por lo dicho, Pedro recibió de Jesús «su propio poder de atar y de desatar»,[493] que más allá de lo bíblico, es la expresión con la que anteriormente se había referido a la fe. Este poder de atar y desatar es «poder que puede corresponder solamente a una naturaleza que

490 EJ, 355 / GW2, 270 / TWA1, 383.

491 Mt, 16: 17-19.

492 EJ, 355 / GW2, 270 / TWA1, 383.

493 EJ, 355 / GW2, 270 / TWA1, 383.

lleva en sí la divinidad en su pureza».[494] Que nuevamente muestra que el ser humano es de naturaleza divina también. De ahí que el ser humano pueda reconocer también el distanciamiento con lo divino, porque solo lo divino reconoce el distanciamiento consigo mismo.

En conclusión, aquí han aparecido varios conceptos en su relación dialéctica. Lo infinito, llamado también Dios, o la luz, y lo finito, conocido como el Hombre, o la oscuridad. El ser humano no es solo luz u oscuridad, solo infinitud o infinitud, sino que dentro de su finitud se puede reconocer a la infinitud que está en su centro. Ya está marcada la tensión dialéctica tan característica de Hegel en su obra posterior. Y lo que es más importante aún para nuestra investigación: Hegel insiste en la naturaleza divina del ser humano.

La contemplación del espíritu en el reino de Dios

El texto prosigue comentando que Jesús era uno con sus amigos. Cuando Jesús y sus discípulos vivían juntos, entonces sus discípulos se apoyaban en él principalmente. Sin embargo, Jesús no quería ser la autoridad, pues en esto se separaba de la mentalidad judía. No sería hasta que Jesús se alejase que «el espíritu de Dios pudo animar entonces todo su ser».[495] En consecuencia, Jesús se separa de la mentalidad judía a través de referirse a sí mismo. Pero es para diferenciarse. Así, este énfasis constante, repetitivo y monótono en el «Yo» del Evangelio de Juan es solamente una forma de marcar distancias con la otra religión.[496]

En el cristianismo, sin embargo, la contemplación jugará un rol capital. Hegel apunta que, en la contemplación, el que contempla (sujeto) y el objeto contemplado (objeto) son uno. Desaparecen sus caracteres, sus rasgos diferenciadores. Son lo mismo en la contemplación. Con razón dice Hegel que una persona que siempre mirase

494 EJ, 355 / GW2, 270 / TWA1, 383.
495 EJ, 356 / GW2, 272 / TWA1, 385.
496 EJ, 356 / GW2, 272 / TWA1, 385.

la luz del sol, que no pudiera hacer nada más, sería un sentir de la luz del sol. De ahí que en el cielo no se contemple solo a la divinidad, sino que se es uno con ella. Además, también comenta que la blasfemia contra una persona, por ejemplo, es grave, pero contra el espíritu es, para Hegel, la destrucción de lo sagrado que hay en él mismo.

Un poco más adelante Hegel comienza a hablar sobre el bautismo. El bautismo está lleno de simbolismo: el zambullirse en el agua por parte del bautizado es solamente un sentimiento y representa el olvido del mundo, el haberse liberado de todo. Por eso el bautizo de Jesús en el relato de Marcos aparece como un abandono de todo lo anterior *por mor* de un nuevo mundo. Cuando Jesús es bautizado, es en ese momento en el que ya es impropio hablar de una personalidad en Jesús. Él ha sido liberado de toda atadura anterior, incluso de su personalidad. Es el momento del bautismo desde el que ya no se puede considerar la individualidad de Jesús. Representa una especie de *kénosis*.

De esta misma manera, cuando alguien se bautiza pasa a ser un viviente que está *en* lo divino, consumado con Jesús. Por eso, las expresiones como «el creyente» o «el bautizado», han perdido su verdadero y original sentido: el bautizado no es otro que el que está siempre con Jesús. Lo espiritual está en esa persona bautizada de forma habitual.

Ahora, que ya está el tema de la contemplación y del bautismo expuestos, se entra en el reino de Dios. Cuando las personas han sido bautizadas entonces se forman las comunidades de creyentes, y de ahí se pasa al reino de Dios (*Reich Gottes*). El reino de Dios es

> la armonía viviente de los hombres, su comunidad en Dios; es el desarrollo de lo divino en el hombre, la relación con Dios en la que los hombres entran al ser colmados por el Espíritu Sagrado, es decir, al convertirse en sus hijos y vivir en la armonía de su ser y carácter entero, de su propia multiplicidad desarrollada.[497]

497 EJ, 363 / GW2, 281 / TWA1, 393.

Su comunidad es *en* Dios. Participan de él. El desarrollo de lo divino en el hombre es precisamente el reino de Dios, es decir, ese momento en que se abandona la finitud llegando a la infinitud puramente. Algo que en el mundo terrenal no es posible, pero que en el cielo se da necesariamente así. Poder contemplar a Dios es no diferenciarnos de él. Salvando las distancias, y solo como ejemplo, es el mismo modo que los neoplatónicos veían que la contemplación del Uno te volvía indistinguible de él mientras lo contemplabas. El estado al que Hegel refiere, que es en realidad el estado de gloria, es este estado de contemplación. Eso es el reino de Dios.[498]

Para seguir afinando, Hegel ahora pasa a reflexionar sobre la expresión «reino de Dios». La palabra «reino» (*Reich*) es de origen judío. A juicio de Hegel refleja la conciencia de dominación propia de esa religión. La palabra «reino» quiere decir un lugar heterogéneo unido solo a través de la dominación. Por eso para Hegel aquí el término «reino» es la representación de «un poderío de un extraño sobre otro extraño».[499] Pero para Hegel el reino de Dios no puede ser reino en estos términos. Para Hegel el reino de Dios es el lugar más libre que pueda existir. No habría dominación, sino belleza de la vinculación entre la lo divino y lo humano que alcanza su divinidad. Por eso considera incoherente el término «reino» para referirse a este proyecto. Pero ¿cómo es la comunidad más libre que pueda haber? Para Hegel es la comunidad de iguales que se aman entre sí sin que haya dominación, el *locus beatitudo*, lugar de la felicidad.[500] Esto

---

498 Este reino de Dios es muy diferente del reino de Dios de su juventud en Tubinga, que era más bien una consigna política.

499 EJ, 363 / GW2, 281 / TWA1, 393.

500 El reino de Dios es una expresión común en Hegel a lo que conviene atender porque, como digo, él mismo reflexiona sobre ella. Los intérpretes marxistas criticaron duramente esta idea en Hegel —al igual que a Hölderlin y a Schelling. No por sus tintes teológicos, sino porque siendo un proyecto político se quedase en la idea, y no tratasen de llegar a la realización. Es decir, se acusó a Hegel de falta de praxis revolucionaria. Pero estas críticas tienen poco rigor histórico, incluso en su periodo más juvenil (LACORTE, C., *Il primo Hegel*, Florencia, Sansoni, Pubblicazioni dell'

quiere decir que es un lugar de unión, o como él mismo expresa, el reino de dios es «un vínculo viviente que une a los creyentes».[501] Que sea vínculo *viviente* quiere decir que se da en la propia constitución de esta vinculación, que no es un vínculo mecánico en el que se fuerza, sino algo que surge desde el propio desarrollo del viviente. Esto es verdaderamente lo que promulga el espíritu divino, un lugar donde no haya oposiciones, sin dominación. El reino de Dios es así el lugar de la libertad.

Pero ¿qué es aquello que puede unir sin forzar? ¿Qué puede vincular a todos a estar en Dios —contemplándolo— sin forzarlo? El amor. Ese mandamiento[502] que consiste en amarnos los unos a los otros es la forma que adoptará el reino de Dios. Hegel dice sobre esto que

> esta amistad del alma, que para el lenguaje de la reflexión es una entidad, un espíritu, es el espíritu divino, es Dios que rige la comunidad. ¿Existirá una idea más bella que [la de un] pueblo formado de hombres cuya relación mutua es el amor?[503]

---

instituto di Filosofia dell'università di Roma, VII, 1959, pp. 175- 180). Da igual al periodo que se refieran. Hegel no estaba pensando en una revolución cuando se refería a la venida del reino de Dios. Más bien, puede tener conexión con Kant. En su *Crítica de la razón práctica*, Kant alude al «reino de Dios» como aquel que cumple las exigencias de la razón práctica, siendo un concepto del bien supremo (KANT, I., *Crítica de la razón práctica*, México, FCE, 2005, p. 152). Que es entendido también por Kant como reino de las buenas costumbres, reino de la libertad, o, incluso —que engarza magníficamente con lo que señala Hegel—, como una comunidad moral. El reino de Dios es el lugar «en el cual la naturaleza y la moralidad, gracias a un creador santo que hace posible el bien supremo derivado, alcanzan una armonía extraña a cada uno de los elementos considerado en sí mismo» (KANT, I., *Crítica de la razón práctica*, p. 153). En tanto que el reino de Dios debe unir a los creyentes, hacer de vínculo como explicita Hegel, y generar comunidad siendo este el reino de la libertad, parece que Hegel no tenía en mente una praxis política —pese a quien le pese— sino que estaba siguiendo a Kant en este punto.

501 EJ, 363 / GW2, 282 / TWA1, 393.

502 Jn, 13: 34.

503 EJ, 363 / GW2, 282 / TWA1, 393.

Para todo aquel que reflexiona el amor es espíritu divino. Es la forma de Dios como regente de la comunidad. Lo cual quiere decir que es la comunidad más bella que pueda ser alcanzada. Al estar unidos por el amor, las personas encuentran no solo a los otros, sino a sí mismas. Por eso es reencuentro, porque «ya que el amor es una unificación de la vida presupone la división, el desarrollo de esta; presupone una multiplicidad de la vida que se ha desplegado».[504] El amor presupone división porque la vida de cada personase ha diferenciado respecto de Dios. Son desarrollos de esta vida, pues no dejamos de ser modificaciones de la esencia de Dios. Por eso la vida anida en la multiplicidad, la cual surge de la unidad (Dios) como consecuencia de su despliegue. A mayor multiplicidad, más formas de vida y, por lo tanto, también más intensidad en el amor porque más unifica. Es la reunión de lo finito en lo infinito.

A juicio de Pannenberg, eso es la religión para Hegel. Si bien en el *Fragmento de sistema* la religión es tomada ya como la elevación de la vida finita a la infinita, Hegel pretenderá en él encontrar en lo infinito a la vida en su totalidad.[505] Es más, Pannenberg añade que «a esa totalidad de la vida que, a la vez que siendo diferencia de todo lo limitado, aislado, finito, comprende toda finitud, Hegel la llamará desde ahora "Espíritu" (*Geist*). (...) La religión es la elevación del hombre hacia esa infinita totalidad de la vida que comprende en sí mismo lo diferente de ella (lo finito)».[506] Esto es cierto, y se puede encontrar en esta cita anterior de Hegel un adelanto al planteamiento de la religión y la vida, así como del espíritu, que vendrá posteriormente, con el *Fragmento de sistema.* La religión es fundamentalmente la realización del reino de Dios, lo cual quiere decir que es la realización del amor.

Ahora bien, existen diferentes culturas y eso provoca a veces enemistades. Y para Hegel es normal: a más formas de vida más

504 EJ, 364 / GW2, 282 / TWA1, 394.

505 PANNENBERG, *Una historia de la filosofía desde la idea de Dios*, p. 270.

506 PANNENBERG, *Una historia de la filosofía desde la idea de Dios*, p. 270.

diferencias. Por eso es inevitable. Pero el reino de Dios es ese lugar donde reconocernos a todos como iguales y amarnos entre todos, es decir, donde reina la libertad verdaderamente.[507] En consecuencia, las diferencias son inevitables hasta que entremos en el reino de Dios. Los discípulos de Jesús, de hecho, intentaron extender las ideas de su maestro en otros pueblos para hacerlos partícipes de su fe. En algunas ocasiones triunfó y en otras fracasó. Pero hubo este intento de unificación.

Sin embargo, Hegel detecta un problema en el cristianismo que es el ensanchamiento del amor. El cristiano, en su aspiración por el reino de Dios, en su tarea de amar a la comunidad cristiana, «desdeña toda unificación que no sea la más intensa, todo espíritu que no sea el más elevado».[508] Por ello, hay aquí una crítica al cristianismo, o más bien un diagnóstico de un elemento que no permite al amor

---

507 Este planteamiento del reino de Dios como lugar máximo del reconocimiento comparte ciertas similitudes con la *Fenomenología del espíritu* que dejo para futuras investigaciones. Sin embargo, nótese que el sentirse reconocido también en nuestra propia cultura, que no es diferente de nuestro hacer, es una cuestión capital que aparecerá de manera explícita en la *Fenomenología*. Cerezo ha señalado muy acertadamente la deuda del marxismo, así como la de Feuerbach, con la necesidad de sentirse reconocido en nuestro propio hacer, evitando así caer en la alienación. No obstante, el mismo autor ha señalado también que para Hegel el mundo moderno está determinado por el cristianismo y, en consecuencia, el proceso de alienación parece inevitable (CEREZO, P., *Hegel y el reino del espíritu*, pp. 101-103). Esto puede ser así, pero en cualquier caso se debería dar cuenta y razón de por qué: en este periodo Hegel ha pasado de ser tan crítico con el cristianismo, identificándolo con la positividad —periodo de Berna— a considerarlo de una manera bastante más positiva. En el periodo berlinés también lo considerará imprescindible, y el cristianismo será el portador de la libertad. ¿Por qué habría entonces un periodo intermedio —Jena— en el que Hegel vuelve a cargar en los hombros del cristianismo una responsabilidad tan enorme y una connotación negativa? ¿Tendrá esa idea relación con la continuación del escrito —como veremos, acerca del ensanchamiento del amor—, o es solamente una interpretación destilada del marxismo? Alguien debería dar cuenta del problema de las diferentes consideraciones de Hegel con el cristianismo según el periodo y también según los intérpretes de cada periodo.

508 EJ, 365 / GW2, 286b / TWA1, 397.

extenderse tanto como para llegar a que el reino de Dios sea en la tierra. Si no fijamos, hay dos puntos: la reticencia de otras culturas y religiones, y también la propia reticencia del cristianismo. Por lo que es más un diagnóstico sobre por qué el amor no se termina de realizar en este mundo. A lo cual, Hegel añade que «sin hablar de la insipidez y de la artificialidad de esa brillante idea que es la filantropía universal, ya que no era ella la aspiración de la comunidad, esta no puede avanzar más allá del amor».[509] La filantropía universal, ideal anterior e ilustrado, ya no es concebido por Hegel como una verdadera solución. Al contrario, es deficiente respecto del amor.

Para Hegel reconocer otro espíritu menos elevado como igual es algo que en el cristianismo es incómodo. Esto se debe a que reconocerse en otros espíritus menos elevados es contrario al amor, que es reconocimiento entre iguales. Es una especie de infidelidad a la divinidad, un apartarse del amor. Esto es «el ensanchamiento antinatural del ámbito del amor hace que este se enmarañe en una contradicción».[510] Querer que nos reconozcamos todos como iguales en el amor al mismo tiempo que el cristianismo no puede realizar tal tarea. Esa es su contradicción. Es una «falsa pretensión»,[511] pues si se hubiera optado por la dominación entonces el cristianismo hubiera desembocado en fanatismo. Pero el cristianismo restringió este amor a su comunidad, evitando esa catástrofe. A la cual Hegel señala que esto es «el punto en que Jesús está enlazado con el destino, enlazado, sí, en la manera más sublime, pero sufriendo bajo él».[512] ¿Qué querrá decir este enlace entre el destino y Jesús? Esto se esclarece a medida que avanza el texto, así pues, pasemos al quinto fragmento.

509 EJ, 365 / GW2, 286b / TWA1, 397.
510 EJ, 366 / GW2, 286b / TWA1, 397.
511 EJ, 366 / GW2, 286b / TWA1, 397.
512 EJ, 366 / GW2, 286b / TWA1, 397.

El reino de Dios y la comunidad cristiana

En esta parte comenzará exponiendo lo que Hegel cree que es el destino de Jesús. Jesús era un soñador con un gran objetivo. Este objetivo era nuevo: era una nueva visión del reino de Dios frente a los judíos. Por eso Hegel cree que Jesús «empezó con el llamado dirigido a todos: cambiad, porque el Reino de Dios está cerca».[513] Si lo consideramos apropiadamente, el reino de Dios para Hegel es ese lugar de máxima libertad.[514] Por eso, desde nuestra interpretación, lo que Hegel ve en la proclamación de que el reino de Dios está próximo es un cambio radical: de religión escatológica a religión de la vida. En vez de basarse en la muerte, lo que quiere es la vida.[515]

El mensaje de Jesús continuó con el encuentro con la libertad. Jesús era un soñador de corazón puro, lleno de generosidad, y encontró en la renuncia a sus condiciones de vida un acto de libertad. Movido por esta libertad, para que todos la conocieran, envió a sus discípulos. Sin embargo, el pueblo judío fue indiferente al mensaje. Y esta indiferencia se transformó en odio. Ante estas reticencias, Jesús no encontró lugar para su reino de Dios en la tierra. Por eso lo trasladó al cielo y guardó en su corazón. El mundo permanecía inalterado ante su mensaje.[516]

---

513 EJ, 366 / GW2, 286b / TWA1, 397.

514 Daniel Innerarity (1989) sostuvo que Hegel concibió siempre la revolución francesa, más que como un nuevo orden político, como un nuevo acontecimiento religioso, en el cual se realizaba precisamente el Reino de Dios (INNERARITY, D., «Dialéctica de la Revolución. Hegel, Schelling y Hölderlin ante la Revolución Francesa», *Anuario Filosófico*, 22 1, 1989, pp.34-54).

515 En Jena, especialmente en *System Sittlichkeit*, Hegel toma de trasfondo a la religión para poder vincular tres nociones clave: amor, vida y muerte. Todo ello debe confluir en la unidad (GUTIÉRREZ, J. A. «Hegel, vida y muerte en los escritos tempranos de Frankfurt y Jena», *Studia hegeliana*, 8, 2022, pp. 49-69).

516 EJ, 367-368 / GW2, 288b / TWA1, 399.

Al quedar el reino de Dios relegado al cielo, entonces en la tierra Jesús se vio instigado a vivir conforme a las normas establecidas. Por este motivo es por el que, según Hegel, encontramos que Jesús y sus amigos pagaron los tributos correspondientes a los judíos cuando se les exigía, aunque no compartiesen sus ideales. Es decir, la única relación que Jesús asumía del Estado judío era su jurisdicción. Esto le provocaba a Jesús un daño en su interior: era contradictorio pensar de una manera y vivir de otra. Y por ello lo manifestaba de manera consciente. En consecuencia, los ciudadanos del verdadero reino de Dios se convirtieron en personas opuestas al Estado.

Tras estas explicaciones Hegel indaga en el destino de Jesús, aludiendo que:

> como el Estado existía, como Jesús y la comunidad no pudieron anularlo, el destino de Jesús y de su comunidad, que en este respecto le permaneció fiel, era una pérdida de libertad, una restricción de la vida, una pasividad bajo el dominio de un poder ajeno al cual se desprecia pero que, sin embargo, cedió a Jesús lo poco que él necesitaba del mismo: la existencia [física] en medio de su pueblo.[517]

Hegel considera que el destino del cristianismo es un destino trágico: está destinado a perder su libertad. En tanto que esta libertad estaba en conexión con la vida —y no con el concepto como hemos visto—, constituye también una pérdida de vida. No hay libertad, sino sumisión. Pero en el reino de Dios no hay ninguna relación que no se origine en el amor. Es en esta perpetua sumisión que la libertad existía en abstracto solamente. Por este motivo, Jesús tenía que alejarse de cualquier relación viviente que estuviera bajo «el poder de la ley de la muerte».[518] Esto quiere decir que era contraria al judaísmo, mientras que el cristianismo era relación desde el amor

517 EJ, 369 / GW2, 292b / TWA1, 400.
518 EJ, 369 / GW2, 292b / TWA1, 401.

y, por consiguiente, desde la vida. Por eso Hegel tilda al judaísmo como ley de la muerte, para que sea notoria su oposición a la vida y al cristianismo.

De acuerdo con Hegel, este alejarse de toda relación bajo la ley de la muerte implica alejarse también de quien las sigue. Por este motivo Jesús tuvo que aislarse de sus familiares y no pudo amar a ninguna mujer. Su destino no era el de vivir subyugado a la ley judía solamente, sino el de hacerlo y sufrirlo por contradecirse con el reino de Dios, que es libertad. Jesús estaba destinado a sufrir el destino de su pueblo y por su pueblo. Estaba establecido que no podía llevar a cabo una realización de su reino de Dios.[519] Esto provocó una separación entre la naturaleza de Jesús y el mundo. Su lucha fue tan aclamada porque en realidad era la lucha contra su destino. Jesús es así un ser que cuando murió, lo hizo con la confianza de que su plan no iba a perderse: la lucha con el destino no debía caer.

Según Hegel, ahora recapitulando, la existencia de Jesús consistió principalmente en una separación del mundo y una huida hacia el cielo para intentar restaurar la vida concordantemente con Dios. Esto mismo acarreaba que parcialmente fuese una lucha con el destino por medio de la propagación del reino de Dios. Sin embargo, Hegel es crítico en este punto, pues lo que antes era el destino de Jesús, es decir, su lucha con el destino, ahora lo ve como un destino «parcial». Y explica por qué lo considera así: «Una parte del destino, sin embargo, se exceptuaba de esta lucha: aquella que apareció ante Jesús y se le hizo consciente en cuanto Estado; frente a este sector del destino Jesús se mantuvo pasivo».[520] Esto quiere decir que hay una

---

519 Harris (*Hegel's Development. Toward the Sunlight*, p. 327) ha teorizado que el destino, en este escrito, debería entenderse ligado a la religión. Así, la religión sería la expresión del ideal de reflexión de la unión viva. En cualquier momento en que el ideal de una religión abandona el ideal natural de la vida humana, entonces la conciencia de las personas se aliena, apareciendo ante ellos como un destino, como algo que en parte está al margen de esas mismas personas.

520 EJ, 371 / GW2, 296b / TWA1, 403.

parte del destino de Jesús en la que el propio Jesús, pese a ser combativo, tuvo que ceder. Y cedió contra el Estado judío.[521] Esta crítica quizá sea una explicación de por qué, a continuación, Hegel se esforzará por diferenciar el destino de Jesús del de su comunidad.[522]

A continuación, Hegel pasa a tratar la diferencia entre el destino de Jesús y el de su comunidad,[523] aunque se centrará más en el tema de la comunidad. La comunidad consiste en una variedad de individuos que tienen una misma mentalidad. Estos tuvieron menos contacto con el mundo —pues habían nacido en su propia comunidad, lejos del odio o la dominación— por lo que eran menos iracundos. Su unión se basaba tanto en «la separación de los hombres como el amor entre sí y estas dos cosas están unidas necesariamente».[524] Esta unión necesaria entre los hombres separados y el amor se da mediante la fe. El amor es la forma de lo que es la fe en Dios. Sin embargo, la fe, proveniente

521 Ciertamente, en este punto creo que no podemos enjuiciar que Jesús fracasase en su tarea. Al contrario, cumplió con su destino. No obstante, hay quien ha tratado de ver al Jesús del joven Hegel como alguien que trajo consigo el fracaso del amor, debido —en teoría— a que el amor no puede cambiar el mundo (PAPAIOANNOU, K., *Hegel*, pp. 47-49). Sin embargo, el amor no ha fracasado, sino que, en vez de contraponerse, como verá Papaioannou, se relacionará con la vida como vamos a ver a continuación.

522 Cerezo ha señalado sobre esto que cuando Jesús sucumbe a la cerrazón del pueblo judío, con ello marca al espíritu de su pueblo, quedando este contagiado de la positividad, y dando lugar, en última instancia, a que la Iglesia tenga en su sino la contradicción entre el reino de Dios y el reino del mundo (CEREZO, *Hegel y el reino del espíritu*, p. 322). Si tomamos una actitud general sobre el texto, la explicación de Cerezo es un resumen espléndido. Ahora bien, si acudimos al texto línea a línea, esta idea, como veremos, no es tan sencilla de resumir. Sí que se va a dar lo que el autor señala, pero faltan varias explicaciones de por qué. Trataré de darlas a lo largo de las siguientes páginas. Entiéndase, que esto no es una crítica a Cerezo. Al contrario, lo que señalo es que me impongo en mi interpretación la necesidad de dar razón de por qué puede realizar dicha afirmación.

523 Como podrá percatarse el lector, es francamente llamativo que Hegel contempla a Jesús de una manera muy diferente de Abraham. Mientras que Abraham había marcado el destino de su pueblo, como se vio en otros escritos, Jesús no marca el destino del suyo, sino que son diferenciados por el propio Hegel.

524 EJ, 372 / GW2, 296b / TWA1, 403.

de la vida, se opone a la objetividad, proveniente del concepto. Por eso Hegel cree que esta comunidad cristiana encontró que, al vivir en su fe, tenía como oposición a la realidad. Esta oposición es lo que Hegel denomina «lado negativo», pues la oposición a la realidad hace que cada modificación en la vida sea vista como un crimen.

Pero la comunidad cristiana encontraba cada una de sus realizaciones como vida en autodesarrollo. Así, las modificaciones de la vida son necesarias igual que el desarrollo de un viviente. Por eso Hegel habla de un «lado positivo», que es el vínculo del amor. Este amor es unificación, y une a lo subjetivo con lo objetivo. De esta manera, lo objetivo, que es oposición, es un paso necesario para poder conseguir una unificación —con lo subjetivo—. No había una lucha activa contra el mundo, lo que produjo que no tuvieran que huir a algo opuesto del mundo.

Sin oposiciones con las que irritarse, el amor es el núcleo de la comunidad. No hay dominación. Esta comunidad ha renunciado a sus derechos sobre cualquier particularidad, y están unidos solo mediante la fe. Esto es un pequeño reino de Dios para Hegel. El amor no es religión en ese pequeño reino de Dios. Para que la religión sea tomada como tal, hay que unir lo visible con lo invisible: unir conocimiento y sensación en *una* armonía. De aquí que haya una doble óptica sobre el amor en Hegel: como principio metafísico y como principio de la comunidad que es el reino de Dios.

Es por esto por lo que la resurrección de Jesús llegó a tornarse principio de su fe: era necesaria para la comunidad cristiana. El recuerdo de Jesús no debía caer en el olvido. Estas necesidades del recuerdo de Jesús eran tan rotundamente necesarias porque logró crear una imagen clara: Jesús ascendiendo al cielo. Esta imagen era la representación de la unión entre lo visible y lo invisible. En ella la diferencia entre lo vivo y lo muerto ha desaparecido y se ha unificado en Dios.[525] Por eso Hegel lo resume en una oración: «La

525 EJ, 374-375 / GW2, 307b / TWA1, 407-408.

necesidad [*Bedürfnis*] de religión encuentra su satisfacción en este Jesús resucitado».[526]

Adoptar el punto de vista del historiador en la resurrección de Cristo no tiene nada que ver con la religión. Creer en este contenido como un evento histórico desgajado de cualquier valor religioso es justamente «la muerte de la religión».[527] Sin embargo, el entendimiento, comenta Hegel, tiene derecho a intervenir. Esto es lo que dificulta la aprehensión de Jesús resucitado. Es totalmente distinto de la manifestación de Dios, que se manifiesta objetivamente solo en la unidad de su comunidad. En este sentido de unidad es en el que Dios era concebido como «suspendido entre lo infinito del cielo, lo ilimitado, y a tierra, esta colección de puras limitaciones»,[528] lo cual sería inconcebible para el entendimiento.

Sin embargo, reconocerse en lo ilimitado, o infinito, tiene una gran dificultad para la comunidad cristiana porque el amor de Dios como separado del mundo —es decir, en el cielo— no se manifiesta en la vida ni en sus relaciones. Y el amor debía seguir siendo amor y no convertirse solamente en vida. Parece que Hegel considera que el amor alberga insuficiencias a la hora unificar y termina por optar por la enseñanza de la fe como elemento unificador:

> dado que el amor mismo no instauraba la unificación completa, se necesitaba otro vínculo que uniera a la comunidad y en el cual esta, simultáneamente, tuviera la seguridad de que existía el amor entre todos sus miembros. La comunidad tenía que reconocerse en una realidad [determinada]. Esta realidad era la igualdad de la fe, la igualdad en haber recibido la misma enseñanza, en haber tenido un maestro común. He aquí un aspecto característico del espíritu de la comunidad [cristiana].[529]

---

526 EJ, 375 / GW2, 307b / TWA1, 409.

527 EJ, 375 / GW2, 309b / TWA1, 409.

528 EJ, 376 / GW2, 309b / TWA1, 409.

529 EJ, 377 / GW2, 312b-314b / TWA1, 410.

El carácter ejemplar de la comunidad cristiana en la enseñanza de su fe produce que las personas cuando reciben lo enseñado se transformen. Es un salto ontológico. Como lo que reciben es la fe cristiana, y «el espíritu se transforma en aquello que recibe»,[530] entonces el que recibe las enseñanzas no deja a su espíritu inalterado, sino que lo modela de acuerdo con la misma. Pero en esta enseñanza estaba también envuelto el amor —aunque fuese insuficiente, pues recuérdese que el mensaje de Jesús era el amor—. El amor, como ideal incumplido en la comunidad cristiana, es tomado como positivo porque la comunidad se reconocía como dependiente de este ideal.

El ideal era distinto a la comunidad. De ahí que fuesen dependientes, es decir, una relación de dominación, y que Hegel explicite que la comunidad cristiana «en su espíritu se reconoció como algo opuesto y como algo dependiente de este ideal».[531] Es solo a través del fundador común (Jesús-Dios) que esta comunidad logra comprender su vínculo con su ideal. Hegel señala que esta unión es por la divinidad porque el amor no alcanza. Pero el amor parece estar restringido al ámbito de las relaciones de los vivientes que son relaciones intersubjetivas. Sin embargo, como el ideal no es una subjetividad, sino que es una oposición, es entonces objetividad. Por ende, para que pueda haber un vínculo entre lo subjetivo-objetivo no se puede reaplicar el mismo que para lo subjetivo-subjetivo. Si el de lo subjetivo-subjetivo es el amor, lo que vincula lo subjetivo-objetivo (o también llamado visible e invisible, finito e infinito, limitado e ilimitado) es Dios.

Con esta vinculación por medio de Dios, Hegel consigue salvar el amor dentro de la comunidad. Recuérdese que el propio Hegel en la *parte 4* había señalado que si se aparta al amor se comete una infidelidad con lo divino, y entonces el amor puede volverse odio renegándose de Dios. Con esta maniobra en la que liga el amor como

530 EJ, 377 / GW2, 314b / TWA1, 411.

531 EJ, 377 / GW2, 314b / TWA1, 411.

vínculo entre dos o más subjetividades, y a Dios como garantía de la vinculación entre subjetividad y objetividad, se asegura mantener su amor impoluto y escapar de volverse contra Dios.

Atendamos también a que el joven Hegel había presentado en la mentalidad del pueblo judío a Dios como objeto opuesto a la comunidad judía. Eso era causa de su conciencia de dominación como se ha explicado en varias ocasiones. Sin embargo, en el cristianismo el objeto opuesto es un *ideal*, no Dios. Y Dios pasa a ser la vinculación con este ideal, es decir, Dios es reconciliación de los opuestos, lo que encaja además perfectamente con el mensaje de reconciliación de Jesús. En este sentido cabe valorar la maniobra hegeliana de una extremada habilidad: no solo caracteriza al cristianismo como religión de la libertad,[532] sino que salvaguarda la relación de Dios con la comunidad creando una religión de la reconciliación a la par que evita el problema del amor que tan claramente había visto en la parte 4. Por eso señala en un renglón aparte que «lo objetivo carente de divinidad», es decir, sin que Dios sea relación con lo objetivo, «no llega a ser nunca algo divino por más que se le rodee de esplendor».[533] El ideal del reino de Dios al que quieren tender las comunidades cristianas es plenamente humano, y la divinidad es la vinculación entre este ideal y la comunidad.[534]

532 Es conocido que Oeing Hanhoff señaló que la caracterización del cristianismo como religión de la libertad de Hegel surgió en el semestre de verano de 1821, en sus lecciones de filosofía de la religión, y posteriormente en el semestre de invierno de 1822-1823 con sus lecciones de filosofía del derecho. No obstante, esto es parcialmente verdadero. La caracterización, propiamente, surge aquí, en su periodo de juventud, y no en el de madurez. Pero debemos conceder a Hanhoff que, en su madurez, es cuando hay una verdadera explicación (detallada y bien hilvanada) sobre por qué el cristianismo es la religión de la libertad. En este sentido, Hegel desarrolla lentamente su pensamiento sobre la relación entre cristianismo y libertad (Amengual, 2021: 181-206).

533 EJ, 378 / GW2, 316b / TWA1, 412.

534 Recuérdese que anteriormente ya señaló que el vínculo que muestra la dependencia de los opuestos para el ser humano solo puede ser creído. De ahí que el creer (*glauben*) ahora sea creer en Dios.

Los milagros

En el texto, a continuación, Hegel trata el tema de los milagros. Este tema surge porque para Hegel, como se verá, los milagros no tienen nada de divinos. Esto puede resultar chocante de entrada. Bien visto, dado que la divinidad es relación entre lo objetivo y lo subjetivo, veremos que es bastante obvia su crítica. Pero conviene que el lector esté de sobre aviso con que lo que está planteando Hegel es francamente distinto a lo que se proponía en su tiempo, y que es incluso chocante para el pensamiento cristiano actual.

En primer lugar, los milagros son caracterizados como «antinaturales». Esto es definido por Hegel de manera muy precisa: «Lo antinatural no es la superación del ámbito del entendimiento, sino el hecho de que se le pone y se le supera *a la vez*».[535] Hegel toma el ejemplo de la causa infinita (*unendliche Ursache*), que contradice directamente a un efecto finito superando un efecto determinado. Lo infinito cancela el objeto finito. Por eso Hegel señala, en esta misma línea, que si Dios actúa entonces es una actuación de un espíritu sobre otro. Esto sería presuponer que hay un objeto sobre el que se actúa, cuando en realidad la actuación de un espíritu cancela el objeto porque no hay nada diferente. Un objeto es lo ajeno a mí. Y por eso cuando un espíritu como es Dios actúa sobre otro lo que ocurre «es solo un desarrollo»[536] del propio espíritu de Dios, y no una supresión.

En este sentido entonces los milagros son lo máximamente antinaturales. En ellos se conserva la oposición en el entendimiento. Aunque se la supere, es conservada en esta superación. Lo que se conserva en oposición en el milagro como opuestos es el espíritu y el cuerpo, siendo entonces el espíritu «máximo desgarramiento» (*höchste Zerreissung*).[537] Hay aquí un desencaje del orden en cuanto a

535 EJ, 378 / GW2, 316b / TWA1, 412.

536 EJ, 379 / GW2, 318b / TWA1, 413.

537 EJ, 380 / GW2, 318b / TWA1, 414.

que Dios como espíritu actúa sobre otro espíritu. Esta alteración es que, en los milagros, Dios parece actuar sobre los objetos. Ejemplo de ello sería cuando Jesús calma la tempestad,[538] o cuando convierte el agua en vino,[539] o el multiplicar los panes y los peces.[540] En todos estos ejemplos podemos comprobar que lo que dice Hegel es acertado: hay una oposición en el entendimiento —por lo que parece inexplicable el milagro—, pues Dios actuaría sobre los objetos.

Los milagros constituyen así una manera violenta de entender la realidad. O mejor: una manera de actuación que violenta al entendimiento. Y es violenta porque la diferencia entre sujeto y objeto se hace más patente en cuanto que Dios actúa sobre los objetos haciendo su voluntad. Solo Dios sería sujeto entonces. Este sentido violento es mayor para los primeros cristianos que para nosotros en nuestros tiempos. Hegel expone que en nuestros tiempos —o sea, en su tiempo— reconocemos una realidad determinada por medio del entendimiento. Esto da lugar a pensar mecánicamente, escindiendo y ensamblando. En contraste, los primeros cristianos comprendían la realidad como totalidad, como relaciones del espíritu.

Esto produce que el tema de la inmortalidad fuese concebido de un modo distinto.[541] Por ejemplo, Hegel cree que para los judíos todo era espíritu y solo espíritu. La inmortalidad es del espíritu, pues, y no de la carne. Para los antiguos griegos había unidad entre

538 Mateo, 8: 23-27.

539 Juan, 2: 1-12.

540 Mateo, 14: 13-21.

541 La inmortalidad todavía no es en estos escritos un tema de gran relevancia en comparación con los posteriores. Más bien, Hegel contrasta las ideas de inmortalidad entre unos y otros. Sin embargo, debo advertir al lector para que no caiga en falsas comparativas, pues años más tarde Hegel dedicará parte de su pensamiento a la inmortalidad. Pero la inmortalidad a la que Hegel alude en este escrito, insisto, no es la inmortalidad a la que aludirá años más tarde en su sistema. Para un buen tratamiento de la inmortalidad en la filosofía de Hegel en diálogo y discusión con la interpretación de McTaggart, véase: THERON, S., *The Orthodox Hegel*, Cambridge, Cambridge Scholars Publishing, 2014, pp. 355-386.

el cuerpo y el espíritu. La muerte era justamente la escisión entre ambas. Sin embargo, los primeros cristianos concebían la inmortalidad de modo distinto. Al considerar los primeros cristianos que la realidad entera era una totalidad en el que el espíritu se relaciona, eso ayudaba a no olvidar lo que no-es-espíritu. Es decir, frente a los judíos, que creían que todo era espíritu, los primeros cristianos creían que todo eran *relaciones* del espíritu, pero no espíritu *eo ipso*. Entonces, cuando se enfrentaban al cuerpo, a la carne, no lo hacían subyugando el cuerpo al espíritu, sino entendiendo su relación: la relación entre el cuerpo y el espíritu. Esto hace que la inmortalidad sea algo apegado también al cuerpo. Concretamente, dice Hegel, que para los primeros cristianos la inmortalidad «aparece como una resurrección del cuerpo».[542]

Atendamos a la expresión anterior. La resurrección del cuerpo como inmortalidad quiere decir que el cuerpo no se subyuga al espíritu. Pero si nos fijamos, los primeros cristianos creen en la resurrección del cuerpo, siendo el término empleado *Leif*, declinado antiguo de *Leib*. Esto marca una diferencia importante en alemán. Si Hegel hubiese empleado *Körper*, entonces se refiere al cuerpo físico en tanto que instrumental. Una especie de cuerpo-máquina. Una visión del cuerpo como solamente un útil, como un medio. Sin embargo, el término al que refiere es *Leib*, que es el cuerpo vivido, o cuerpo vivencial, o sea, cuerpo que siente y asume las vivencias, haciendo que seamos quienes somos, y no otra persona. Podría decirse que es cuerpo entendido fenomenológicamente, donde lo importante no es la instrumentalización de él, sino las vivencias que produce y alberga, que nos cincelan nuestra forma de ser. Así pues, cuando Hegel dice que los primeros cristianos creían en la resurrección del cuerpo, es la resurrección del *Leib*, es decir, del cuerpo vivencial que siente, en el cual se va forjando nuestra personalidad individual. Esa es la resurrección del cuerpo en la que creían los primeros cristianos.

542 EJ, 380 / GW2, 320b / TWA1, 414.

De otro modo, muy distinta a la anterior, la forma de ver comprender de Juan siempre advertía al espíritu máximamente. El espíritu es justamente lo contrario al modo de ver instrumental —que Hegel ha diagnosticado en su tiempo—. Donde algunos ven que hay acciones individuales que sirven como medio para un fin individual inconsciente, lo cierto es que Juan las ve como una totalidad resultante. Y esto es justamente lo que se ha perdido en la conciencia europea. La aprehensión de la totalidad no es posible para nuestro entendimiento europeo, que «despoja a todos los contenidos de la conciencia en objetividades absolutas, en realidad opuestas al espíritu».[543] La manera de entender de los apóstoles era más bien una oscilación entre la realidad y el espíritu. Ciertamente, Hegel considera que separaban estas dos nociones, pero no era una separación irrevocable. Este tipo de entendimiento terminó por ser una yuxtaposición entre lo vivo y lo muerto, lo real y lo divino. Por eso, esta yuxtaposición se convirtió en un anhelo insaciable cuando se juntó a Jesús real con Jesús glorificado. Esta manera de entender, por más que anhelasen esta unión, separaba el individuo de la vida plena.

El cristianismo tiene así la idea de que lo divino «debe existir siempre en la conciencia, pero nunca en la vida».[544] Esto es así porque la conciencia consigue unificar la multiplicidad de la vida. Esto consigue hacernos ver las manifestaciones de la vida. Pero estas manifestaciones de la vida nos hacen contemplar a Dios de dos modos posibles. El primero como un Dios que odia. Así, la vida es considerada como una vergüenza o un crimen. La segunda es como un Dios bondadoso. En consecuencia, Dios nos proporcionó los placeres de la vida siendo estos sus dones y favores.

Estas dos maneras de concebir las manifestaciones de la vida a través Dios son los dos extremos de *la conciencia múltiple.* Y es entre

543 EJ, 382 / GW2, 325b / TWA1, 417.

544 EJ, 383 / GW2, 327b / TWA1, 418.

estos dos extremos en los que encontramos la oposición entre «Dios y mundo, entre lo divino y la vida, la Iglesia cristiana recorrió su ciclo hacia adelante y hacia atrás».[545] Pero estos extremos son aprehensibles para las personas. Es como comprendemos todo, entre las dos extremidades. El entendimiento quizá sea caduco aquí, pero la mente humana sí que es capaz de aprehenderlo.[546] Sin embargo, lo único que no puede hacerse es «encontrar descanso en una belleza viviente e impersonal: su carácter esencial se opone a ello».[547] La belleza, a la que Hegel ha recurrido anteriormente como unidad, es lo que está privado. Lo único que puede hacer el cristianismo, después de Jesús, es comprender la realidad entre extremos opuestos, y no con una aprehensión de la unidad final. Por esto Hegel apunta que este es el destino del cristianismo: «Que Iglesia y Estado, culto religioso y vida, piedad y virtud, acción espiritual y acción mundana, no puedan nunca [en ella] confundirse en Uno».[548]

Que esto sea así es muy probablemente lo que dará paso en la mente de Hegel a su *Fenomenología del espíritu* tras algunos años más de reflexión. También podría dar paso a pensar que no hay esa distinción entre lógica y metafísica, a considerar que la filosofía de la reflexión se equivoca al jugar siempre entre un extremo y otro y, en definitiva, a comenzar a filosofar como Hegel. O al menos, como el Hegel que más conocemos actualmente, el de su periodo de madurez.

545 EJ, 383 / GW2, 328b / TWA1, 418.

546 Aunque aquí Hegel no lo señale, seguramente está comenzando a ver el avance dialéctico de la realidad, el cual solo es aprehensible para la razón (*Vernunft*), mas nunca para el entendimiento (*Verstand*).

547 EJ, 383 / GW2, 328b / TWA1, 418.

548 EJ, 383 / GW2, 328b / TWA1, 418. Traducción modificada.

CONSIDERACIÓN DE ELEMENTOS GNÓSTICOS DE FRÁNCFORT

No son pocos los elementos gnósticos que aparecen en *El espíritu del cristianismo y su destino*. Es interesante observar que el periodo de Berna era calificable como etapa cercana al gnosticismo en el pensamiento de Hegel. El de Fráncfort, sin embargo, parecía que cualquier atisbo de gnosticismo se había esfumado hasta este escrito. Los elementos gnósticos aparecían de forma musitada. Eran más un susurro que una proclama. Pero todo cambia en este escrito. Aquí vuelven a hacer gala varios elementos gnósticos, habiendo varios de ellos que van a perdurar en el pensamiento de Hegel hasta su madurez.

En primer lugar, destaca el amor. El amor está planteado nuevamente como pléroma. Quizá no tan explícito como en otros textos anteriores, pero es evidente. Es la unidad primordial, o unidad originaria. Esta noción está en la base de todo el gnosticismo y, curiosamente, está en la base del amor en la filosofía de juventud de Hegel. Para más énfasis, además, el amor es la noción capital de este escrito, pues es el amor lo que diferencia fundamentalmente al judaísmo del cristianismo y también lo que permite el reino de Dios. Siendo el amor una pieza central, incrustada en el corazón del cristianismo, parece que esta noción de reminiscencias gnósticas nos guía a una suerte de gnosticismo en la filosofía de juventud de Hegel.

El amor es, como vimos, principio de unificación. Esto no solo tiene que ver con la *Vereinigungsphilosophie* que Hegel había asumido de Hölderlin. Como tal, formas de unificación en la juventud de Hegel hay tres: la positividad, la dominación y el amor. Pero el amor es la última palabra al respecto, la unificación más pura. No se une a través de la heteronomía. No fuerza. Emana de nuestra interioridad, desde nuestra chispa divina, uniendo sin forzar.

Además, Hegel alude a los primeros cristianos en varias ocasiones. En otro tono antignóstico se podría pensar entonces en la doctrina filosófica de Orígenes. Hegel no lo cita, pero podría haberlo tenido bastante presente. Orígenes,[549] quien se había enfrentado a Heraclión el valentiniano, apunta que el amor es aquello que unifica sin necesidad de encadenar, aquello a lo que se llega al contemplar a Dios en la gloria siendo en Él. Orígenes dice literalmente:

> Tengo para mí que, si alguna vez llegan a esto, ya no caminarán ni correrán, sino que, encadenadas por su amor, estarán amarradas a Él, de modo que no haya en ellas lugar para la movilidad, sino que serán un solo espíritu con Él, y se cumplirá en ellas lo que está escrito: *Como tú, Padre, en mí y yo en ti, que también estos sean uno en nosotros.*[550]

Esto es, que si las personas tienen la fe en Dios al final el amor a Dios es una forma de unión con Él. Pero no es una unión forzosa. Tampoco dominante. No se requiere unificar de ese modo. En el amor uno se une con el Creador sin forzamiento alguno. Se unen, como dice el texto, por su amor a Él. Esto produce un cambio del estatuto ontológico, pues esas personas son en un solo espíritu con Dios. De ahí que se dé cumplimiento al Evangelio de Juan, con el que Orígenes termina la cita.[551]

La idea del amor en Orígenes suena, de entrada, muy similar a la del amor en Hegel. Es una unificación *en* Dios que no es heterónoma, sino que surge del amor a Dios. Pero esta reminiscencia de Orígenes en Hegel, que es posible,[552] también choca frontalmente

---

549 Agradezco nuevamente al Dr. Ramón Torres por su aclaración y comentario sobre la doctrina de Orígenes. Su explicación sobre el amor, la cual sigo aquí, fue desarrollada en Sevilla, a 21 de febrero de 2024 en las *Jornadas Naturaleza y Libertad*, en la Universidad de Sevilla.

550 ORÍGENES, *Comentario al cantar de los cantares*, Ciudad Nueva, Madrid, 1986, I. 4. 9.

551 Jn 17, 21.

552 Quizá en el futuro otros investigadores deban ocuparse de la posible influencia de Orígenes en Hegel. Sería extraño que Hegel no hubiese tomado contacto con los escritos de Orígenes en el seminario de Tubinga siendo este uno de los padres de la Iglesia. Además, insisto en que estas reminiscencias hacia los primeros cristianos

con el Hegel gnóstico. Orígenes se había enfrentado a los valentinianos. De hecho, el amor como pléroma del modo que plantea Hegel no parece ser del todo la filosofía de Orígenes. Pero podría haber aquí una suerte de dialéctica, pues al mismo tiempo que hay parentesco con Orígenes también los hay con el gnosticismo. Atendiendo a que en esta etapa del pensamiento de Hegel este ya avanzaba de forma cercana a la dialéctica y rumbo a ella —consagrándose solo dos años más tarde en Jena en su *Lógica de Jena*—, no hay que descartar la posibilidad de una dialéctica entre Orígenes y el gnosticismo en bajo la noción del amor.

Ahora bien, el amor en la juventud de Hegel se suele decir que está cercano también al Uno del neoplatonismo. En parte podría verse así, aunque obviando el desarrollo del amor.[553] O tal vez haya también otra fuente. No es extraña la comparación entre el Uno de los neoplatonistas y el amor en Hegel, pero poco se ha hablado de su cercanía también con el Uno, o Unicidad, del gnosticismo. Esta noción ya la criticaba Ireneo de Lyon.[554] Este Uno es inconcebible por exceso, no

---

podrían verse conectadas hacia Orígenes. Que vaya a tomar la actitud contraria no quiere decir que no pueda llegar a ser plausible, pues si lo que trata este libro es de un ejercicio crítico sobre el gnosticismo en Hegel, también hay que admitir la posibilidad de otras vías interpretativas por honestidad intelectual.

553 La repetida tesis de que al amor en Hegel en el periodo de Fráncfort es casi un calco del Uno del neoplatonismo ha sido repetida hasta la saciedad. No digo que no sea plausible pensarla así. Pero no es exactamente igual. Es verdad que coinciden en ser un principio originario. Pero en Hegel al amor se tiene que realizar en la tierra para que venga el reino de Dios. Igual que en la madurez el Concepto requiere de su realización, aquí el amor requiere de realización. El amor no es una noción que aparezca solo al inicio y luego se esfume, sino que forma un círculo: es principio originario y es lo que hará que el reino de Dios se alcance al final de los tiempos en la tierra. Esto es algo que no se suele ver tan claro si está en el neoplatonismo. Por ejemplo, en Plotino encontramos que dice sobre el Uno que es «solitario en sí mismo, nada necesita de lo que procedió de él» (PLOTINO, *Enéadas: Libro VI*, Madrid, Gredos, 1998, p. 7).

554 Ireneo de Lyon, a quien Hegel seguramente había leído debido a su formación, cargaba contra el gnosticismo al mismo tiempo que lo explicaba. Esto aparece en varios de sus escritos. Tomando uno de ellos de referencia, véase lo que explica de la

por defecto o carencia, estando todo en él, la totalidad de las posibles determinaciones. El Uno al que Hegel alude podría verse imbricado en esta tradición. Recuérdese que en Hegel a veces hay lo que podríamos llamar «traducciones ontológicas». Esto es, que sin utilizar el mismo término en realidad se refieren a la misma idea. No es entonces descabellado pensar en que Hegel realiza una traducción ontológica entre el Uno y el amor como principio metafísico de unificación de los opuestos. La clave está en si es el Uno del neoplatonismo —y de qué neoplatonista— o si es el Uno en el sentido del gnosticismo al que he referido.

Más adelante en el texto había aparecido el *Reich Gottes*. El reino de Dios, si nos fijamos, consiste en que estamos en Dios mediante el amor y, por lo tanto, como ejercicio de nuestra libertad, sin obligación. El reino de Dios, que le sirve para resolver especulativamente la diferencia entre sujeto y objeto, toma cierto carácter de *kénosis* en tanto que se borran los rasgos diferenciadores de las personas, dejando que seamos solo en Dios. Si somos en Dios es mediante la contemplación de este. Hegel puso el ejemplo de la persona que al ver constantemente durante toda su vida un rayo de luz, se puede decir que esa persona es en ese rayo de luz. La contemplación en Dios quiere decir que somos en Él en tanto que lo contemplamos con todo nuestro ser. Nos fundimos en Dios en vez de en el Uno

doctrina gnóstica: «Antes de todo hay un Pre-Principio, sumamente inconcebible, inefable e innominable, al que llaman Unicidad. Con esta Unicidad hay una fuerza que se denomina Unidad. Esta Unidad y esta Unicidad, siendo uno, emitieron sin emitir un principio inteligible en orden a todas las cosas, ingénito e invisible. A este principio el escrito lo llama Mónada. Con esta Mónada hay una fuerza consubstancial con ella, a la que llama el Uno. Estas potencias, la Unicidad, la Unidad, la Mónada y lo Uno, produjeron las demás emisiones de los eones» (IRENEO DE LYON, *Contra herejías, Libro I.* En *Los Gnósticos I*, Madrid, Gredos, 1983, pp. 155-156). Como señalo, no es solo que los explique, sino que más adelante los ridiculiza —de manera divertidísima— con la célebre comparativa entre la calabaza, la supervacuidad, el pepino y el melón (Ibid., pp. 156-157). Para nuestro caso, sirve para saber que Hegel seguramente conocía de esta doctrina de los gnósticos, aunque fuese de segundas fuentes.

cuando alcanzamos el reino de Dios. La descripción de Hegel del reino de Dios no es gnóstica, sino la común al cristianismo, es decir, que no hay elementos en ella que hagan sospechar de algo gnóstico. Pero avancemos en esta recopilación.

Aparte de lo anteriormente señalado, también huelga decir que en el texto ya hemos visto que Hegel se refería al «hombre divino».[555] Esto es un elemento gnóstico de primer orden, que refiere, como dijimos, al *archanthropos*, que en el cristianismo es Adán. Pero que todos los seres humanos seamos en cierto modo hombres divinos vuelve a ser un elemento gnóstico de alto calibre. Es extraño que se exprese así un teólogo protestante si nunca ha coqueteado con el gnosticismo. Recuérdese que, además, en este escrito la fe es posible solo porque hay algo divino también en nosotros mismos. Esto es la recuperación de la chispa divina del Evangelio de Juan. Solo lo igual conoce a lo igual: la fe es un acto cognoscitivo en algo ilimitado, que es Dios.[556] Si el ser humano no tuviese esa chispa divina entonces no podría tener fe porque no podría conocer a Dios. Por eso es un hombre divino, pues no es posible negar la divinidad en la interioridad del ser humano.

Sobre esto, también conviene no olvidar que hacia el final del escrito se ha vuelto sobre el Evangelio de Juan. La φώη está en el mundo y en la conciencia humana.[557] En esta última estaba insinuando que es más que la mera naturaleza, que hay divinidad en el hombre. Que el hombre se reconoce de igual naturaleza que Dios en tanto que la esencia de Dios no les es ajena. Ireneo de Lyon había señalado algo sospechosamente similar:

Logos y Vida emiten al eón Hombre: modelo del ser racional poseedor de la vida divina. El Hombre se empareja con Iglesia, que es la comunidad de los elegidos: esto significa que la vida divina deberá ser vivida en una comunidad, no aisladamente.[558]

555 EJ, 352 / GW2, 262b / TWA1, 379.

556 EJ, 354 / GW2, 269 / TWA1, 382.

557 EJ, 349 / GW2, 256 / TWA1, 374.

558 IRENEO DE LYON, *Contra herejías*, p. 260.

De entrada, como dijimos, la divinidad del ser humano es un rasgo gnóstico. Empero, aquí Ireneo habla del Hombre en un sentido general. Por eso se empareja con la Iglesia, dando lugar a la idea que tenía Hegel del reino de Dios. Pero Hegel no dice que el hombre solo posea la vida supraterrenal, sino que se refiere al hombre divino y a la vida. Es decir, aunque coincide en algo con Ireneo de Lyon, sigue siendo claro el matiz gnóstico. Fijémonos en que Ireneo de Lyon dijo que la Vida y el Logos —como pareja de eones— conforman el pléroma substancialmente. Y señala explícitamente que esa unión es «substancialmente, pero no gnósticamente: el conocimiento pleno del Padre es una perfección que el Pléroma recibirá posteriormente, como consumación».[559] En Hegel es gnósticamente: el conocimiento del Padre, Dios, se da antes de la consumación del amor como reino de Dios en la tierra. Y se da antes precisamente porque el ser humano es también de naturaleza divina. Por ende, incluso si utilizamos la concepción de Ireneo de Lyon, es evidente que hay un elemento gnóstico en Hegel en este punto.

Además, la forma que tiene Hegel de enfocar la oscuridad y la luz coincide nuevamente con el gnosticismo. Es verdad que no es el tema principal de este escrito de Hegel. Pero precisamente por ello nos revela de un plumazo sus creencias más arraigadas. Recordemos que Hegel había señalado que la luz y la vida están en todos los hombres. Pero Hegel señaló que la oscuridad solo tiene un brillo ajeno, siendo que el ser humano no está destinado a la oscuridad, sino a la luz. La fe es ese estado intermedio entre la oscuridad y la luz de la divinidad. La oscuridad es un «yacer prisionero bajo la realidad».[560] Esto es, el mundo terrenal. Mientras que la luz que está en cada hombre le hace poder acceder a lo supraterrenal, pues es su «propia llama».[561] De ahí que emane el deseo del ser humano de una vida

559 IRENEO DE LYON, *Contra herejías*, p. 260.

560 EJ, 354 / GW2, 269 / TWA1, 382.

561 EJ, 354 / GW2, 269 / TWA1, 382.

con Dios, la cual anhelamos por el conocimiento de lo divino. Visto así, el tópico de la luz y la oscuridad, que es clásico del gnosticismo,[562] se vuelve a tornar aquí, en el texto de Hegel, como metáfora predilecta por la que poder explicar la divinidad del hombre.

Tomando estos elementos en consideración (el amor como pléroma, el reino de Dios, el hombre divino, la luz y la oscuridad...) *El espíritu del cristianismo y su destino* puede entenderse como un texto de orientación gnóstica. O al menos, muy cercana a esta. El gnosticismo de Berna encuentra en Fráncfort una posible confirmación, una serie de pasos más en esa dirección. Es muy difícil separar este texto de su posible interpretación desde el gnosticismo. Igual que en otros textos la lectura de un Hegel gnóstico podía resultar forzada, aquí, sin embargo, resulta de lo más llevadera, casi evidente. Pero esto entonces abre un último interrogante. Si es posible el gnosticismo en Hegel, ¿se quedó esto en su juventud? ¿Es algo que tuvo un tiempo de vida ínfimo? ¿Fue una idea que desechó? Quizá pasó al contrario. El gnosticismo de Hegel podría haberse instalado en su pensamiento mediante traducciones ontológicas, arraigándose en sus conceptos más fundamentales.

Si bien el fin de esta obra era examinar críticamente la hipótesis de un gnosticismo en Hegel en su juventud, no podemos abandonar

562 Recuérdese que entre los valentinianos la «dialéctica» entre la luz y la oscuridad era muy recurrente. Ambos deben ser coprincipios de la realidad que suelen comprenderse como coeternos tomando como base el *Génesis* (*cfr.* Gn 1, 1-2). Por supuesto, estas nos deben confundirse con el Uno, o el principio originario, sino que son posteriores. Son posteriores a lo que se suele llamar el «Pre-principio absoluto», que es el principio originario —que es muy cercano al Amor en Hegel en cuanto a sus características—. Sobre la posterioridad de la luz y la oscuridad al Pre-principio absoluto, véase: ORBE, A., *Hacia la primera teología de la procesión del Verbo*, en *Estudios Valentinianos. I*, Roma, Apud Aedes Universitatis Gregoriannae, 1958, p. 255. Sobre la disputa entre Ireneo de Lyon y los gnósticos en general, véase: CHIAPPARINI, G. «Irenaeus and the Gnostic Valentinus: Orthodoxy and Heresy in the Church of Rome around the Middle of the Second Century» *Zeitschrift für Antikes Christentum / Journal of Ancient Christianity*, vol. 18, no. 1, 2014, pp. 95-119.

la tarea sin señalar algo que, a mi juicio, es clave: en Hegel, en su madurez, puede verse una lectura gnóstica. Pero no utiliza el término «gnosis», aunque el lector podrá comprobar que, en esencia, va a ser lo mismo. Por ello, me tomaré la licencia para un breve epílogo.

LUZ DESVELADA: LA GNOSIS ABSOLUTA DE HEGEL

INTRODUCCIÓN: UN BREVE EPÍLOGO

Desde el inicio la misión de este libro ha sido investigar hasta qué punto es sostenible la hipótesis de que en la filosofía de juventud de Hegel operasen elementos del gnosticismo. Esta labor creo que se ha cumplido con suficiencia a través del análisis de los textos clave de juventud. Como se ha visto, en Berna es un periodo que se presta a ser interpretado desde el gnosticismo. En Fráncfort, sin embargo, para sostener esta hipótesis hay que forzar algo más los textos, a excepción del último gran escrito de Hegel en ese periodo, *El espíritu del cristianismo y su destino*.

Creo que la afirmación que se extrae viene a ser la siguiente: en Hegel se pueden ver elementos gnósticos que se incrustaron en algunos de sus conceptos filosóficos de juventud más importantes. Es decir, se puede sostener un gnosticismo en Hegel, pero no explícito, sino implícito. Vislumbrar si esto se mantiene en la *Fenomenología del espíritu*, o en sus textos de madurez berlinesa, etc., es ya una tarea para otra obra. Pero hay una interpretación posible sobre el momento más alto de su sistema filosófico que es demasiado coincidente con la gnosis. Me refiero a su exposición sobre el espíritu absoluto. Lo que sostendré en este epílogo, como broche al libro, es que el espíritu absoluto es comprensible como una forma de gnosis.

Como se sabe, el sistema filosófico se plasmó con una serie de tesis generales en la *Enciclopedia de las ciencias filosóficas en compendio*.[563] Cuando se alude a un sistema en Hegel en realidad nos referimos todos los investigadores a ese libro —y a la congruencia o no que muestra con otras de sus obras—. El sistema es la *Enciclopedia*. La estructura de la *Enciclopedia*, o del sistema, es la siguiente: Lógica (metafísica), Filosofía de la Naturaleza y Filosofía del Espíritu. Al terminar la Lógica comenta Hegel que la Idea se aliena, que deberá recuperarse.[564] De ahí se pasa a la Filosofía de la Naturaleza y la Filosofía del Espíritu, a las que denomina «filosofías reales». Las filosofías reales tienen la labor de recuperar la Idea. Esto lo marca Hegel con un carácter teleológico bastante claro: cada momento de la naturaleza y del espíritu va consiguiendo recuperar un poco más la Idea hasta llegar al último momento, donde la Idea se recupera. Ese momento final es la Filosofía del Espíritu. Pero no en toda ella, sino que hay tres momentos dentro de la Filosofía del Espíritu: subjetivo, objetivo y absoluto. Esto quiere decir que el espíritu absoluto es la corona del sistema hegeliano, su parte más elevada.

Pues bien, ¿y si el cénit del sistema hegeliano es una forma de gnosis? La posibilidad resulta tan interesante que nadie podría resistirse a escribir un breve epílogo explicando esta idea. Con cierto temor también afirmo: hasta donde yo conozco la literatura sobre Hegel, nadie ha propuesto esta interpretación hasta la fecha.

Para comprender en qué sentido el espíritu absoluto es una forma de gnosis antes hay que comprender algunas nociones capitales. La primera es a qué me refiero con el espíritu absoluto. Esto nos lleva inexorablemente a realizar un esbozo sobre el Absoluto. Sobre el espíritu absoluto se han escrito ríos de tinta, por lo que mi propósito no es detenerme con extrema cautela, pues esto no deja de ser un epílogo. Así pues, haré una breve exposición sobre el espíritu absoluto

563 Son tesis generales porque el desarrollo de estas estaba reservado a la exposición de sus cursos orales. Esto lo señala explícitamente en el prólogo de la edición de 1827.

564 Enz C, §243-244.

de la *Enciclopedia*. En este punto sobre el espíritu absoluto no pretendo ser muy original, sino más bien tradicional. Tras esto debemos atender a otra noción en la filosofía de Hegel. Esta ya no es tan popular. La noción es la magia (*Magie*). No es que Hegel creyese en mundos de fantasía, o en trucos de alquimia. Nada de eso. «Magia» es un tecnicismo en la filosofía de madurez de Hegel. De esto se desprende el tratar luego la «magia absoluta» del espíritu, expresión oscura de Hegel, pero que alumbra mucho. Finalmente, pretendo explicar en qué sentido al instalarnos en el sitio más alto del espíritu absoluto —esto es, la Filosofía— está presente la magia absoluta. Tras haber recorrido el largo camino reflexivo de la conciencia, alcanzar la Filosofía es, a mi juicio, una suerte de gnosis.

Antes de comenzar este epílogo, me gustaría dejar muy claro qué es lo que quiero decir con esta idea. Con este epílogo no digo que Hegel sea un gnóstico. Tampoco que copiase a los gnósticos para su filosofía del espíritu absoluto. Ni tan siquiera afirmo que se haya podido inspirar en los gnósticos para su concepción del Absoluto. Lo que sostengo en este capítulo es mucho más tenue y, a la par, un atrevimiento más mordaz: la Filosofía en el espíritu absoluto de Hegel es perfectamente comprensible como una suerte de gnosis. La gnosis absoluta.

LA TRADICIÓN DEL ABSOLUTO: UN ESBOZO

Tratar de comentar toda la filosofía del Absoluto en un apartado es imposible. Por ello, baste con exponer las nociones nucleares sobre qué quiere decir Hegel con el Absoluto. Esta noción debuta en la *Fenomenología del espíritu* como último grado que puede alcanzar la conciencia humana. En su *Enciclopedia*, sin embargo, la situación no es exactamente la misma, aunque mantenga el mismo tono. Aquí me centraré en el espíritu absoluto de la *Enciclopedia*, pues también será ahí cuando Hegel mencione la magia absoluta.

El Absoluto tradicionalmente entendido es el nivel de racionalidad más alto que puede alcanzar la humanidad en su conjunto.

De ahí que el Absoluto se alcance al final de la historia, pues para Hegel la historia es progresiva. Es el producto más elevado de su forma más alta (la Filosofía) debido al decurso histórico. Tengamos en cuenta que Hegel expresaba así el avance inexorable y progresivo de la filosofía:

> La historia de la filosofía muestra en las diversas filosofías que van apareciendo una sola filosofía con diversos peldaños de formación y, por otra parte, muestra que los principios particulares, uno de los cuales subyace en cada una de las filosofías, son solamente ramas de uno y el mismo todo. La última filosofía según el tiempo es el resultado de todas las filosofías anteriores y ha de contener por ello el principio de todas.[565]

Toda filosofía supera a la anterior. La nueva filosofía que surge es superior en tanto que contiene a las anteriores. El avance de la filosofía es una especie de conatus spinozista,[566] incorporando un elemento de progresión. Siendo esto así, entonces la filosofía que se dé al final de los tiempos será la filosofía más alta alcanzable para la humanidad. No resulta entonces tan extraño que la Filosofía, como momento máximo del espíritu absoluto, sea la diadema del sistema.

Además, el momento más alto del sistema está delimitado claramente por la división que realiza entre el espíritu subjetivo, objetivo y absoluto. Los dos primeros versan sobre el «espíritu finito», mientras que el espíritu absoluto tiene como objeto el «espíritu infinito».[567] Por lo tanto, el Absoluto está emparentado con lo infinito, es su terreno. Lo infinito aquí quiere decir aquello que trasciende la finitud sin suprimirla. No la niega, tampoco la obvia, ni la ignora, sino que la incorpora. También querrá decir que es la divinidad.

---

565 Enz C, §13.

566 FERRER, D., «Preservar y superar (del «conatus» a la «Aufhebung»): La crítica de Hegel a Spinoza», *Studia Hegeliana*, 1, 2015, pp. 89-106.

567 Enz C, §386.

La filosofía del infinito es un tema crucial. A mi juicio, Hegel en la *Fenomenología* lo que hace es intentar exponer el problema de la encarnación. Esto es, cómo es posible que Jesús sea Dios. Desde la filosofía del infinito creo que se puede formular así: cómo lo infinito se contiene en lo finito. En contraste, el sistema de Hegel —así como el recorrido de las figuras de la conciencia en la *Fenomenología*— lo que hace es intentar abrir lo finito a lo infinito. Es el camino contrario a la encarnación, siendo que la filosofía del absoluto es, en realidad, el alcance del conocimiento divino, pero en un sujeto finito (ser humano) que, al no contar con la eternidad en esta vida terrenal, en realidad no llega a tener la misma potencia.[568] Pero la mente humana se abre a la divina, siendo una suerte de kénosis.

Ahora bien, volviendo al sistema, ¿de qué maneras puede la infinitud incorporar a la finitud en el espíritu? O lo que es lo mismo: ¿en qué sentido el espíritu absoluto supera al subjetivo y objetivo? Para Hegel habrá tres figuras: el Arte, la Religión y la Filosofía.

Cada una de las figuras supera a la anterior. Así, el Arte como expresión del Absoluto es superado por la Religión, y esta a su vez por la Filosofía. Si no comprendo mal a Hegel, este orden de superación es el orden de la manera en que se expresa el Absoluto. Si el Absoluto es la racionalidad más alta alcanzable para la humanidad, entonces Arte, Religión y Filosofía son formas de rasgar la divinidad. Siendo así, la forma más adecuada de todas es aquella que se expresa con términos plenamente racionales: la Filosofía, que es el vehículo de expresión de la razón. La Religión no se expresa siempre con término racionales, pues depende en buen grado de dos facultades: la sensibilidad también y del entendimiento. De hecho, incluso

568 En buena medida, esto explica que en su juventud insista tanto en que el ser humano es de naturaleza divina, como hemos visto repetidamente en los diferentes textos. Lo que estaría ensayando Hegel son diferentes soluciones desde su propia juventud. Pero esto es un tema que quedará pendiente para una futura investigación, pues exige mucho desarrollo, el cual no voy a realizar aquí por motivos de extensión.

requiere de la revelación. Finalmente, el Arte depende por completo de la sensibilidad. Así, el Arte y la Religión son figuras inadecuadas para expresar al Absoluto en su pureza. Eso no quiere decir que no lo expresen, sino que no pueden hacerlo al mismo nivel que la filosofía.

Si nos fijamos, al igual que Hegel ordena las facultades de más bajas a más altas en la *Enciclopedia* (sensibilidad, entendimiento, razón), cada facultad viene a corresponder con una forma de manifestación del Absoluto (Arte, Religión, Filosofía).[569] Su orden coincide con la facultad que utilizan. Eso no quiere decir que el Arte sea menos absoluto que la Filosofía, sino que la Filosofía expresa mejor qué es el Absoluto. Por eso es forma del espíritu absoluto, pues al final «el espíritu es un camino reflexivo».[570] Esta reflexión acontece en estos tres momentos, o figuras del Absoluto. Aclaremos ahora un poco más sobre cada una.

Al darse el Arte a través de las obras de arte y depender de la sensibilidad, entonces se da con inmediatez, precisamente, porque la sensibilidad es inmediata. En el Arte el Absoluto se refleja como la Belleza, que es la expresión más alta del Arte.[571] Pero este Absoluto, el del Arte, es un Absoluto que no se hace a sí mismo, sino que se genera históricamente fuera de sí mismo. No es una autopoiesis. De hecho, en el Arte no se puede representar correctamente a Dios —que queda como un Dios abstracto—, ni al Absoluto en general. Por eso el Arte es superado en la Religión: «El arte bello (así como la religión que le es propia) tiene su futuro en la religión verdadera».[572]

En la Religión revelada ahora el Absoluto se manifiesta con más vigor. En la Religión Dios revela el contenido del espíritu absoluto.

---

569 En la filosofía de Hegel las facultades no operan aisladamente, sino que al superarse una por la otra actúan en conjunto. No son entonces compartimentos estancos. Del mismo modo, tampoco la Filosofía omite a la Religión o al Arte, sino que asume una tarea de depuración sobre cómo aparece el Absoluto en cada uno de ellos hasta expresarlo a base de racionalidad pura.

570 HERNÁNDEZ-PACHECO, J., *Hegel: introducción e interpretación*, p. 150.

571 Enz C, §556.

572 Enz C, §563.

Esto lo dice Hegel claramente: «En el concepto de la religión verdadera, es decir, de aquella cuyo contenido es el espíritu absoluto, reside esencialmente que ella sea revelada, y precisamente, revelada por Dios».[573] El contenido —que no la forma— del Absoluto se da en la Religión a través de la revelación. Recuérdese que este contenido es la verdad. Ya en el primer parágrafo de la *Enciclopedia* Hegel había advertido que la religión y la filosofía tienen como objeto común la verdad.[574] Pero, aunque sea el mismo contenido, como decía, no es la misma forma. La forma no es la adecuada al Absoluto porque la Religión utiliza las representaciones. Hegel sobre esto señala que «en la superada inmediatez y sensibilidad de la figura y del saber, el espíritu absoluto es, con arreglo al contenido, el espíritu que está-siendo en y para sí de la naturaleza y del espíritu, y con arreglo a la forma él es primeramente para el saber subjetivo de la representación».[575] Esto es, que la Religión tiene el contenido del Absoluto revelado, pero su vehículo de expresión es la representación, que es la propia del conocimiento subjetivo. Esta no es todavía tan apropiada para expresar al Absoluto.

En la Religión, además, acontece algo que en el arte no se da. Esto es que la Religión es «el reconocimiento [de] que el Espíritu (...) [se] hace a sí mismo, y no fuera de sí, como ocurre en el arte, sino en sí mismo».[576] Esta especie de *noesis noeseos* ocurre en la Religión, pero eso no la salva de toda alienación. Si bien se da que en la religión hay conciencia del Absoluto como sujeto —y no como sustancia— que se genera a sí misma, que se desarrolla a sí misma, como ocurre con el viviente, también puede ocurrir que esta vía del Absoluto se aliene. Esto se debe en parte a la teología de la época de Hegel, en la que se caía en un Dios abstracto, Dios de los filósofos, que era una entidad abstracta. Era la de mayor

573 Enz C, §564.

574 Enz C, §1.

575 Enz C, §565.

576 HERNÁNDEZ-PACHECO. J., *Hegel: Introducción e interpretación,* p. 151.

rango, el *Ens realissimum,* sí, pero eso no deja de ser el entendimiento humano tratando de objetivar a Dios para poder pensarlo. Por eso esta vía del Absoluto, si bien nos da el contenido, también cae en una cerrazón que no expresa al Absoluto en todo su esplendor. La otra posibilidad alejada del Dios-objeto es comprender a Dios como alejado de todas las cosas, de toda la Creación. Si es así, entonces ese Dios no es solidario con el contenido de la Religión, pues habría un vacío insalvable entre Dios y el resto de la Creación —lo que sí ocurre en el gnosticismo con el Dios extraño—. En resumen, la Religión expresa el Absoluto, pero no termina de poder expresar la totalidad de este.

Si nos fijamos en el Arte el Absoluto queda cosificado a través de la obra de arte. En la Religión, la cosificación de Dios ocurre al pensarlo abstractamente, quedando también cosificado el Absoluto. Pero queda una figura del Absoluto, la más alta de todas, que puede dar cuenta de él.

En la Filosofía el Absoluto no puede ser pensado ni como externo a él (Arte), ni como ajeno a la Creación (Religión-teología). Superar estas escisiones es tarea solo del camino reflexivo de la Filosofía. El Arte y la Religión quedan plasmados como momentos necesarios para que emerja la Filosofía. Es entonces cuando se llega al pensar. En el pensar, la forma de la verdad es la de la Filosofía.[577] La Filosofía es entonces cuando el Arte y la Religión se superan por un pensar autoconsciente. Esto es que la Filosofía, como ciencia, o saber, es «concepto pensante (…) del arte y la religión».[578] No se reduce a objeto (Arte) ni sujeto (Religión), sino que la verdad del Absoluto es la tensión dialéctica entre ambos. El ser humano, mediante la razón, puede dar cuenta de ello. La Filosofía al volver la vista hacia atrás, entonces se reconoce en su propio saber en el Arte y la Religión. Esto es, ver la verdad en ellas sonsacando su universalidad. En este

577 Enz C, §571.

578 Enz C, §572.

sentido más adelante el silogismo de la Filosofía es aquel en el que la razón se sabe a sí misma.[579] Así, el máximo conocimiento alcanzable para la racionalidad humana no es otra cosa que el guardar conciencia del decurso histórico entre saber y verdad, que llegan a confluir en el Absoluto a través de la Filosofía como vehículo de expresión. Al final, el Absoluto no es lo inalcanzable, sino que, si se recorre el largo camino de la reflexión, el espíritu puede llegar a él.

En resumen, las tres figuras del Absoluto son formas de expresión del Absoluto, pero para lograr la más alta de ellas hay que instalarse en el Absoluto a través del pensar, de ese largo camino reflexivo. Solo desde la Filosofía es desde donde se puede comprender la verdad en todo su esplendor, sin reducirla a objeto ni a sujeto, sin hacerla depender de la sensibilidad ni del entendimiento, sino que se expresa a golpe de razón. Por eso también la Filosofía es el camino más largo, pues nada nos exime de la reflexión de todo lo pensado con anterioridad a nosotros.

Hasta aquí una manera abreviada de la comprensión tradicional del Absoluto. Solo han sido unas líneas generales para situar al lector. Ahora bien, ¿qué tendrá esto que ver con la gnosis? Para comprenderlo pasemos a continuación a ver la magia absoluta.

LA MAGIA: UNA LUZ

¿Qué quiere decir que haya una «magia absoluta»? Para comprender esta idea tenemos que empezar por el sustantivo. Comprender qué quiere decir la magia para Hegel. A primera vista, choca con la filosofía del célebre filósofo supuestamente «hiperracionalista». Pero quizá es porque los moldes se adaptan mal a las mentes complejas. Lo mágico no es un término coloquial en Hegel. No lo emplea igual que lo empleamos los hispanohablantes actualmente. Lo mágico en

579 Enz C, §577.

Hegel no tiene que ver con brujas, ni magos, ni gnomos. Al contrario, es un tecnicismo utilizado por Hegel en varios lugares de la *Enciclopedia*.

El término mágico (*magisch*) es empleado especialmente en referencia a Franz Anton Mesmer en la Antropología de Hegel. Mesmer era un médico que pensó descubrir el magnetismo animal en el siglo XVIII, que era un fluido invisible que empujaba a los organismos a estar vivos. A través de imanes, Mesmer trataba de equilibrar los «polos magnéticos» de sus pacientes para así sanarles de enfermedades que la medicina de su época no podía. Lo curioso es que funcionaba —aunque años más tarde sepamos que era pura sugestión—. A ojos de las muchedumbres de finales del siglo XVIII, Mesmer tenía una nueva teoría médica, revolucionaria e innovadora. Contó con profesores partidarios de su idea en diferentes universidades alemanas, así como las sociedades de la harmonía de Francia. Sin embargo, llegado el momento se montó una comisión de científicos especialistas que querían delimitar si la teoría era científica, o más bien, una pequeña estafa. La comisión, formada por varios insignes científicos, como Benjamin Franklin, Guillotin, Jussieu o Lavoisier, dictó veredicto: la teoría no podía ser catalogada como científica. Más bien, parecía una artimaña de Mesmer que ofrecía nulas garantías al no ser comprobable empíricamente.

Ahora bien, que se desacreditase a Mesmer no quiere decir que desaparecieran los mesmeristas. Estos fueron continuadores de Mesmer, como Kieser, con la propuesta de las corrientes telúricas, Lorenz Oken con su filosofía natural, o Puysègur en Francia y Kluge en Alemania con el descubrimiento de la hipnosis.[580] Hubo muchos

580 Sobre la influencia de estos médicos mesmeristas en Hegel, véase: ORTIGOSA, A., «La vida planetaria universal. Una hipótesis sobre Hegel y Kieser», *Claridades. Revista de Filosofía*, 2024 (en prensa); sobre Puységur en Hegel véase: GREENE, M., «Hegel and Hypnosis: Psychological Science and the Spirit». En E. LASZLO and J. B. WILBUR (Eds.), *Human Values and the Mind of Man*, London, Routledge, 2021, pp. 107-120.

más, aunque aquí solo he mencionado a algunos que son los que tuvieron relación con la filosofía de Hegel.

Pues bien, Hegel se apoyará en su conocimiento sobre el mesmerismo para explicar varios eventos del proceso embriológico de los seres humanos. De acuerdo con el conocimiento científico de su tiempo, si una madre tenía un susto muy fuerte, el niño nacería con canas. O si la madre en el embarazo se partía un brazo, se pensaba que la niña también se lo había partido dentro del vientre de la madre.[581] Siendo esto así, y refrendado por los científicos, Hegel se preguntaba cómo era posible esta relación madre-hijo cuando este último aún estaba en el vientre materno.

Es aquí cuando Hegel señala que hay una *relación mágica* (*magische Verhaltnis*) entre ellos. Como digo, el término fue acuñado por Mesmer para explicar la influencia de los imanes sobre la salud de las personas, pero en el sistema de Hegel recibe un revestimiento. Lo reelabora desde sus coordenadas filosóficas. Atendamos a ello.

Relación mágica es cuando se ponen en juego, o se vinculan, la exterioridad y la interioridad de una o más personas sin que haya mediación. Y esto es clave. Mediación quiere decir proceso de relación. De tal manera que A y B, de entrada, son diferentes entre sí, pero al ser distintos, pueden vincularse. Esto es que si A=A, o B=B no hay vinculación, sino identidad. Dicho de otro modo: la vinculación exige de la diferencia. Pongamos un ejemplo más sencillo: una madre es una madre, ahí no se la relaciona con nada. Pero una madre y su hijo son dos términos diferentes. En el proceso de gestación ambos están vinculados. Para que haya *relación* tiene que haber dos cosas distintas entre sí. Pero, como habíamos visto, esta relación es muy estrecha. Tanto que parecen una misma criatura. Relación mágica es aquí, entonces, un tecnicismo que sirve para acuñar a la manera en que se vinculan dos seres diferentes con

581 Obviamente hoy en día estas ideas se han desacreditado a fuerza de investigación. Más bien, lo que ocurre es que las situaciones de estrés alto pueden afectar a la madre. Pero no del modo en que pensaban en su época.

inmediatez, pues a la madre le pasa algo e, inmediatamente, le ocurre al embrión. Esto es una situación extraordinaria porque para una vinculación normalmente es necesaria una mediación. Pero la relación mágica quiere decir vinculación *sin* mediación. Por eso es mágica, pues está más allá de la comprensión más puramente racional.[582]

Regresemos ahora a la filosofía del espíritu absoluto para comprender qué tiene que ver la «magia absoluta» con la última figura del espíritu.

LA GNOSIS ABSOLUTA: UNA PROPUESTA

La Filosofía es la portadora de la antorcha del Absoluto. El desarrollo de la racionalidad humana en su máximo esplendor, lo cual quiere decir el mayor conocimiento de la realidad, el *conocimiento absoluto*. Este absoluto es incondicionado. Esto es lo que conlleva el camino reflexivo, es decir, un camino en que cada peldaño hasta llegar a la cúspide es una nueva mediación. Solo mediación tras mediación —histórica, cultural y colectivamente— se puede llegar al Absoluto.

En sus clases de Berlín, Hegel situó la *Hellsehen* (clarividencia)[583] como un fenómeno al cual se puede acceder de forma «mágica». Mágica aquí quiere decir inmediato, como se vio en el apartado

582 También huelga decir que no hay que confundir. Hay otras maneras de inmediación. No todas son *relación mágica*. Por ejemplo, los sonámbulos son un tema curioso en Hegel. El filósofo quedó asombrado por el hecho de que un sonámbulo «pueda ver» con los ojos cerrados y lo empleó como crítica a Kant. Esto es, que se produzca la vista sin necesidad de mediación del ojo. Pero lo específico de la relación mágica no es solo su inmediatez, sino el establecimiento de una relación. Vincular dos entidades diferentes es la relación, que es mágica por ser relación inmediata. Probablemente, el tipo de relación menos trabajada en la literatura hegeliana.

583 La usa como sinónimo de *clairvoyance* también.

anterior. G. A. Magee ha puesto esto mismo de relieve hacia el final de uno de sus escritos.[584]

La magia absoluta, así vista, quiere decir llegar a alcanzar el Absoluto, pero sin las mediaciones. ¿Cuándo se consigue el Absoluto sin mediaciones? Es imposible omitir el camino reflexivo del espíritu. No va en esa orientación este asunto. Preguntemos mejor: ¿qué ocurre cuando somos capaces de instalarnos en la Filosofía? Una vez alcanzada ya nos quedamos instalados en ella. Eso es el mismo estado que el de la clarividencia, pero conseguido mediante el camino reflexivo. Actualmente diríamos que la clarividencia es alcanzada en rituales, cultos o, a veces, en precuelas de locura, siendo un estado alterado de la conciencia, pues es un funcionamiento anómalo. En Hegel esto también es así, pero hay una forma de clarividencia que llega al Absoluto.

Cada mediación (o peldaño) camino al Absoluto que pasa nuestra conciencia no tiene que volver a ser recorrido, sino que alcanzar la Filosofía es instalarnos en un plano cognitivo semejante a la clarividencia. «La magia absoluta sería la magia del Espíritu como tal».[585] Como comenta Magee al respecto, la magia del Espíritu es sencillamente el conocimiento Absoluto, es decir, la Filosofía, la figura más alta del espíritu absoluto.[586] Por así decirlo, una vez que hemos alcanzado el Absoluto ya estamos instalados en él con inmediatez. No hay que volver a realizar el camino reflexivo del espíritu. Ya portamos con nosotros la Filosofía. Una vez que hemos accedido a esta última figura del Absoluto, ya accedemos al conocimiento desde ella. Como señala Magee, «en resumen, la filosofía es el tipo de magia más alto».[587]

---

584 MAGEE, G. A., «Hegel on the Paranormal: Altered States of Consciousness in the Philosophy of Subjective Spirit», *Aries*, 8, 2008, pp. 21-36.

585 MAGEE, «Hegel on the Paranormal», p. 34.

586 «Hegel on the Paranormal», p. 34.

587 MAGEE, *Hegel and the Hermetic tradition*, p. 221.

Ahora bien, si una vez que hemos alcanzado el conocimiento absoluto (Filosofía) ya estamos situados en un plano cognitivo donde contemplamos la verdad de las cosas con inmediatez, entonces esto es comprensible como una forma de gnosis. No porque lo diga explícitamente Hegel, sino que, como señalé, es conceptualmente la misma idea. A continuación, pasaré a argumentarla.

En primer lugar, el espíritu absoluto son las formas en que el ser humano rasga lo divino. El ser humano es finito. Esto es evidente. Pero eso no significa que no pueda alcanzar el ojo de Dios. Lo que ocurre es que está limitado por su finitud. Las tres figuras del Absoluto (Arte, Religión y Filosofía) son las maneras en que intentamos situarnos y expresar las cosas desde este ojo de Dios. Las dos primeras son, por lo dicho, más inadecuadas que la última. Esto entonces quiere decir que la Filosofía consigue situarse en el punto de expresión de la divinidad, de la verdad de todas las cosas. En este aspecto, la Filosofía como última figura del espíritu absoluta guarda congruencia con el gnosticismo, pues este versaba sobre el conocimiento más allá de lo terrenal a causa de nuestra naturaleza divina (la chispa). Al haber diferenciado Hegel al espíritu finito del infinito este tinte gnóstico gana plausibilidad.

En segundo lugar, recordemos que, en el gnosticismo, la espiritualidad de aquel que recibe la gnosis queda transformada porque experimenta un salto cualitativo. Recibir la gnosis es aquí muy similar a alcanzar el Absoluto. Parecen guardar relación con lo que llamamos estado de clarividencia. Pero el Absoluto —a secas— en vez de ser la gnosis que se recibe inmediatamente es una gnosis recibida mediatamente. También en la mayoría de los casos los conocimientos mistéricos se iban revelando a los gnósticos lentamente. Pero la magia absoluta consiste en que una vez que tenemos el conocimiento absoluto logramos acceder a él sin mediación. De ahí que eso sea la *magia* absoluta del *espíritu*.

Si esto es así, entonces se abre una nueva forma de comprender el Absoluto. El Absoluto es solo el largo camino reflexivo que se conseguirá a lo largo de la historia para que el ser humano llegue a los máximos umbrales de su racionalidad, alcanzando así el conocimiento de la realidad. También puede ser comprendido como un estado sapiencial que cuando se alcanza ya no se abandona. En la clarividencia algunos lo consiguen durante unos momentos. Pero si se sigue el camino de la Filosofía entonces una se instala en ese estado perpetuamente. Observar todo desde el Absoluto quiere decir ver todo desde la luz de la verdad, una luz desvelada en este nuevo estado que nuestra conciencia ha adquirido.

Si recordamos, Antón Pacheco definió conceptualmente la gnosis como un «conocimiento transformativo cuya obtención supone un salto cualitativo en el sujeto que la recibe».[588] Con esto quiero hacer énfasis en la solidaridad entre llegar al Absoluto y alcanzar la gnosis. Comprobemos el enunciado para asegurarlo. El Absoluto es un conocimiento en tanto que se alcanza el conocimiento absoluto. Este conocimiento absoluto es transformativo porque nos instala en el Absoluto, en un estado desde el que podemos contemplar toda la realidad a la luz de la verdad. Por ende, encaja con la primera parte de la definición: es un conocimiento transformativo. Ahora bien, ¿supone el conocimiento absoluto un salto cualitativo en la persona que lo recibe? Obviamente. El que llega al Absoluto ya se constituye en él.[589] Contemplar la verdad, en un perpetuo estado de clarividencia es, evidentemente, un salto cualitativo que experimenta aquel que llega al Absoluto. Por ende, el conocimiento absoluto es perfectamente compatible con la gnosis.

Este estado, que es el Absoluto, no es alcanzable para todo el mundo, sino para unos pocos que han elegido el camino de la Filosofía. Del mismo modo en el gnosticismo, como ya se vio, la gnosis era recibida solamente por algunos, una élite. Aquí, en

588 ANTÓN PACHECO, J. A., *Parádosis: Visiones sobre el Uno, el Logos y la Tríada*, p. 64.

589 De hecho, en sus *Lecciones de Historia de la Filosofía* Hegel acostumbra a referirse a los filósofos como «nosotros, los que tenemos el Concepto», «nosotros, desde el Absoluto», y de otras formas muy sugerentes que muestran que es un estado que una vez alcanzado, ya uno se mantiene en él.

el sistema de Hegel, el Absoluto es alcanzado solo por una élite filosófica. En ambos casos hay un grupo selecto de personas que experimentan este salto cualitativo.

Esto nos abre una duda final, la cual no corresponde responder aquí, aunque por honestidad hay que plantear. Esta es la siguiente: se puede leer que Hegel expuso su teoría del Absoluto y que, casualmente, tiempo más tarde, el Absoluto cuadra con la definición de gnosis. Pero también se puede leer que los elementos gnósticos estaban en Hegel arraigados desde muy temprana edad, como ya vimos, y que por lo tanto esta similitud entre la gnosis y el Absoluto es una influencia que está de trasfondo. ¿Qué hacer con esta duda final?

Al no haber prueba textual de Hegel en la que se diga explícitamente que ha inspirado su teoría del Absoluto en el gnosticismo, entonces nada se puede afirmar. Siento decepcionar al lector, pero la rigurosidad intelectual y la honestidad tienen estas cosas. Sin embargo, si tomamos seriamente la supervivencia de elementos gnósticos en la mente de Hegel, lo cierto es que la segunda hipótesis —la no-casualidad entre el Absoluto y la gnosis—, es plausible. Que no haya texto explícito no permite afirmarlo, pero tampoco existe texto explícito de que esto no sea así, lo que, en consecuencia, tampoco lo niega.[590]

De todo esto creo que como mínimo hay que afirmar, de facto, que el Absoluto se puede comprender como una forma de gnosis. Esto es perfectamente asumible, evidente y obvio. Un ejercicio crítico, e incluso escéptico con el gnosticismo en Hegel no puede omitir la claridad de tal afirmación. Hegel quizá era gnóstico. O no.

590 También se podría hablar en términos semejantes de la alienación de la Idea como una caída, pues es la caída de la Idea. El tema de la caída, como está bien documentado, también era uno de los principales temas de los gnósticos. Por otra parte, incluso, en Hegel hay un kénosis —como ya dije— en tanto que alcanzar el Absoluto es alcanzar finitamente el punto de vista de Dios. Pero dejemos esto, como comento, para futuras investigaciones, pues aquí lo escrito no es más que un epílogo.

Quizá lo hizo a propósito o quizá es mera coincidencia. Pero es indiscutible que el culmen del sistema hegeliano, que es la Filosofía en el espíritu absoluto, es comprensible como una forma de gnosis: el conocimiento absoluto es la gnosis absoluta.

CONCLUSIONES. EL GNOSTICISMO DÉBIL DE HEGEL

MODERANDO POSICIONES

A lo largo de este libro se ha examinado el posible gnosticismo de Hegel. Como ya se comentó en la introducción, la idea tenía que atenuarse necesariamente. Es cierto que otros investigadores han afirmado i.) en su versión más radical, que Hegel era gnóstico; ii.) en su versión moderada, que Hegel se inspiró en el gnosticismo; iii.) en su versión débil, que la filosofía de Hegel se acerca al gnosticismo.

En esta investigación lo que he tratado de mostrar es que en Hegel perviven elementos gnósticos. Pero que pervivan elementos gnósticos no quiere decir que Hegel fuese gnóstico. Para asumir la versión radical se necesitan suficientes pruebas textuales. Pero no existen tales textos. Es más, no existe ni tan siquiera uno. Hegel nunca afirmó que fuese gnóstico. Sin prueba textual, entonces la radicalidad de la afirmación es difícil de defender.

La segunda posición, la moderada, en la que Hegel se inspiró en el gnosticismo es quizá algo más plausible. Pero vuelve a carecer de prueba textual. Al ser una inspiración es natural que no lo citase, por lo que la plausibilidad existe. Pero no hay posibilidades de demostración. Además, el problema es de delimitación: ¿cuánto se inspiró Hegel en el gnosticismo? ¿Qué obras son las que tienen inspiración gnóstica? ¿Qué conceptos son planteamientos gnósticos en Hegel?

La tercera posición, la débil, parece atinar más. O, al menos, esta posición es la que considero más acertada tras lo expuesto en este libro: un gnosticismo débil en Hegel, es decir, que Hegel se aproxima mucho a las ideas gnósticas, aunque sin que se pueda afirmar que efectivamente las tuviese en mente. O lo que es lo mismo: que en Hegel el gnosticismo pervive a través de varios elementos sedimentados en su pensamiento.

Este gnosticismo débil de Hegel encuentra asidero en los textos comentados de juventud. Con esto señalo que, en caso de haber un contagio fuerte del gnosticismo en sentido fuerte en la filosofía de Hegel se debió producir más tarde de su periodo en Fráncfort, si es que esto ocurrió. Lo que sí que hay en Fráncfort y en Berna son elementos gnósticos.

Los elementos gnósticos que han ido apareciendo en este libro cuando se comentaban los textos de Hegel pueden ser tenidos como elementos arraigados en la cultura alemana. Eso no los hace elementos menos gnósticos, pero sí que explica el parentesco de algunas ideas de Hegel con el gnosticismo. Parece como si se hubiese incrustado en él desde muy temprana edad algunos de esos elementos. Atendiendo a la juventud, también hay que recordar que Hegel era teólogo de formación. Los textos que se han examinado son los pertenecientes a la religión y la filosofía. Teniendo en cuenta su formación e interés religioso que fue más allá de su formación en Tubinga, lo cierto es que no sería extraño que Hegel se hubiese interesado por el gnosticismo por el camino, o por autores cercanos al gnosticismo, como Böhme o Storr. Al perdurar el gnosticismo en el pensamiento de autores que luego fueron influyentes en Hegel, entonces se justifica también esta posición débil, o sea, el parentesco enorme entre el gnosticismo y varias ideas de juventud de Hegel. O lo que es lo mismo: la pervivencia de elementos gnósticos inconscientemente.

Ahora bien, ¿cuáles son los elementos que son más claramente gnósticos en el pensamiento de juventud de Hegel? Y preguntemos también: si esos elementos cristalizaron en nociones clave de la filosofía de juventud de Hegel y, a su vez, estas nociones de juventud luego se retomaron en su pensamiento de madurez, ¿no sería acaso asumible que haya elementos gnósticos en toda la filosofía de Hegel?

«GNOSTIFICACIÓN». RECAPITULANDO ELEMENTOS CRÍTICAMENTE

Hay varios elementos gnósticos que están presentes en nociones clave del pensamiento filosófico de la juventud de Hegel. No voy a retomar todos uno por uno, porque para eso está este libro, pero sí los fundamentales.

En primer lugar, Hegel suele comentar el Evangelio. Claramente es de su agrado e interés. Pero el Evangelio de Juan parece guardar un lugar especial en el pensamiento de Hegel. De entrada, no hay nada de lo que asombrarse. Popularmente todo el mundo ha visto que es el Evangelio más filosófico, por lo que es natural que alguien como Hegel con inclinación hacia la filosofía se sintiera atraído. No obstante, aquí comienza a poderse interpretar en consecuencia la base de un gnosticismo hegeliano débil. Si el Evangelio de Juan ha sido comúnmente considerado también como el Evangelio gnóstico, entonces es normal que, si Hegel se basa en ese Evangelio, también parezca próximo al gnosticismo. Es que el propio Evangelio de Juan es, de por sí, interpretable desde el gnosticismo, y de hecho el gnosticismo se nutrió de este texto entre otros. Por ello este primer parentesco entre Hegel y el gnosticismo al comentar el Evangelio de Juan es natural que aparezca en nuestras conciencias al examinarlo: es que trabajan con la misma fuente.

En segundo lugar, es cierto que en Hegel aparecen dualismos radicales. Con la madurez habrá incluso más mediante la dialéctica. Al aparecer dualismos radicales en varios de sus escritos de juventud, como el del cielo y la tierra, o la luz y la oscuridad, efectivamente, parece que pueda haber cierto gnosticismo. Aparece en el pensamiento de Hegel con continuidad. Si bien no hay prueba textual de que lo tome de los gnósticos, sí que es un elemento afín a la ontología del gnosticismo. Este elemento está fuera de toda duda.

En tercer lugar, está la consideración del dualismo antropológico entre lo terrenal y lo divino. En los textos de Hegel es algo que hemos visto con frecuencia, tanto en Berna como en Fráncfort. Además, se ha hecho hincapié en ello. En la juventud de Hegel el ser humano es un ser divino. Esto no significa que sea Dios, sino que tiene naturaleza divina. Esto ha aparecido en tres textos y hemos visto cómo incluso en Fráncfort Hegel habla del «hombre divino». Este elemento gnóstico está en la juventud de Hegel claramente marcado. Es más, este elemento no es tan común en otras corrientes de pensamiento —aunque hubo algunas—, y es muy poco frecuente en la modernidad tardía de Hegel. Es incluso extraño que realice estas afirmaciones. Por eso, la naturaleza divina del ser humano me parece un elemento demarcador en la consideración de los elementos gnósticos de Hegel. Está fuera de posibilidades interpretativas, por lo examinado, que sea una metáfora, o una analogía. Hegel ha afirmado en repetidas ocasiones la naturaleza divina del hombre, lo cual vuelve a ser un elemento que comparte con el gnosticismo. De este elemento cabe poca duda también.

En tercer lugar, hay que considerar que el gnosticismo, como se dijo, formaba en conocimiento de misterios divinos que estaban reservados para una élite. ¿Es que no es así como observó Hegel el imperativo categórico kantiano en Berna? Como ya se vio, esta idea, aunque chocante, es defendible por la forma en que Hegel presenta al imperativo categórico, que es por iluminación. Hay en su periodo bernés algo más que kantismo. Del kantismo bernés ya hemos dado cuenta muchos especialistas. Yo mismo lo he considerado como un periodo kantiano *sensu stricto* durante años. Pero es cierto que se abre aquí cierta interpretación gnóstica. Es más, posteriormente, el conocimiento de Hegel sobre el mensaje de Jesús también aparece desde estas coordenadas. Recuérdese que Hegel criticó a los Apóstoles por haber perdido el *mensaje originario* de Jesús, siendo entonces —implícitamente— que es Hegel quien lo recupera. Es decir, él es quien tiene conocimiento sobre el verdadero mensaje de Jesús. Este elemento es más dudoso, pero no indefendible.

En cuarto lugar, la insistencia de Hegel en un mensaje originario perdido es también próxima al gnosticismo. Este se dio especialmente en Berna, pero también subyace en Fráncfort. No siempre aparece del mismo modo, pues a veces es el imperativo categórico, otra el mensaje verdadero de Jesús, otra el amor… pero siempre aparece un mensaje que era originario y que se perdió, el cual conviene recuperar. Es un conocimiento originario que ahora aparece como oculto a la mayoría, menos a una élite (filosófica). Este elemento es verdad que no es solo del gnosticismo, pero sí que guarda el eco de este. Por consiguiente, el mensaje originario perdido es otro elemento que ha aparecido en varias ocasiones, aunque con diferentes términos.

En quinto lugar, el amor es quizá exclusivo de Fráncfort, pero es un elemento gnóstico en tanto que Hegel lo presenta como pléroma. Esto lo hace explícito el propio Hegel. El amor para Hegel es la unidad primordial, u originaria, a la cual hay que regresar para traer el reino de Dios a la tierra. El pléroma es la plenitud, y el amor en Hegel también es la plenitud. Es más, el amor es tanto en Hegel como en el gnosticismo una emanación de Dios. Este elemento está fuera de duda: es gnóstico. De hecho, el pléroma es uno de los elementos gnósticos por excelencia. Hegel quizá no lo tomase de fuentes directamente gnósticas, pero al emplearlo está implícito el gnosticismo. Es más, como vimos, en Fráncfort la noción capital es el amor. Y el amor, como han apuntado tantos investigadores, es lo que dará lugar después a la dialéctica y al espíritu. En consecuencia, no sería extraño ver nuevamente la pervivencia del gnosticismo en la madurez de Hegel. En resumen, con lo examinado en este libro, el amor en Hegel es una noción que claramente tiene orientación —a propósito, o no— gnóstica.

En sexto y último lugar, Hegel acude en varias ocasiones a la gnosis. No usa el término, es cierto. Pero es una idea muy próxima. Esto es, un conocimiento que transforma cualitativamente a aquel que lo recibe. El imperativo categórico en la obra de Kant no es susceptible del todo de ser comprendido como una gnosis, pero en la presentación que hace Hegel en Berna de la moral kantiana sí que parece que encaje con esta definición. También el amor, pues quien se abre al amor está experimentando una transformación cualitativa en relación con la divinidad. Esa divinidad a la que Hegel ha denominado «infinito», y que cree que es alcanzable para el ser humano parece que la gnosis pervive en el pensamiento de juventud de Hegel.

Incluso, como se ha expuesto en el epílogo de este libro en su capítulo quinto, en la madurez la Filosofía, como figura del espíritu absoluto, es concebible como una forma de gnosis. Insisto: quizá no tuviese esta intención Hegel, pero que encaja perfectamente es algo indiscutible. Como vimos al inicio del libro, ya dijo Baur que había cierto gnosticismo en la filosofía de Hegel inducido a través de Böhme. Baur lo había situado en la filosofía de la historia. El Absoluto sufría una caída, recuperándose a través del despliegue de la historia, lo cual era a su juicio plenamente gnóstico.[591] Asimismo, también se ha mostrado que la Filosofía en el espíritu absoluto guarda este mismo cariz. Ya no es un elemento gnóstico en una parte más del sistema, sino en su diadema.

En conclusión, hay al menos seis elementos gnósticos que se repiten en los textos de juventud de Hegel. Son vigas en su pensamiento, ideas casi inamovibles a las cuales recurre con frecuencia. Si bien de aquí no se saca que Hegel sea plenamente un gnóstico, sin embargo, sí que, por otro lado, se puede afirmar que hubo elementos gnósticos que se solidificaron en el pensamiento de Hegel, quedando así cristalizados. Dicho de otro modo, la filosofía de Hegel es «gnostificable» porque hay elementos gnósticos en su filosofía. Por eso algunos investigadores partidarios de la posición más radical llegaban a proclamar el gnosticismo en Hegel. Por lo dicho en este libro, creo que no es que Hegel fuese gnóstico, sino que se le «gnostifica». Con esto quiero decir que el proceso de «gnostificación» que realizan algunos investigadores sobre la filosofía de Hegel no puede concluir en ningún caso que fuese gnóstico. Lo que sí se puede conceder es que la arquitectónica de su filosofía descanse sobre cimientos gnósticos, que son una serie de elementos clave en su pensamiento. A Hegel se le «gnostifica» no por la prueba documental, sino por la cristalización de los elementos gnósticos que subyacieron en la filosofía de Hegel. Eso sí que es verdadero. Estos elementos son lo que he tratado de sacar a la luz.

---

591 BAUR, F. C., *Die christliche Gnosis*, p. 682.

En conclusión, los cimientos de un edificio no son el edificio al completo. Sabiendo que no deben ser confundidos, no obstante, es cierto que el gnosticismo en Hegel es un tema que dará para futuras investigaciones, pues aún falta mucho por profundizar. Ver qué elementos gnósticos hay en su filosofía de madurez, así como explicar el desarrollo de los mismos, es una tarea pendiente para los investigadores. Esto será una tarea ilusionante, pues siempre es asombroso cuando la luz disipa a la oscuridad.

REFERENCIAS BIBLIOGRÁFICAS

ALTHUSSER, L., *The Spectre of Hegel: Early Writings*, Verso, New York, 1997. ISBN: 978-1859840993

ÁLVAREZ, E., *El saber del hombre. Una introducción al pensamiento de Hegel*, Trotta, Barcelona, 2001.

AMENGUAL, G., «Estudio introductorio», en G. Amengual (ed.) Hegel, G. W. F., *Escritos sobre religión*, Ediciones Sígueme, Salamanca, 2013, pp. 7-53. ISBN: 978-84-301-1830-4.

AMENGUAL, G., «Spinoza como referente en las pruebas de la existencia de Dios de Hegel», *Studia hegeliana*, 1, 2015, pp. 23-40. DOI: https://doi.org/10.24310/stheg.v0i1.3694

AMENGUAL, G., *La libertad en su realización. La filosofía del Derecho de Hegel*, Comares, Granada, 2021.

ANTÓN PACHECO, J. A., *Parádosis: Visiones sobre el Uno, el Logos y la Tríada*, Puerta Castilla, Murcia, 2014. ISBN: 978-8419294913

ANTÓN PACHECO, J. A., *Jojmá. Sofía. Sabiduría. Sabiduría oriental en el universo bíblico*, Mandala, Madrid, 2023. ISBN: 978-8419710253

ANTÓN PACHECO, J. A., «Consideraciones acerca de la noción bíblica de Jojmá-Sofía», *RAPHISA. Revista De Antropología Y Filosofía De Lo Sagrado*, 7(2), 2024, pp. 101–112. DOI: 110.24310/raphisa.7.2.2023.18328

ASSALONE, E., *La mediación ética. Estudio sobre la filosofía del derecho de Hegel*, Llanes Ediciones, Buenos Aires, 2021. ISBN: 978-987-88-2719-3

ATHANASIUS, *Epistolae Festales*, en *Post and Post-Nicene Fathers*, series II, vol. IV, Baker Book House, Michigan, 1983.

BAUR, F. C., D*ie Christliche Gnosis, oder die Christliche Religions-Philosophie in Ihrer Geschichtlichen Entwicklung*, Osiander, Tübingen, 1835.

BEISER, F., «Hegel and the history of idealism», *British Journal for the History of Philosophy*, 28, 3, 2020, pp. 501-513. DOI: https://doi.org/10.1080/09608788.2019.1661828

BLOCH, E., *Sujeto objeto. El pensamiento de Hegel*, FCE, México, 1983.

BONDELI, M., «Tübingen, Bern and Frankfurt: 1788-1800» en de Laurentiis, A., and Edwards, J. (eds.), *The Bloomsbury companion to Hegel*, Bloomsbury, London, 2013, pp. 11-20. ISBN: 9781441195128

CADAHIA, L., «La aurora republicana (o el despertar de la fraternidad), en CARRASCO, A., MACOR, L. A., & ROCCO, V. (eds.), *Hegel y Hölderlin. Una amistad estelar*, Círculo de Bellas artes, Madrid, 2021, pp. 19-34. ISBN: 9788494970085

CARAMELLI, E., «Hegel and the Experience of Forgiveness. Starting from the Spirit of Christianity», *Journal of Mediterranean Knowledge*, 2 (2), 2017, pp. 131-150.

CARAMELLI, E., *Hegel et le signe d'Abraham. La confrontation avec la figure d'Israël (1798-1807)*, L'Harmattan, París, 2018.

CARAMELLI, E., «The Greatest Fear. Hegel, Macbeth and the Bondsman: Literature in Philosophy», *Estetica. studi e ricerche*, 2, 2019, pp. 477-502. DOI: 10.14648/95490

CARBÓ, M., «Nostalgia de Grecia en la filosofía del joven Hegel», *Contrastes. Revista Internacional de Filosofía*, 2010, pp. 241-247. DOI: https://doi.org/10.24310/Contrastescontrastes.v0i0.1806

CEREZO, P., *Hegel y el reino del espíritu*, Editorial Universidad de Granada, Granada, 2018. ISBN 978-8433862594

CHIAPPARINI, G. «Irenaeus and the Gnostic Valentinus: Orthodoxy and Heresy in the Church of Rome around the Middle of the Second Century», *Zeitschrift für Antikes Christentum*, 18 (1), 2014, pp. 95-119. DOI: https://doi.org/10.1515/zac-2014-0007

CORTÉS, H., *La vida en verso. Biografía poética de Friedrich Hölderlin*, Hiperión, Madrid, 2014. ISBN: 978-8490020302

D'HONDT, J., *Hegel, filósofo de la historia viviente*, Amorrortu Editores, Buenos Aires, 1966. ISBN: 9789505183029.

D'HONDT, J., *Hegel: El último filósofo que explicó la totalidad*, Tusquets, Barcelona, 2021. ISBN: 978-8490668399

D'HONDT, J., *Hegel secreto*, Ediciones corregidor, Buenos Aires, 1978.

DE NEGRI, E., *I principi di Hegel*, La Nuova Italia, Firenze, 1949.

DILTHEY, W., *Hegel y el idealismo*, Fondo de Cultura Económica, México, 2014. ISBN: 9789681600334

FERRER, D., «Preservar y superar (del "conatus" a la "Aufhebung"): La crítica de Hegel a Spinoza», *Studia Hegeliana*, 1, 2015, pp. 89-106. DOI: https://doi.org/10.24310/stheg.v0i1.3697

FERRERA, R., «Prefacio editorial», en Hegel, G. W. F., *Filosofía de la religión. Últimas lecciones*, Trotta, Madrid, 2018. ISBN: 978-84-9879-710-7

FRILLI, G., *Ragione, Desiderio, Artificio. Hegel e Hobbes a confronto*, Firenze University Press, Firenze, 2017. ISBN: 9788864535869

FUJITA, M., *Philosophie und Religion beim jungen Hegel. Unter besonderer Berücksichtigung seiner Auseinandersetzung mit Schelling*, Bouvier, Bonn, 1985.

Gardner, S., «Kant's Practical Postulates and the Limits of the Critical System», *Hegel Bulletin*, 32 (1-2), 2011, pp. 187-215. DOI: 10.1017/S0263523200000227

GARCÍA, J. A., «La unidad del ser en el antiguo pensamiento griego y en la filosofía moderna alemana», *Contrastes. Revista Internacional De Filosofía*, 22, 3, 2017, pp. 11-20. DOI: https://doi.org/10.24310/Contrastescontrastes.v22i3.3753

GARCÍA BAZÁN, F., *Gnosis. La esencia del dualismo gnóstico*, Castañeda, Buenos Aires, 1978.

GARCÍA BAZÁN, F., *La Biblioteca Gnóstica de Nag Hammadi y los orígenes cristianos*, El Hilo de Ariadna, Buenos Aires, 2013. ISBN: 978-987-29896-3-7

GARCÍA BAZÁN, F., y NANTE, B., «Introducción a la edición española», en Jung, C. G., *Psicología y alquimia, Volumen 12*, Trotta, Madrid, 2015. ISBN: 978-8481647044

GEORGE, T., «Forgiveness, Freedom, and Human Finitude in Hegel's The Spirit of Christianity and Its Fate», *International Philosophical Quarterly*, 51 (1), 2011, pp. 39-53. DOI: https://doi.org/10.5840/ipq20115114

GREENBAUM, D. G., *The Daimon in Hellenistic Astrology: Origins and Influence*, Brill, Leiden, 2015. ISBN: 9789004306219.

GREENE, M., «Hegel and Hypnosis: Psychological Science and the Spirit», en LASZLO, E., and WILBUR, J. B., (Eds.), *Human Values and the Mind of Man*, Routledge, London, 2021, pp. 107-120. ISBN: 978-1032071749

GUTIÉRREZ, J. A., «Hegel, vida y muerte en los escritos tempranos de Frankfurt y Jena», *Studia hegeliana*, 8, 2022, pp. 49-69. DOI: https://doi.org/10.24310/Studiahegelianastheg.v8i.13753

HANRATTY, G., «Gnosticism and Modern Thought, I», *Irish Theological Quarterly*, 1980, 47(1), pp. 3-23. DOI: https://doi.org/10.1177/002114008004700101

HANRATTY, G., «Hegel and the Gnostic Tradition I», *Philosophical Studies*, 30, 1984, pp. 23-48. DOI: 10.5840/philstudies1984302

HANRATTY, G., «Hegel and the Gnostic Tradition II», *Philosophical Studies*, 31, 1986, pp. 301-325. DOI: 10.5840/philstudies1986/19873120

HAMACHER, W. and BAHTI, T. «The Reader's Supper: A Piece of Hegel», *Diacritics*, 11 (2), 1981, pp. 52-67. DOI: https://doi.org/10.2307/464729

HARRIS, H. S., *Hegel's Development. Toward the Sunlight*, Oxford University Press, Oxford, 1972. ISBN: 9780198243588

HEGEL, G. W. F., *Hegels theologische Jugendschriften*, Mohr, Heidelberg, 1907.

HEGEL, G. W. F., *Gesammelte Werke*, Felix Meiner, Hamburg, 1968 y ss. (Citado como GW, seguido del número del tomo).

HEGEL, G. W. F., *Werke in zwanzig Bäden*, Shurkamp Verlag, Berlín, 1969-1971. (Citado como TWA, seguido del número del tomo).

HEGEL, G. W. F., *Escritos de juventud*, FCE, México, 1978. (Citado como EJ). ISBN: 375-0155-5

HEGEL, G. W. F., *Historia de Jesús*, Taurus, Madrid, 1981. (Citado como HJ). ISBN: 84-306-1138-X

HEGEL, G. W. F., *Diferencia entre los sistemas de filosofía de Fichte y Schelling*, Tecnos, Madrid, 1990. ISBN: 978-84-309-1837-9

HEGEL, G. W. F., «Fragmento de Tubinga», *Revista de filosofía*, 11, 1994, pp. 148-176. (Citado como FT).

HEGEL, G. W. F., *Enciclopedia de las ciencias filosóficas en compendio (1830)*, Abada Editores, Madrid, 2017. (Citado como Enz C). ISBN: 978-84-16160-57-0

HEGEL, H., *Isaak von Sincalir, zwischen Fichte, Hölderlin und Hegel*, Klostermann, Frankfurt, 1971. ISBN: 978-3465008248

HENRICH, D., *Between Kant and Hegel. Lectures on German Idealism*, Harvard University Press, London, 2003. ISBN: 978-0674027374

HERNÁNDEZ PACHECO-SANZ, J., *Hegel. Introducción e Interpretación*, KDPAmazon, Sevilla, 2019. ISBN: 978-1091889330

HILLER, F. R., «The Deductions of Freedom/Morality-as-Autonomy and the Categorical Imperative in Groundwork III and their Problems», *Tópicos. Revista de Filosofía*, 50, 2016, pp. 61-94. DOI:10.21555/top.v0i50.743

HÖLDERLIN, *Hiperión o el eremita en Grecia*, Editorial Hiperión, Madrid, 1998. ISBN: 978-8475175829

INNERARITY, D., «Dialéctica de la Revolución. Hegel, Schelling y Hölderlin ante la Revolución Francesa», *Anuario Filosófico*, 22 1, 1989, pp.34-54.

IRENEO DE LYON, *Contra herejías, Libro I.* En *Los Gnósticos I*, Gredos, Madrid, 1983, pp. 155-156. ISBN: 84-249-0884-8.

JAMME, C., SCHNEIDER H. (Hrsg.), *Mythologie der Vernunft. Hegels ältestes Systemprogramm des deutschen Idealismus*, Suhrkamp, Frankfurt, 1984, pp. 21-78.

JONAS, H., *La religión gnóstica. El mensaje del Dios extraño y los comienzos del cristianismo*, Siruela, Madrid, 2003, 2a ed. ISBN: 9788478444922

JUNG, C. G., Aion. Contribuciones al simbolismo del sí-mismo. Obra completa. Volumen 9/2, Trotta, Madrid, 2011. ISBN: 978-8498792201

KANT, I., *La religión dentro de los límites de la mera razón*, Alianza Editorial, Madrid, 1991.

KANT, I., *Crítica de la razón práctica*, México, FCE, 2005.

KANT, I., *Crítica de la razón pura*, Ediciones Colihue, Buenos Aires, 2007.

KAUFMANN, W., «Hegel's Early Antitheological Phase», *The Philosophical Review*, 63 (1), 1954, pp. 3-18.

KNOX, T. M., «Hegel's attitude to Kant's ethics», *Kant-studien*, vol. 49, 1, 1957, pp. 70-81.

LACORTE, C., *Il primo Hegel*, Sansoni, Pubblicazioni dell'istituto di Filosofia dell'università di Roma, VI, Firenze, 1959.

LÉVINAS, E., «Foreword to Stéphane Moses» in S. MOSES, *System and Revelation: The Philosophy of Franz Rosenzweig*, Detroit, Wayne State University Press, 1992.

LÖWITH, K., *De Hegel a Nietzsche. La quiebra revolucionaria del pensamiento en el siglo XIX*, Katz Editores, Argentina, 2008. ISBN: 9789871283569

LUKÁCS, G., *El joven Hegel y los problemas de la religión capitalista*, Grijalbo, Barcelona, 1975. ISBN: 84-253-0609-4

MAGEE, G. A., *Hegel and the Hermetic Tradition*, Cornell University Press, New York, 2000. ISBN: 978-0801474507.

MAGEE, G. A., «Hegel on the Paranormal: Altered States of Consciousness in the Philosophy of Subjective Spirit», *Aries*, 8, 2008, pp. 21-36. DOI:10.1163/157005908X246670

MARCUSE, H., *Ontología de Hegel*, Ediciones Martínez Roca, Barcelona, 1970. ISBN: 84-270-0048-0

MARTÍN GÓMEZ, M., La filosofía del joven Hegel, Kronos, Sevilla, 1991. ISBN: 978-84-604-1072-0*: 285-313.*

MARTÍN NAVARRO, *La nostalgia del pensar: Novalis y los orígenes del Romanticismo*, Plaza y Valdés / Thémata, Sevilla, 2010. ISBN: 9788496780613

MELENDO, T., *La metafísica de Aristóteles. Métodos y temas II*, Cuadernos de Anuario Filosófico, Pamplona, 1997.

MEDINA, F., «El lugar de la religión en el joven Hegel», *Otro Siglo,* 4 (1), 2020, pp. 23-42.

MELICA, C., «Longing for Unity: Hemsterhuis and Hegel», *Bulletin of the Hegel Society of Great Britain*, nº 55/56, 2007, pp. 143-167. DOI: 10.1017/S0263523200000689

MITSCHERLING, J., «The Identity of the Human and the Divine in the Logic of Speculative Philosophy», en BAUR, M. & RUSSON, J. (eds.), *Hegel and the Tradition: essays in Honor of H. S. Harris*, University of Toronto Press, Toronto, 1997, pp. 143-161.

MORRIS, J. E., *The Gnostic Heresy. Fundamentalism*, Palgrave MacMillan, New York, 2008. ISBN-13: 978-0-230-61153-5

MUELLER, G. E., «The Hegel Legend of "Thesis-Antithesis-Synthesis"», *Journal of the History of Ideas*, 19 (3), 1958, pp. 411-414.

NAVARRETE, R., «*Et de me fabula narratur.* Hegel y Hölderlin en Frankfurt», en CARRASCO, A., MACOR, L. A., ROCCO, V. (eds.), *Hegel y Hölderlin. Una amistad estelar*, Círculo de Bellas Artes, Madrid 2021, pp. 147-172. ISBN: 978-8494970085

NEANDER, A., *Genetische Entwicklung der vornehmsten gnostischen System*, Ferdinand Dümmler, Berlin, 1818.

NEUHOUSER, F., «Fichte and the Relationship between Right and Morality», en BREAZEALE, D., & ROCKMORE, T. (eds.), *Fichte: Historical Contexts/Contemporary Controversies*, Humanities Press, London, 1994, pp. 158-180.

NG, K., *Hegel's Concept of life. Self-consciousness, Freedom, Logic*, Oxford University Press, Oxford, 2020. ISBN: 9780190947613.

OESCH, M., «"Das älteste Systemprogramm des deutschen Idealismus": Ein Fragment Friedrich Schlegels?», *Perspektiven der Philosophie*, 21, 1, 1995, pp. 293-313.

ORBE, A., *Hacia la primera teología de la procesión del Verbo*, en *Estudios Valentinianos. I*, Apud Aedes Universitatis Gregoriannae, Roma.

ORÍGENES, *Comentario al cantar de los cantares*, Ciudad Nueva, Madrid, 1986. ISBN: 978-84-9715-114-6.

ORMISTON, A., «"The Spirit of Christianity and Its Fate". Towards a Reconsideration of the Role of Love in Hegel», *Canadian Journal of Political Science*, 35 (3), 2002, pp. 499-525. DOI: 10.1017/S0008423902778335

ORTIGOSA, A., «El monofisismo en el joven Hegel. Sobre la naturaleza del ser humano», en GARCÍA, J. A. y REYNA, R. (eds.), *Estudios sobre el Idealismo alemán*, Apeiron, Madrid, 2022, pp. 205-227. ISBN: 9788412491517

ORTIGOSA, A., «Philippe Pinel en contexto. El origen del alienismo desde la antropología filosófica», *Naturaleza y Libertad. Revista de Estudios interdisciplinares*, 17, 2023, pp. 163-187. DOI: https://doi.org/10.24310/nyl.17.2023.14406

ORTIGOSA, A., «El orden del saber. La Enciclopedia como sistema orgánico en Hegel», *Logos. Anales del Seminario de Metafísica*, 57, 1, 2024, pp. 67- 84. DOI: https://dx.doi.org/10.5209/asem.91146

ORTIGOSA, A., «La vida planetaria universal. Una hipótesis sobre Hegel y Kieser», *Claridades. Revista de Filosofía*, 2024 (en prensa).

ORTIGOSA, A., «Finitud e infinitud en el joven Hegel. De Abraham a Jesús», *Thémata. Revista de Filosofía*, 69, 2024, pp. 182-202.

ORTIGOSA, A., *El aleteo de la lechuza de Minerva. Comentario a la filosofía de la religión de Hegel en Tubinga y Berna*, Sapientia, Málaga, 2025 (en prensa).

PADIAL, J. J., «El celofán del concepto. Sobre la transparencia u opacidad de las entidades intesionales. Diálogo Polo-Hegel», *Studia Poliana*, 6, 2003, pp. 141-163. ISBN: https://doi.org/10.15581/013.6.26081

PADIAL, J. J., «Subjetividad y separación. La crítica del joven Hegel a la separación de facultades y a la soledad ontológica», *Contrastes. Revista Internacional de Filosofía*, 2010, 15, pp. 113-128. DOI: https://doi.org/10.24310/Contrastescontrastes.v0i0.1767

PADIAL, J. J., «La Ciencia de la Lógica (1812/1832, 1813, 1816)», en Amengual, G. (ed.), *Guía Comares de Hegel*, Comares, Granada, 2015, pp. 111-131. ISBN: 978-84-9045-299-8

PADIAL, J. J., «Tiempo, naturaleza y sustancia del espíritu. Hacia una comprensión renovada de la ecología en Hegel», *Studia Hegeliana*, 4, 2018, pp. 235-261

PADIAL J. J. y ORTIGOSA, A., «Philippe Pinel y la humanización de la medicina», en ARANA, J. (dir.), *La cosmovisión de los grandes científicos del siglo XIX: convicciones éticas, políticas, filosóficas o religiosas de los protagonistas del siglo de la ciencia*, Tecnos, Madrid, 2021, pp. 361-372. ISBN: 978-8430982080

PADIAL, J. J., «El Sueño del espíritu. Hegel y su interpretación del νοῦς pasivo», *Apéiron. Estudios de filosofía*, 17, 2022, pp. 137-161.

PANNENBERG. W., *Una historia de la filosofía desde la idea de Dios*, Sígueme, Salamanca, 2001. ISBN: 978-8430119288

PAPAIOANNOU, K., *Hegel*, EDAF, Madrid, 1975. ISBN: 978-8471664488.

PAREDES, M. C. *Génesis del concepto de verdad en el joven Hegel*, Ediciones Universidad de Salamanca, Salamanca, 1987. ISBN: 978-8474814491

PAREDES, M. C., «Mitología y religión en el joven Hegel», *Cuadernos Salamantinos de filosofía*, 19, 1992, pp. 127-167.

PAREDES, M. C., «La vie et l'amour dans la pensée de Hegel à Francfort», *Revue Philosophique de La France et de l'Étranger*, 197 (1), 2007, pp. 23–41.

PAREDES, M. C., «El lenguaje en los Primeros esbozos de sistema de Hegel (Systementwürfe I, 1803/4)», *Taula, quaderns de pensament*, 2013, 45, pp. 33-47.

PAREDES, M. C., «El joven Hegel». En G. Amengual (ed.), *Guía Comares de Hegel*, Comares, Granada, 2015, pp. 1-33. ISBN: 978-8490452998

PAREDES, M. C., «El concepto de infinitud en el joven Hegel», *Studia Hegeliana*, 1, 2015, pp. 123-138. DOI: https://doi.org/10.24310/stheg.v0i1.3699

PAREDES, M. C., «La voluntad libre en la filosofía del derecho de Hegel», *Studia Hegeliana*, 9, 2023, pp. 7-24. DOI: https://doi.org/10.24310/Studiahegelianastheg.v9i.15431

PINKARD, T., Hegel: una biografía, Madrid, Acento, 2001. ISBN: 9788448306090

PIPPIN, R., *Hegel's Idealism: The Satisfactions of Self-Conciousness*, Cambridge University Press, Madrid, 1989. ISBN: 978-0521370264

PLOTINO, *Enéadas: Libro VI*, Gredos, Madrid, 1998. ISBN: ISBN 978-84-249-1961-0.

POLO, L., «La unidad en Hegel», *Contrastes. Revista Internacional de filosofía*, XV/1, 2010, pp. 147-164.

POLO, L., *Hegel y el posthegelianismo*, Eunsa, Navarra, 2018. ISBN: 978-84-313-3260-0

POLLOCK, B., «Franz Rosenzweig's "Oldest System-Program"», *New German Critique*, 111, 2010, pp. 59-95.

ROCKMORE, T., «Filosofía trascendental e idealismo en Fichte», *Revista de Estudios sobre Fichte*, 9, 2014, en línea.

ROJAS, A., «Pensar-tiempo y ser: la verdad. Indicación de la relación "Pensar-Tiempo y Ser" de Parménides a Hegel y el posterior descubrimiento de la vida (de Dilthey a Heidegger)», *Thémata. Revista de filosofía*, 38, 2007, pp. 119-130.

ROJAS, A., «Los amigos del Stift. "El Espíritu elevado no está lejos de la amistad"» en A. CARRASCO, L. A. MACOR, & V. ROCCO (Eds.) *Hegel y Hölderlin. Una amistad estelar*, Círculo de Bellas artes, Madrid, 2021, pp. 211-230. ISBN: 978-8494970085

ROJAS, A., «Schelling y las tres Epochen del proceso de autodeterminación del absoluto en el System de 1800», *Daimon. Revista Internacional de Filosofía*, 86, 2022, pp. 85-99. DOI: https://doi.org/10.6018/daimon.422391

ROSENZWEIG, F., *Briefe und Tagebücher 1900-1918*, London, Springer, 1979. ISBN: 978-9024717699

ROSENZWEIG, F., Die «Gritli» Briefe, BILAM, Tübingen, 2002. ISBN: 978-3933373045

SÁNCHEZ MECA, D. «Bildung y Freiheit en el primer romanticismo alemán», *Studia Hegeliana*, 4, 2018, pp. 289–298.

SANTOS, J., «Amor, vida, formación: tras las huellas del espíritu hegeliano», *Thémata. Revista de filosofía*, 24, 2000, pp. 227-243.

SCHELLING, F. W. J., *Marcione Paullinarum Epistolarum Emendatore*, Tubingae ex Officina Reisiana, Tubinga, 1795.

SCHILLER, F., *Cartas sobre la educación estética de la humanidad*, Acantilado, Barcelona, 2018. ISBN: 978-84-16748-99-0

TAYLOR, C., *Hegel*, Cambridge University Press, New York, 2005. ISBN: 978-0521206792

THERON, S., *The Orthodox Hegel. Development further Developed*, Cambridge Scholars Publishing, Cambridge, 2014. ISBN: 978-1443867542

VALLS, R., *Del yo al nosotros. Lectura de la Fenomenología del espíritu de Hegel*, Barcelona, PPU, 1994. ISBN: 84-477-0272-3

VOEGELIN, E., *Science, Politics and Gnosticism*, Regnery Gateway, Washington D. C., 1968. ISBN: 978-1932236484

WALLACE, R. M., *Hegel's Philosophy of Reality, Freedom, and God*, Cambridge University Press, Cambridge, 2005. ISBN: 978-0521184366

Este libro de la colección *Sapientia Avrea*, por encomienda de la editorial Almuzara, terminó de imprimirse el 13 de enero de 2025. Tal día, de 1950, en la Unión Soviética se restablece la pena de muerte.